멘토링 경영 리더십

Mentoring Leadership

멘토링
경영 리더십
Mentoring Leadership

류재석 지음

한국학술정보㈜

이 책은 멘토링 프로그램 운영 매뉴얼로서 관리자 그룹이 프로그램을 전문 관리하는 데 필독서다. 책의 내용은 멘토링 핵심주제12, 멘토링 지침서 12, 개인, 조직, 성경 이야기 등 14개, Trio 12개월 시스템 운영전략, 경영생산성, Q&A, 행정양식 등을 담았다.

Trio1 - 관리자그룹
    구성 - 멘토링 담당 관리자, 추진팀, 위원장. 관심있는 임직원
    역할 - 멘토링 프로그램 관리 및 시스템운영

* Leadership 서문 Preface

1) 멘토링 파노라마

저자는 멘토링 불모지 한국에서 1998.2.1에 멘토링 코리아를 설립하였다. 당시에는 국내에 거의 연구 자료가 없었으나 다행이도 밥빌 (美 멘토링 학자), 윌리엄 그레이 교수(加 브리티 시대)로부터 자료, 도서, 이메일 등으로 멘토링에 관한 기초자료를 제공받았다.

초창기에 전문 연구원 탁충실 위원, 민홍기 박사, 김영회 박사, 최창호 박사, 박건 박사 등과 주제별로 연구를 계속하였고 그 당시 가장 중요한 이슈는 한국정서에 맞는 멘토링, 그리고 생산성 확보가 가능한 프로그램 개발이었다.

오늘에 이르기까지 10년 동안 멘토링 성패(成敗)에 도전하여 현장에서 성공했다는 평가를 받고 아울러 아래와 같은 열매를 맺게 되었다.

1. 멘토링 주요 프로그램 개발
   1 제도적 멘토링 개발(2000년)
   2 멘토링 Diamond 리더십 개발(2003)
   3 멘토링 힌징 매뉴얼 제정(2006)
2. 멘토링 교육재료 발간
   1 멘토링 원리와 현장적용방법(한국출판정보(주) 간)
   2 멘토링 경영과 실전성공전략(한국학술정보(주) 간)

3 멘토링 사례와 조직별 모음집(한국학술정보(주) 간)
3. 멘토링 연구 총서 발간-10권(자체 교재발간)
4. 멘토링 Trio단행본
1 멘토링 운영 매뉴얼
2 멘토링 활동 핸드북
3 멘토링 경영 리더십

2) 멘토링 의미와 목적

멘토링(Mentoring)은 인간의 특성을 연구하고, 인간의 역량을 개발하며, 한 사람을 인격적인 리더로 세우는 1 : 1인간경영프로그램이다.
특히 관계 본능을 지향하는 인간에게 멘토링은 인류역사 이래로 그 활동이 이어져 왔고 오늘날도 사회 구석구석에서 활동하고 있으며 미래에서도 인간이 존재하는 한 멘토링 활동은 계속 진행될 것으로 예견한다.

* 멘토링의 목적: 인격적인 리더개발 (Reproducting)
* 멘토링의 목표: 개인목표-인격개발 (Humanity)
조직목표-성과개발 (Productivity)

3) 멘토링 섬기는 리더십

멘토의 리더십은 한마디로 상대를 자기보다 더 훌륭하게 키우는 일이다. 특히 일반 리더십과 구별되는 점은 일대일로 특정하게 연결된 상태에서 한 사람에게 집중력을 발휘하기 때문에 어떤 리더십보다 강렬하고 단시간에 효과가 나타난다는 것이다.

왜 이러한 멘토십이 필요한가는 가정과 직장을 비교할 때 가정에서는 엄한 아버지와 부드러운 어머니의 리더십이 조화를 이루면서 자녀들이 행복하게 성장하게 되는데 직장에는 엄한 아버지와 같은 상급자만 있어 어머니와 같은 감싸주는 섬기는 멘토 프로그램이 필요하게 된다.

　– 엄한 아버지 같은 상사– 군림하는 Charisma Leadership – 매파
　– 부드러운 어머니 같은 멘토–섬기는 Servant Leadership – 비둘기파

이러한 멘토십에서 중요한 핵심은 멘토가 중심이 아니고 멘제가 중심이 되어 자기는 언제나 조언자고 결정권자는 멘제이며 자기는 언제나 2등이고 1등은 멘제가 되는 것으로 오늘날 섬기는 리더십(Servant Leadership)으로 생각하면 이해가 빠를 줄 생각된다.

*Mentor,s Servant Leadership(멘토의 섬기는 리더십)의 이해

섬기는 리더십의 원형은 예수님이다. 하나님이면서 하늘영광을 뒤로 하고 인간 세상에 오셔서 "섬김을 받으러 온 것이 아니요 섬기러 왔노라"고 말씀하셨다. 결국은 자기의 죄가 아닌 인간의 죗값으로 십자가에 돌아가셨고 그로 인하여 자신의 생명을 내줌으로 인간을 최상으로 섬긴 것이다.

그래도 실패자 예수님은 아니다. 왜냐하면 최종적으로는 부활 승천하셔서 다시 하늘나라로 올라가신 것이고 인간에게는 그를 믿음으

로 구원의 문이 열린 것이다. 섬기는 리더십은 Win Win인 것이다.

　멘토도 섬기는 리더십을 발휘할 때 가정에서는 부모보다 자녀들이 더 잘되고, 학교에서는 교수 / 교사보다 학생이 더 잘되고, 직장에서는 후배 멘제가 상급자 멘토보다 더 잘됨으로써, 바로 이것이 멘토링의 선순환 인재개발이 되는 것이다. 결국 멘토 / 멘제에게 Win되고, 조직이 Win되는 것이다.

4) 본 저서 집필 동기

(1) 현재 시중 출간도서 문제점

　1997년부터 출간되기 시작한 멘토링 도서가 현재 시중에 30～40권이 있다. 오늘날 멘토링의 열풍은 불고 있으나 아래와 같은 문제점이 있어 고객의 욕구를 만족시키지 못하고 있는 실정이다.

(1) 대부분 원론에 머물러 있어 생산성이라는 실행 프로그램을 갖추지 못하고 있다.
(2) 감동 부문만 부각시키고 논리적인 면이 약하고 멘토링이라 할 수 없는 책도 많이 있다.
(3) 멘토링에 관한 철학이 없고 대부분 그저 읽을거리에 머물고 있다.
(4) 멘토링과 유사한 코치, OJT, 팀장제도 등과 거의 차별화하지 못하고 있다.
(5) 번역서는 번역자의 멘토링 이해부족으로 내용전달이 제대로 안 되고 한국 실정에 맞지 않은 내용이 많이 있다.

（2）본 저서의 집필 동기

(1) 창립 10주년을 기념하여 교재를 활용한 시중 고객용 단행본 출판의 필요성을 느꼈다

(2) 멘토링의 열풍이 불고 있는 데 논리적이고 체계적인 도서의 필요성을 느꼈다.

(3) 멘토링의 일시적 유행성을 염려하고 장기적으로 활용될 수 있는 프로그램을 담았다.

(4) 금번 3권은 특히 한국정서를 감안하고 각 조직에서 생산성과 연결된 내용을 담았다.

(5) 멘토링의 정체성 유지와 특히 코치, OJT, 팀장 등 일반 리더십과 차별화된 내용을 담았다.

(6) 21c 화두(話頭)인 섬기는 리더십에 관한 실행 프로그램으로 멘토링과 접목시켰다.

특히 본서 출판 동기는 먼저 코칭, OJT, 팀장 등과 차별화를 제시하면서 멘토링의 정체성(Identity) 유지와 올바른 이론 정립 그리고 현장 실행 프로그램을 소개하는 데 주력하였다. 앞으로 계속해서 고품질의 프로그램을 개발하여 멘토링이 유행성 차원을 넘어 인간이 존속하는 한 영구적으로 활용될 수 있는 프로그램으로 환영받을 수 있도록 심혈을 기울일 것이다

5) 멘토링 트리오 북(Mentoring Trio Books) 소개

먼저 멘토링 트리오 그룹은 조직 내의 멘토제그룹, 관리자그룹, 경영자그룹으로, 3가지 악기로 아름다운 화음을 일궈내는 트리오(Trio)로서 각 그룹이 제 역할을 감당함으로 책임감과 자부심, 그리고 긍정적인 분위기 조성과 전문적인 프로그램을 체계적으로 적용하여 멘토링 활동 성공률을 높이고자 함이다.

금번 각 조직에서 멘토링의 성공적인 활동 지원을 위하여 멘토링 트리오 북(Trio Books)-3권을 발간했다. 특히 발간된 책의 특징은 먼저 재미있게, 감동적으로, 논리적으로, 그리고 현장 사례를 담아 부드러운 책으로 발간했다.

[MTB-도서 3권 소개]

1-Manual   멘토링 운영 매뉴얼

이 책은 멘토링 프로그램 매뉴얼로서 관리자 그룹이 프로그램 관리하는 데 필독서다. 책의 내용은 핵심주제12, 멘토 탈무드, 개인 조직 성경 이야기 36개, Q&A, 그리고 Trio 12개월 운영 매뉴얼 전략을 담았다

2-Handbook   멘토링 활동 핸드북

이 책은 멘토 지침서로서 멘토제그룹이 현장에서 활동 촉진하는 데 필독서다. 책의 내용은 멘토제도 이해, 멘토 기술10, 멘토 행동지침, 멘토링 행동양식, Trio 활동 6-Step 전략 등을 담았다.

3 - Leadership 멘토링 경영 리더십

이 책은 섬기는 리더십으로서 경영자그룹이 구성원들의 마음을 얻는 데 필독서다. 책의 내용은 멘토링 주요 아젠다, 경영사례12, 경영 멘토십, 12주제별 명상록, Trio 동기부여 전략, CEO를 위한 멘토링 등을 담았다.

* Leadership 내용 Contents

Chapter1. 멘토링 아젠다(Agenda)

멘토링은 정규업무라인에서 생산성향상을 위한 경영과 멘토링 라인에서 인간 존중 경영을 이룰 수 있도록 하고 더 나아가 멘토링 인재개발 프로그램으로 중 장기적인 차원에서 경영의 효율성을 극대화하고자 하는 것이다.

멘토링 아젠다는 멘토링 리더십 중에서 중요도를 감하여 3가지 분야에 15가지를 선정하여 다음과 같이 소개한다.

1. 멘토링 드라마(Drama)
2. 멘토링 인간관(Humanity)
3. 멘토링 21c 전략(Strategy)

Chapter2. 경영 멘토링 이야기

조직마다 경영이념이나 사훈을 보면 '경천애인', '인화단결', '인간 존중', '인재제일주의' 등이 대부분이다. 그러면서 경영자들은 이구동성으로 '경영은 사람이다'라고 말한다. 그것은 틀림없는 진리다. 어떠한 경영도 적절한 사람을 얻어야 비로소 발전할 수 있기 때문이다. 아래 국내 4개 기업과 해외 8개 기업을 멘토링 섬기는 경영 선진기업으로 소개한다.

Chapter3. 섬기는 경영 멘토십

오늘날 대부분 조직에서 생산성 위주의 경영을 통하여 조직의 목표를 달성하고 있다. 그러나 이러한 경우 개인의 인간성 차원에서는 많은 갈등이 유발되어 강성 노조가 대두되고 심각한 경영 위기에 내몰리고 있는 조직이 허다하다.
그러나 인격의 평등 원리를 이해하고 인간존중으로 섬기는 리더십을 통하여 각 조직마다 개인의 인간성(Humanity)과 조직의 생산성(Productivity)간의 상충점에서 균형을 이루는 경영이 인간 존중 즉 섬기는 멘토십이다.

Chapter4. 섬기는 경영 명상록

사람을 변화시키는 것은 머리가 아니라 가슴이라고 했다. 많은 사람들이 오늘날 똑똑한 사람은 많은데 인간적인 사람, 그리고 쓸 만한 사람은 드물다고들 한다. 멘토링은 먼저 인성(Humanity)적으로 된 사람, 그 다음에는 적성(Aptitude)에 맞게 제대로 마음과 지식을 갖춘 든 사람, 그리고 나중에 전문지식이나 첨단기술(Hightech)을 갖춘 난사람 순서로 인재가 개발되기를 기대한다. 여기에 특히 정서적인 지원을 바탕으로 12가지 주제를 선정하여 섬기는 경영에 촉진재료로 활용할 수 있도록 명상록을 소개하였다.

Chapter5. − 멘토링 Trio 성공전략

조직 내 관리자그룹, 멘토그룹, 경영자그룹 등 3그룹이 트리오(Trio)가 되어 3가지 악기로 아름다운 화음을 일궈내듯이 멘토링에 관한 공동 관심을 갖고 각기 맡은 역할을 제대로 실행하여 성공률을 높이고자 한 것이다.

> 그룹1 − 멘토그룹 − 멘토링 활동 − 6Step 전략
> 그룹2 − 관리자그룹 − 12개월 시스템 운영 전략
> 그룹3 − 경영자그룹 − 12개월 동기부여 전략

Chapter6. − CEO를 위한 멘토링

경영자원 중 가장 중요한 것이 인적 자원이라면, 각 조직에서 CEO는 인력개발에 상당한 시간과 에너지를 투자할 필요가 있다. CEO는 자신의 인격과 능력을 개발하며 동시에 다른 사람들이 잠재력을 최대한으로 개발하는 데 주력해야 한다.

CEO가 인력개발을 중요시하는 리더십을 발휘할 때 그는 리더십의 연장선인 멘토(Mentor)의 역할도 감당할 수가 있어야 한다. 멘토란 다른 사람의 인생을 이끌어 주는 지혜롭고 충성스러운 조언자이다. 사실 모든 경영자는 리더인 동시에 멘토가 되어야 한다. 아울러 CEO도 자신을 재충전할 수 있는 멘제로서 우수한 멘토 찾는 일에 힘을 써야 한다. 이 과정은 CEO에게 멘토의 필요성을 다룬다.

Chapter7. – 멘토 전성시대 조선주간 특집기사

요즈음 인재개발의 화두(話頭)는 멘토링이다. 기업체를 비롯해서 교육기관 공공기관 교회 등을 비롯해서 최근에는 학생 학습방법으로 널리 활용되고 있다. 2003년 이후 언론 매체에서 큰 관심을 갖고 특집기사로 다루고 있는데 주간한경, 매경, 주간조선, 월간 과학동아, 그리고 최근 재차 주간조선(2008,4,14일자) 특집 내용을 다루게 되어 본장에서 다루었다.

* Leadership 감사 Thanks

멘토링 코리아 설립 당시(1998.2.1) Bob Biehl 박사(美, 멘토링 전문가)와 William Gray 교수(加, 브리티시 대학)로부터 전화, 이메일, 책자 등의 귀중한 자료를 제공받은 것에 대하여 두 분께 진심으로 감사를 드린다.

초창기부터 한국적인 정서에 맞는 올바른 이론 정립과 생산성 확보에 필수적인 실행 프로그램을 개발하는 데 전문연구원으로 동참한 민홍기 박사, 김영회 박사, 최창호 박사, 최명국 박사, 탁충실 위원 그리고 최근에 합류한 김순환 박사, 이제빈 박사, 한광훈 박사, 김해영 박사, 조병용 박사, 김동철 박사, 김성일 군목, 조주영 박사, 홍은경 박사, 안만수 박사, 전종현 위원, 박화현 위원, 문일상 위원께 감사를 드린다.

멘토링 자격증을 취득하고 전문업체로 파트너십을 하고 있는 김호정 원장(멘토링솔루션), 이용철 원장(한국멘토링코칭센터), 나병선 대표(멘토링코링컨설팅), 홍은경 소장(핸즈코리아)과 기타 현장에서 멘토링 보급에 앞장서고 있는 143명 자격자에게 감사를 드린다.

멘토링 불모지 한국에서 모험적으로 프로그램을 최초로 도입하여 실무 관리자로 수고한 홍무용 님(00년 하이닉스반도체), 김영만 님(01 포스데이타), 정성찬 님(02 이랜드), 이제화 님(02삼성SDI), 김정법 님, 안해정 님(02 삼양사)께와 최근 체계적인 컨설팅 프로그램을 도입해서(06 / 5～12월) 성공적인 실적을 거둔 노동부 부천지청 임은주

청장, 박은경 계장, 그리고 본부 혁신성과단 이원호 서기관님께 감사를 드린다.

멘토링은 저자에게 하나님이 25년 만에 기도의 응답으로 주신 선물(Gift)이다. 이에 감사하는 마음으로 멘토링에 열정을 가지고 다이아몬드와 같은 고품질의 프로그램으로 개발하여 1)하나님께 영광, 2)조직개발에 기여, 그리고 3)많은 사람에게 유익을 주고자 한다(고전 10:31~33).

저자의 멘토로서 8년간 청교도 삶을 각인시킨(1980~1988) 故 김용기 장로님(가나안농군학교 설립자)과 대를 이어 멘토링 관계를 이어오고 있는 김평일 교장님(가나안농군학교 교장)께 감사를 드린다.

이 책이 발간되기까지 짧지 않은 세월 속에서 기도의 응원군인 서현교회 김경원 목사님과 성도님들, 그리고 저자의 에너지 근원이 된 아내 임금자를 포함한 가족인 류환, 류현, 한현숙, 류경헌, 류지영, 안성훈에게 감사를 드린다.

마지막으로 어려운 여건 속에서도 기꺼이 출판을 맡아 수고한 한국학술정보㈜ 출판사 임직원님들께 심심한 감사를 드린다.

2008. 7. 1 저자 류재석 드림

*Mentoring Leadership 차례 Index

Chapter	Contents	

Episode1 ◀ 아름다운 동행 예수님
바다도 푸르고 하늘도 푸른 맑은 날에, 주님과 성도는 해변가에 두 발
자국을 남기면서 거닐었다네. 얼마후 폭풍과 비바람이 몰아치는 시련
의 시기가 찾아왔다네. 성도는 있는 힘을 다해 그 시련기를 겨우 통과
하게 되었다네.
  그리고 뒤를 돌아보니, 그 시기엔 하나의 발자국만 있음을 보았다네.
성도는 주님께 말했다네. "주님! 그 어려운시기에 어디로 가버렸습니까?
저를 버리셨습니까?" 주님이 대답했다네. "그건 내 발자국이란다. 그때
내가 널 업고 걸었지."

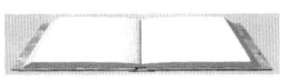

Chapter 1

멘토링
아젠다(Agenda)

21세기에 들어서 인재확보 여부가 조직 경쟁력의 성패를 결정한다는 인식이 확산되면서 해외기업들은 물론 국내기업들도 우수인재를 확보하기 위해 총력을 기울이고 있다. 또한 대기업뿐만 아니라 지금까지 상대적으로 인재확보에 소극적이었던 금융권이나 공기업들도 고급 인재를 적극적으로 찾아 나서고 있다.

특히 전문성과 실력을 갖추고 있다면 국적이나 출신을 가리지 않겠다는 글로벌 차원의 인재유치 움직임도 점차 빨라지고 있다. 이처럼 기업들의 소위 '인재확보전쟁'은 앞으로 더욱 치열해질 것으로 예상된다.

그러면 멘토링 경영이란 무엇인가? 한마디로 요약하자면 인간존중(Humanity) 경영을 통하여 생산성(Productivity) 효과를 얻고자 하는 경영기법인 것이다. 그러나 오늘날 경영 현실은 사람중심 경영, 인간존중 경영하면서도 실제로는 구성원을 강한 훈련, 강한 리더십으로 밀어붙여야 생산성 목표를 달성할 수 있다는 속설이 있고 현재도 이러한 경영 방침이 현장에서 먹혀 들어가고 있는 있다.

이러한 경영은 단기적으로는 효과가 있는 것은 사실이다. 그러나 장기적인 안목으로 볼 때는 일방적인 밀어붙이는 식 경영은 날이 갈수록 인간관계에서 골이 깊어 갈 수밖에 없는 것이며 이로 인한 조직의 갈등과 강성 노조의 대두는 어쩌면 자연스러운 현상이라고 볼 수 있겠다. 멘토링 경영은 현재 이러한 경영의 한계를 극복하기 위해서 인간성(Humanity) 바탕이라는 분모(分母) 위에 생산성(Productivity)이라는 분자(分子)를 얹히자는 것이 목적이다. 바로 수학 공식에서 과분수라는 불안한 상태에서 진분수라는 안정적인 상태로 조직의 틀(Paradigm)을 바꾸자는 인간존중 프로그램인 것이다.

그러기 위해서는 정규업무라인에서 생산성 향상을 위한 경영과 멘토링 라인에서 인간존중 경영을 이룰 수 있도록 하고 더 나아가 멘토링 인재개발 프로그램으로 중장기적인 차원에서 경영의 효율성을 극대화하고자 하는 것이다.

멘토링 아젠다는 멘토링 리더십 중에서 중요도를 감하여 3가지 분야에 15가지를 선정하여 다음과 같이 소개한다.

* 멘토링 드라마(Drama)

　멘토링은 단순한 일회성으로 끝나는 교육 프로그램이 아니라 한 편의 드라마다. 그 무대 위에는 일정 기간 동안 멘토와 멘제가 주인 공이 되어 스타 플레이를 하고 있다. 무대 아래에서는 모니터와 프로그램 관리자가 관중이 실망하지 않도록 시나리오대로 연속적인 프로그램을 제공하여 재미있게 드라마를 이어가고 있다. 여기 연출자는 멘토링 운영위원장이나 멘토링 TFTeam장이 맡는다.

1. 신화 속에 그려진 멘토링

Episode1 ◀선다싱과 나그네
　선다싱(중세기독교 신비주의자)과 그 친구 한 명이 히말라야산맥을 넘어 티벳으로 전도여행을 떠났다. 산중턱을 넘다가 혹한과 폭설 속에서 눈 속에 묻힌 나그네를 발견하였다. "난 이 나그네를 업고 갈 거야. 그렇지 않으면 이 나그네는 죽는단 말일세." 친구는 반대의견을 표시하고 혼자 산등성이를 넘어갔다.

> 얼마 후 나그네를 엎고 느릿한 걸음으로 산등성이를 넘은 선다싱은 깜짝
> 놀랐다. 먼저 간 친구가 동사했기 때문이었다. 선다싱과 나그네는 서로의 열
> 기 때문에 동사를 면했던 것이다!

1) 초대멘토 기원

멘토(Mentor)라는 단어는 BC 1250년, 고대 그리스 신화인 호머의
'오디세이'에서 처음 등장한다. 멘토는 사람의 이름으로 오디세우스
왕의 충실한 친구다. 이타카 왕국의 오디세우스 왕이 트로이 전쟁
출전하게 되자 그는 자신의 어린 아들 텔레마코스(Telemachos)를 멘
토에 맡긴다. 그래서 멘토는 오디세우스의 아들에게 일반교육뿐만
아니라, 그가 왕자로서 필요한 자질을 갖추는 데 필요한 소양까지도
책임지게 된다. 왕이 20년간의 전쟁을 끝내고 돌아와 보니 왕자는
현명하고 성실한 사람, 즉 왕으로서 필요한 자질을 완벽하게 갖추고
있었다. 그 후로 멘토라는 이름은 지혜와 신뢰로 한 사람의 인생을
이끌어 주는 지도자 등의 동의어로 사용되어 왔다.

멘토는 자신에 맡겨진 임무(텔레마코스를 완전한 인간, 즉 인격자,
용사, 지혜자, 왕자로서 성장시키는 일)를 완수하기 위해 온몸을 던
져 완벽하게 수행했으며, 자신의 임무가 완료되었을 때 미련 없이
떠나가는 아름다운 이야기에서 멘토와 텔레마코스의 관계를 통하여
멘토링을 작품 속에서 최초로 발견하게 된다.

* 용어해설
멘토(Mentor): 멘토링에서 한 사람의 전인적인 삶의 조언자로 역

할을 하는 사람

멘제(Menger): 멘토의 도움을 받아 자기 역량 개발에 앞장서고자
하는 사람

유사용어 프로테제 Protege(불) 멘토링 Mentoree(영) 멘티 Mentee(미)

멘토링(Mentoring): 멘토와 멘제가 함께 상호유익의 활동을 하는
상태(Mentor+ing)

멘토십(Mentorship): 멘토와 리더십의 합성어(Mentor+Leadership)

2) 초대멘토 품격

초대멘토의 5가지 품격을 소개하면서 오늘날 현장에서 멘토의 정
체성과 방향 설정에 참고 자료로 제시한다.

1. 관계–당시 멘토는 대인관계가 원활하여 오디세우스 왕의 친구
   로도 관계의 폭이 넓었다.
2. 존경–당시 최고로 존경받는 사람이었다.
3. 스승–가르치기를 좋아하는 스승이었다.
4. 역량–당대 수학, 철학, 논리학의 대가로서 전문역량을 갖춘 사
   람이었다.
5. 결단–공사를 구분하여 텔레마코스 왕자가 왕으로 성장하자 미
   련 없이 그의 곁을 떠났다.

3) 초대멘토 학습방법

1. 대화식 학습–멘토는 대화식으로 교육을 실시하였으며 함께 이

야기를 나누며 사색했다.

2. 토론식 학습 – 멘토는 텔레마코스의 상상력을 최대한 동원케 하여 열렬한 토론을 벌였다.

3. 문답식 학습 – 멘토는 질문자였고 텔레마코스는 대답하는 사람이었다.

4. 수평식 학습 – 멘토는 텔레마코스를 대할 때 동료처럼 대하여 거리를 좁혔다.

5. 예화식 학습 – 멘토는 텔레마코스가 답변을 못할 때는 그냥 건너뛰었으며, 가까운 사물을 예로 들어 설명하기를 좋아했다.

6. 전문적 학습 – 멘토는 논리학, 철학, 수학으로 교재를 삼고 평생을 기울여 집중했다.

7. 감성적 학습 – 텔레마코스가 불안한 흔들림으로 가득 차 있다가도 신 같으면서도 아버지처럼 정다운 멘토의 이야기에 스스로 녹아 버렸다.

4) 초대멘토 성과

초대멘토는 1)왕이 전쟁으로 20년간 나라를 비웠고 2)원로 간신들이 왕권 찬탈위하여 득세하고 있는 상황이며 3)왕국에 지도자가 없어 정정이 불안한 상태였으나 어린 텔레마코스를 정성껏 멘토링을 함으로 지혜롭고 현명한 왕으로 성장시킨 반면 텔레마코스가 1)아버지 왕을 무사히 귀국시키고 2)원로 간신들을 물리치고 3)이타카 왕국을 제2건국하는 데 결정적인 도움자였다.

  * 성과 – 개인개발 – 왕자가 왕이라는 리더로 성장시켰다.

28

－조직개발－이타카 왕국을 강국으로 재건하는 도움을 주었다.

2. 역사 속에 그려진 멘토링

Episode2 ◀지옥과 천당
　어느 여행자가 지옥과 천당을 방문하게 되었다. 지옥은 깡마른 사람들이 서로 다투고 있는 장면이었고 천당은 반대로 윤택한 사람들이 싱글벙글 웃으면서 이야기를 나누는 장면이었다. 궁금하게 여겼던 여행자는 한참 후 식사 시간에서야 그 해답을 찾았다. 양쪽의 공통 사항은 풍성한 음식과 그 위에 사람의 팔보다 더 긴 6척의 포크가 놓여 있었다. 지옥 사람들은 그 긴 포크로 자기 입으로 넣으려 하니 음식이 뒤로 쏟아졌고, 천당 사람들은 그 긴 포크로 1 : 1로 앞에 있는 사람의 입으로 넣고 있었다. 자기만 챙기려는 이기주의와 남을 배려하는 이타주의가 지옥과 천국을 갈라놓았다.

　이러한 멘토와 텔레마코스의 이야기를 처음으로 역사 속에 활용한 사람은 17세기 프랑스의 페넬롱(Fenelon)이었다. 그는 멘토(스승)로서 프랑스 루이14세의 장손 Louis를 지도했으며, 1699년에는 텔레마코스에 대한 책('텔레마코스의 모험'－당대 가장 인기 있는 책 중의 하나로 200판까지 재판)을 써서 널리 알렸던 인물로 오늘날 우리가 연구하고, 활용하고 있는 멘토링의 사상을 전해 준 최초의 사람이다. 이로써 멘토는 지혜와 신뢰로써 한 사람의 인생을 이끌어주는 원투원 멘토십(One to One Mentorship), 즉 지도자(Leader) 등의 동의어로 사용되는 계기가 된 것이다. 한편 페넬롱은 최초로 멘토의 상대자로 공식 명칭인 프로테제(Protege, 오늘날 멘제, 멘토링, 멘티 등으로 호칭)라는 말을 사용하였다.

* 페넬롱(Fenelon)이야기

　멘토링 이론을 역사 속에 처음 정착시킨 사람은 17세기 프랑스의 페넬롱이다. 그는 직접 루이14세 장손의 멘토가 되어 8년 동안 성공적으로 멘토링을 완수함으로 역사 속에 존재하는 최초의 멘토가 되었다. 연을 무대로 한 호머의 그리스신화에 나오는 멘토(Mentor)에 관한 기록만 가지고는 현재 우리가 알고 있는 멘토링을 프로그램화하기에는 너무나 추상적인 논리 전개를 필요로 한다.

　이에 페넬롱의 저서 『텔레마코스의 모험』을 통하여 프랑스를 비롯한 유럽 전역에 멘토링을 꽃 피우게 한 사례들이 오늘날 우리에게 멘토링을 현장 적용하는 데 더욱 흥미롭고 효과적으로 활용할 수 있는 자료들이다. 그동안 페넬롱에 대한 내용이 간헐적으로 전해 왔는데 이번에 좀 더 자세한 기록을 소개한다. 오디세우스나 율리시스 신화는 서구 문학에 훨씬 더 잘 알려져 있다. 그러나 멘토의 신화를 유일하게 역사 속에서 다룬 작품은 프랑수아 페넬롱(Francois Fenelon, 1651~1715)이 1699년에 쓴 소설 『텔레마코스의 모험(Les Aventures de Telemaque)』이다. 이것은 교육적인 목적으로 쓴 일련의 수필로서, 고도의 도덕적 진지함을 갖춘 이야기다. 페넬롱은 프랑스 가스코뉴(Gascon) 귀족의 작은 아들이었다. 페넬롱은 장 자크 올리에르(Jean Jacques Olier, 1608~1657)와 그의 제자 트롱송(Tronson)의 멘토링을 받으면서 자라게 되는데, 이를 통해 페넬롱은 사회적인 지위나 외형적인 명성을 두고 다투는 것보다는 무명인으로 사는 삶이 더 가치 있는 인생임을 배우게 된다.

　이렇게 하여 페넬롱은 그리스도의 임재 안에서 그 자신의 내면적인 확신과 스스로의 존재 근거를 세워 나갔다. 그 결과 페넬롱은 궁중 생활이라는 외부적인 존재 근거에 대해 무관심할 수 있었으며 따라서 진심으로 그로부터 자유로울 수 있었다.

그럼에도 불구하고 페넬롱은, 루이14세의 장손(長孫)으로서 프랑스 왕위를 계승할 인물인 부르고뉴(Burgundy)의 공작의 멘토가 되어서, 그가 여섯 살 되던 해부터 열네 살이 될 때(1689~1697)까지 그를 맡게 된다. 이리하여 페넬롱은 곤란하고 위험스러운 과업을 수행하게 되었다. 이 공작은 그야말로 '천방지축'이었다. 시몽(Saint-Simon)이 관찰한 바로는, 그는 너무나 충동적인 성격인 나머지, 자신이 하고 싶지 않은 뭔가를 해야 할 시간을 알려준다는 이유로 시계(時計) 자체를 부수려고 했으며, 비가 와서 자신이 하고 싶은 것을 못하게 되자, 비를 향하여 더 이상 격렬할 수 없는 분노를 터트렸다. 그리고 이를 못하게 하면 할수록 분노는 더욱 격양되었다. 한 마디로 그는 어린 독재자로서, 오디세우스 유형의 할아버지 루이14세를 그대로 닮았다.

그러나 페넬롱이 8년간의 멘토링을 마쳤을 즈음, 이 공작은 열네 살답지 않게 온유하고, 인내심이 있고, 지혜로운 청년으로 자랐으며, 그 후 일생 동안 페넬롱의 친구가 되었다. 그러나 멘토인 페넬롱과 그의 멘제였던 부르고뉴 공작 모두는 애석하게도 페넬롱의 도덕적인 본보기는 루이14세의 악덕과는 정면으로 배치되었다. 대신들의 이간질 때문에 페넬롱에 대한 시기와 불안은 급기야 분노로 타올랐으며 결국 왕은 다시는 스승과 제자로서 그들이 서로 만나지 못하도록 금하였다.

그럼에도 페넬롱과 공작은 은밀하게 서신을 주고받은 것으로 보면 두 사람이 남은 생애 동안 서로 더욱 친밀하게 결속되어 서로 간의 사랑과 충성을 보여주었음을 알 수 있다. 그 서신 가운데는 페넬롱이 공작을 위해 쓴 이야기들이 있는데 이것은 텔레마코스가 멘토의 지지를 힘입어 아버지를 찾아나서 유랑하는 모습을, 상상력을 동원하여 쓴 것이다. 텔레마코스의 모험은 페넬롱이 왕의 진노를 받게 하려는 음모로 페넬롱 몰래 원고가 유출되어 출간된 것이다. 그러나 이 일로 인해 페넬롱이 더 큰 피해를 입은 것은 아니었다. 그는 이미 북쪽 국경 지역인 캉브래(Cambrai)의 대주교로 임명되어 궁을 떠난 후였기 때문이다.

루이14세는 이 글을 자신의 독재정치를 고발한 것으로 보았고, 페넬롱을 위험하고 불충한 신하로 판결하였다. 페넬롱은 자신이 왕에게 불충한 것이 아니었으며, 다만 '반(反)영웅주의'의 입장에서 공작을 멘토링했다고 자기변호를 시도했건만 모두 헛수고였다. 페넬롱의 자신변호를 보면 "만일 풍자적이고 오만한 인물을 제시하려고 했다면 배은망덕할 뿐만 아니라 방자한 존재인 전형인 제 자신을 소개하였을 것입니다. 저는 왕을 풍자적이고 오만한 인물로 평가하는 것은 상상조차 해보지 않았습니다. 물론 『텔레마코스의 모험』에서 저는 절대 권력인 본질적인 한계와 함정을 지적했습니다. 그러나 특정인물을 지정할 정도의 의도가 전혀 없었습니다. 그 책을 더 읽어보시면 제가 결코 사적인 감정을 개입시키지 않고 그저 진솔하게 이야기하고 싶어 했을 뿐임을 알 수 있을 것입니다. 더구나 출간된 책은 제가 쓴 원본과 꼭 같지도 않습니다." 페넬롱이 이런 직책을 맡을 수 있었던 것은, 역설적이게도 궁중의 한 귀부인, 즉 보빌리어 공작부인의 천거를 통해서였다. 그녀의 아버지는 왕의 재무대신인 장 밥티스트 콜베르요. 그 남편은 황태자비의 가정 총무였던 것이다. 젊은 시절 페넬롱이 처음으로 쓴 교육관련 논문 「소녀 교육에 관하여」는 이 공작부인 슬하의 여덟 딸을 위하여 쓴 것이다. 이것이 계기가 되어 페넬롱은 장래 프랑스 왕의 교육과 인격의 멘토링을 책임지는 대단히 경쟁적인 지위에 발탁이 되었던 것이다.

페넬롱의 전 생애를 통해 그에게 정서적이고 도덕적인 통찰력을 제공해 온 것은 다름 아닌 그의 감정이입 능력이었다. 즉 그는 감정이입을 통해 사람들이 겪는 고충과 느낌 속으로 들어갔으며 사람들이 받는 유혹을 실감할 수 있었다. 그는 또한 이렇게 얻은 통찰력을 발휘해 어린 왕자를 멘토링하였다. 페넬롱의 『텔레마코스의 모험』이 불순한 의도로 출간되긴 했지만 그 후 2세기 동안 가장 인기 있었던 책 중에 하나가 되어 200판이나 출간되었다. 프랑스와 북미의 혁명적인 풍토에서 이 책은 가부장제에 맞서는 책이자, 군주제를 거부할 명분을 제시하는 책으로 널리 인식되었으며, 그랬기에 반란의 분위기 속에서 정치적 혁명을 제시하는 위대한 성명서로 간주되었다.

이 책에 고무되어, 볼테르(Voltaire)는 『캉디드(Candide)』를 썼고, 루소(Rousseau)는 『에밀(Emile)』을 쓰게 되었다. 그러나 페넬롱이 기독교 교육에 관한 이야기를 쓴 반면, 이 계몽주의자들은 세속적인 교육을 위주로 한 새로운 형태의 소설을 소개했을 뿐이다. 페넬롱의 작품은 하나님, 왕, 기타 권위와 같이 외부적이고도 수직적인 삶의 질서를 좀 더 많이 반영하고 있다. 반면에 새로운 세속적인 접근에서는 최종적인 권위의 연원이 본질적으로 자신의 자아에 있다. 한 사람의 생애에는 단지 우연으로 벌어지는 일들이 없을 수는 없지만, 그 사람이 무엇을 선택하고 무엇을 성취하느냐에 따라 인생은 얼마든지 달라질 수 있다. 후에 나온 찰스 디킨스(Charles Dickens)의 소설 『데이비드 카퍼필드(David Copperfield)』는 이 새로운 장르의 이 정표가 되었는데, 거기에 보면 외로운 영웅이 멘토도 없이, 이제 모든 것이 유동적인 도시 사회의 혼란스러움을 홀로 헤쳐 나간다. 사회에 순응하여 귀속하는 대신, 스스로 살아남는 과정을 겪으면서 사회적인 신분이동과 숙명에 새로운 지평이 열리게 된다.

또한 이 세계에서는 도덕적 가치조차 변하는데, 이는 권위주의적인 '구체제(ancien regime)'에서의 고정된 우주관과 의심의 여지를 두지 않는 가르침과는 뚜렷한 대조를 이룬다. 그러기에 문학사에서, 페넬롱의 기독교적인 음성을 배제한 채, 그를 그저 세속적인 한 장르의 선구자로 간주하는 것은 참으로 얄궂은 일이 아닐 수 없다. 또한 사람들은 페넬롱이 정치적인 혁명가의 목소리를 낸다고 생각한다. 사실 그의 목소리는 개신교도로서가 아닌 가톨릭의 입장에서 외치는 기독교적인 개혁가의 선지자적 음성이라고 할 수 있다.

비록 페넬롱은 어리고 고집스러운 왕자를 즐겁게 해 주는 동시에 진리의 길로 인도하기 위해 텔레마코스의 신화를 취하여 훌륭한 이야기로 각색한 것이지만, 진정한 의미에서 그는 기독교적인 우화작가였다고 하겠다. 하지만 그가 정죄하려고 했던 바로 그 부분들로 인해 인정과 찬양을 받고 있다는 사실은 그야말로 얄궂은 일이다. 정치적인 야망은, 페넬롱이 프랑스 궁중에 있을 때조차도, 그와는 가장 동떨어진 것이었다. 그의 오랜 친구 보쉬에(Bossuet) 추기경은 그를 시기한 나머지, 반감을 품고 그를 교활한 책략가로 몰아붙였지만, 사실은 보쉬에 자신이 그런 부류의 인물이었다.

페넬롱은 그의 진실한 친구 기용 부인(Madame Guyon)과 함께 늘 중상모략의 표적이 되었다. 후에 지식인들은, 그의 기독교적인 동기

34

는 전혀 이해하지 못한 채, 『텔레마코스의 모험』을 정치적인 풍자 문학인 동시에 교육의 도약을 위한 새로운 헌장으로 재해석하였다. 페넬롱과 같은 그리스도인 멘토에게는, 페넬롱이 재각색한 텔레마코스의 이야기야말로 프랑스 왕은 물론이거니와 호메로스와도 비교할 수 없는 것이다.

* 참고자료: James M. Houston, 「The Mentoring Life」

3. 현실 속에 그려진 멘토링

> **Episode3◀ 학생만족과 Tutorial System**
> 　세계적인 명문 옥스퍼드대학(英)의 차별화 교육은 1:1 멘토링 프로그램을 활용한 튜터 제도(Tutor System)이다.
> 　튜터 제도를 간단하게 설명하면 담당교수를 멘토로 하고, 학생을 멘제로 하여 1:1로 대면하는 학습 방법이다. 일주일에 한 번씩 특정 요일에 교수와 학생이 1:1로 4시간씩 주제 리포트 작성제출, 학습토론, 질의응답 등으로 진행되는 수업은 자연히 교수와 학생 간에 내외적(內外的)인 접촉이 이뤄지게 됨으로 학생 입장에서는 준비 기간인 일주일 내내 한국의 고3 학생과 같은 학습준비에 몰입하게 된다. 담당 교수입장에서는 일주일에 한 번씩 4시간 동안 독대함으로 학생의 "니즈(Needs)와 핵심가치"를 정확히 파악하게 됨으로 학생의 실정에 맞는 교육을 진행할 수 있는 것이다. 그러므로 학생은 대학 4년 동안 시간을 허비하지 않고 담당교수로부터 1:1 고품질의 교육서비스를 받게 됨으로 그렇지 못한 타 대학 학생들과의 경쟁력을 월등히 확보할 수 있게 된다. 그러한 튜터 제도는 국내뿐만 아니라 전 세계적으로 옥스퍼드대학의 경쟁력을 높이는 데 큰 몫을 담당하고 있으며 우수한 학생들을 선발하는 데도 결정적인 요인으로 작용하고 있다.

오늘날 멘토링은 미국에서 1901년에 최초로 청소년 선도 멘토링(BBS-Big Brother System)을 목적으로 비영리재단을 세움으로 사회적인 활동을 개시하게 된 것이다.

이러한 멘토링이 기업, 학교, 교회 등 조직에 체계적으로 프로그램으로 개발된 것은 1970년대 후반부터 북미 지역의 학자들(美 Bobb Biehl, 美 Howard Hendricks, 美 Robert Clinton, 加 WIlliam Gray 등)에 의하여 연구가 활발하게 진행되었다.

밥빌(Bobb Biehl) 박사는 멘토링을 리더십 분야 프로그램으로 개발하여 우리에게 잘 알려져 있고 특히 윌리엄 그레이 교수는 새로운 멘토링 프로그램(1982년 New Mentoring Program)을 개발하여 현재 조직 현장에서 실행 프로그램으로 활용하고 있는 제도적 멘토링의 근간이 되었다.

대학에서는 로체 교수(Roche 1978' 하버드대)와 네오나드 교수(Leonard 2001' 하버드대)는 성공사례를 하버드 비즈니스 리뷰지에 기고함으로 사회 각층에서 큰 호감을 갖게 되었고 네빈슨 교수(Levinson 1979' 예일대)의 저서 『남자의 생의 계절』에서 "멘토가 없는 사람은 부모가 없는 고아와 같다."는 내용은 사회 각 조직에서 멘토의 필요성이 급부상하게 되었다.

아마존 닷컴에서(amazon.com) 멘토링을 검색하면 200여 종의 책자와 150여 군데의 멘토링 단체와 연구기관이 소개되고 있다.

21세기 들어서 맥킨지 컨설팅에서 다보스포럼(2000년 스위스소재)에서 멘토링이 21세기 인재전략에 큰 힘을 발휘하고 있다는 50페이지분량(국내번역서 "인재전쟁" 5장 기준)의 보고서가 공개되면서 멘토링 프로그램이 전 세계로 확장되는 데 큰 몫을 했다.

특히 GE그룹(전 회장 잭 웰치 당시부터 현재까지)에서 종합 멘토링으로 인사관리에 적극 활용하면서 국내에서도 2003년을 기점으로 삼성그룹을 비롯하여 대기업에서 신입사원 멘토링, 교회에서 제자훈련 멘토링, 서울대를 비롯하여 대학마다 취업률 향상 멘토링, 근래에 노동부 부천지청을 시범으로 공공기관에서도 도입사례가 늘어나고 있는 현상이다.

* 오늘날 멘토링 정의

아래 영문 내용을 살펴보면 미국에서도 아직은 멘토링에 대한 합의된 정의를 정확히 이끌어내진 못한 상태라고 볼 수 있다.

☞ Mentoring: The most complex of all human activities. (The dictionary of occupational titles, a US dept. of labor publication)

또한 우리말로 옮길 만한 적절한 단어를 찾지 못하여 대부분 그대로 사용하고 있다. 이것은 멘토링이 가지고 있는 사상이나 의미가 너무나 다양하여 한마디로 정의하거나 옮긴다는 것이 그만큼 잘못 해석될 위험을 내포하고 있음을 시사한다.

아무리 어렵다 할지라도 정의를 말하지 않고 어떤 주제에 대하여 논한다는 것은 앞으로 전개해야 하는 이야기의 초점을 분명히 할 수 없다고 본다. 오히려 각자의 주장을 통하여 합의된 정의에 조금씩 조금씩 다가갈 수 있으리라 생각되어 아래 멘토링 전문가들의 정의를 살펴보고자 한다.

■ 윌리엄 그레이(William Gray)

오늘날 새로운 멘토링 패러다임(New Mentoring Paradigm)은 멘제들이 조직에 혁신적인 공헌을 하도록 자신의 다양성, 창조성, 아이디어, 열정, 독창성 등을 발휘할 수 있도록 힘을 불어넣어 줄 뿐만 아니라 멘토가 이미 삶 전체를 통하여 알고 있는 것으로서 멘제를 '세우는' 전통적인 개념을 포함한다.

◼ 밥빌(Bobb Biehl)

당신이 좋아하고 신뢰하며, 당신이 인생에서 승리하는 것을 보고 싶어 하는 사람과의 관계다. 멘제가 지닌 잠재력을 이끌어내어 하나님이 주신 가능성에 이르도록 돕는 것이다. 결론적으로 멘토링은 평생을 지속해야 하는 관계이다. 그 관계 속에서 멘토는 멘제와 하나님이 주신 잠재력을 발견할 수 있도록 도와준다.

◼ 로버트 클린턴(Robert Clinton)

멘토링은 관계적 개념이다. 한 사람이 한 사람에게 능력을 전이(轉移)하는 것이다. 능력의 전이는 하나님이 주신 자원을 서로 나눔에서 온다.

◼ 신유근 교수(서울대)

조직에서 이루어지는 학습은 공식적인 것뿐 아니라 직장 선후배 간에 또는 동료 간에 조언이나 도움을 통해 이루어지기도 한다. 실제 조직에서 구성원들이 학습하는 행위나 지식들은 이렇게 구성원들 간의 상호작용 과정에서 습득하는 경우가 상당히 많은 것이다. 이때 조직에 영향력이 있는 사람들로부터 필요한 관심을 받도록 신참자에게 영향을 주는 직위나 역할을 수행하는 사람을 멘토(Mentor)라 하고 그러한 멘토의 활동을 멘토링(Mentoring)이라 한다.

이러한 정의들을 종합하면, 첫째 어떤 사람이 다른 사람을 돕는다는 것과, 둘째는 인간관계이며, 다음으로는 일과성이 아니라 일정 기간이나 평생으로 지속되는 관계임을 발견할 수 있을 것이다. 이로써 저자는 다음과 같이 정의하는 데 조금도 주저하지 않게 되었다.

첫째, 멘토링은 인간관계(Personal Relationship)이다.

분명한 목적과 의도를 가지고, 도움을 주는 멘토(Mentor)와 도움받는 멘제(Menger)가 1 : 1로 관계를 맺어 활동을 하는 인간관계이다.

둘째, 멘토링은 상호유익(Mutual Effects)을 준다.

멘토와 멘제가 수평적인 원칙에서 멘토링하는 동안 상호간 잠재력이 개발됨으로 유익을 얻게 된다는 것이다. 이때 분명한 것은 먼저 멘제 개발에 초점을 맞추는 것이어야 한다.

셋째, 멘토링은 약정 기간 동안 과정 중심(Process Oriented)이다.

이는 일과성 위주의 행사(Events)가 아니라 멘토와 멘제 간에 약정한 기간 동안에 창의적인 프로그램을 개발하여 계속적으로 과정 과정마다 적용해서 활성화되어야 한다는 것을 의미한다.

이상과 같이 정의를 내리는 이유는 현재 멘토링이 기업에서만 행해지는 활동이 아니라 오히려 교회나 공공기관, 특히 교육기관에서 더욱 활발하게 활용되고 있는 인재개발 방법론으로서 정착되고 있기 때문이다.

4. 멘토링 관계에서 품질등급

Episode4◀ 최인호 작가 삶에 목적

　2002년인가, 한참 MBC 드라마 "상도"가 히트칠 때 최인호 작가와 조선일보 기자와 대담이 있었다. "요즈음 천주교에 입문하셨다는 말을 들었습니다. 전과 후에 어떤 변화가 있었습니까?" "예, 전에는 좋은 작가가 되는 것이 삶에 목적이었는데 현재는 좋은 인간이 되는 것으로 변했습니다." "구체적으로 좋은 인간이란 무엇을 의미합니까?" "예, 자녀들에게 좋은 아빠, 아내에게 좋은 남편, 친구들에게 좋은 친구로 사는 것을 의미합니다."

　작가라는 기술적인 것, 테크닉적인 소프트웨어(S / W)에 매달렸던 삶이 인간 본연에 좋은 사람으로, 즉 하드에어(H / W)로 돌아간 것에 의미심장한 뜻이 내포되었다.

　멘토링은 사람과 사람과의 관계(Peer to Peer)이다. 그 관계가 어떻게 형성되느냐에 따라 효과가 크게 좌우된다. 산업혁명 이후에 각 조직마다 다품종 소량 생산 체제가 되면서 일반적인 상급자 리더 한 사람에게 수많은 부하관리를 책임지게 되어 사실 관리하는 것이 아니라 관리 당했다고 볼 수 있다. 이러한 문제점에서 팀장제도가 도입되어 10명 내외 인재 관리 체제로 개선이 됐다. 최근에는 보다 발전된 기법으로 부하를 인격적으로 챙겨주는 코칭제도도 도입되어 있다.

　멘토링은 상급자나 팀장제도나 코칭제도와는 두 가지 면에서 근본적으로 다르다. 첫째는 외형적인 면에서 리더와 연결이 1 : 1이라는 획기적인 것이고 두 번째 더 중요한 것은 내용 면에서 업무중심이 아닌 인간중심 바로 인간경영 프로그램이라는 것이다.

　오늘날 많은 사람들이 멘토링 연결에 관하여 상식적으로 1 : 1방법으로만 생각하는 사람이 대부분이이다. 그렇지는 않다. 저자는 3가지

40

방법을 소개하고 연결 품질에 관하여 사례 중심으로 효과 평가를 하고자 한다.

1) 낮은 품질(Low Quality) 연결방법: 멘토 한 사람에 멘제가 여럿이 연결된 상태다

이 방법은 멘토링이라기보다는 코칭이나 팀장제도라고 보아야 옳다고 생각한다. 운동경기나 업무를 다루는 상급자에서 소그룹을 관리하는 코치를 연상하면 된다. 여러 선수나 자기 부하들을 한 사람이 관리하게 됨으로 선수나 부하 개인에게 집중력이 약화된다. 그러나 이 방법에서도 유달리 히딩크 감독은 23명 대표 선수를 전체 관리하면도 수시로 멘토링 방식으로 박지성, 김남일, 안정환 선수 등을 개인기술, 개인체력, 개인 가치관을 1:1로 관리함으로 코치와 멘토 두 가지를 방법을 효과적으로 활용하여 남다른 성과를 거둔 것이다.

2) 기본 품질(Basic Quality) 연결방법: 멘토와 멘제가 1:1로 연결된 상태다.

한 사람끼리 연결됨으로 한 사람에게 멘토의 집중력이 100% 발휘되어 단기간 내에 눈에 띄게 인새개빌의 성과를 거둘 수 있는 방법이다. 1:1 연결은 인류 역사 이래로 가장 많이 활용된 방법으로 국내에서도 이 방법이 현재 멘토링에서 기본적인 연결 방법으로 소개되었다. 특히 신입사원, 기술전수, 경력개발, 노사화합 등 멘토링에서 대부분 연결방법이다.

3) 높은 품질(High Quality) 연결방법: 반대로 멘제 한 사람에 멘토가 여럿 연결된 상태다

1:1 연결 방법의 한계는 한 사람 멘토의 지도력 한계라고 볼 수 있다. 그러나 한 사람 멘제에 멘토가 전문별로 또 다른 역할별로 조언해 줌으로 가장 높은 품질의 멘토링 가능한 방법으로 멘토보다 멘제가 더 훌륭하게 키운다는 취지에 제대로 맞는 방법으로 볼 수 있다. 사실 멘토링의 기원을 살펴보면 왕자를 위한 멘토제도로 이 방법으로부터 출발했다고 보아도 과언이 아니다. 세월이 흐르면서 확대해석 되어 위의 2번 1번으로 확대시행된 것이다. 한 사람 왕세자에게 3정승을 비롯하여 20여 명 왕사(王師)가 멘토 역할을 한 이씨조선 왕세자 교육법도, 최근 삼성그룹 이재용 전무도 그룹 내 여러 명의 CEO 멘토로부터 후계자 양성도 바로 이 방법이라고 말할 수 있다.

5. 멘토링 프로그램 핵심내용

> **Episode5◀ 학교와 도서관**
> 유대인의 지혜문서인 탈무드에서 한 대목을 인용한다. 내용은 학교와 도서관이 다른 점은 무엇인가가 주제이다.
> "어째서 학생은 이 학교에 입학하려 하는가?" 하고 면접담당 랍비가 학생에게 질문을 했다. "이 학교는 전통이 있고 공부하기 좋은 분위기라서 열심히 공부하고 싶습니다." 하고 입시학생은 답변했다. 그러자 랍비는 "만약 학생이 공부하고 싶다면 도서관으로 가는 편이 나을 것이다. 학교는 공부하는 곳이 아니다."라고 도저히 이해할 수 없는 말을 했다. 그러자 학생은 반대로 랍비에게 물었다.

"그렇다면 저는 이 학교에 입학할 필요가 없다는 말씀입니까?" 그러자 랍비는 "학교라는 곳은 위대한 선생님 앞에 앉는 것이다. 바로 그들이라는 살아 있는 교본에서 모든 삶을 배우는 것이다. 학생은 위대한 랍비나 선생을 지켜봄으로써 배워 가는 것이다."라는 시험관 랍비의 최종 답변이었다.

1) 인격 내용

멘토링에서 인격(人格 – Character)의 기원은 최초 멘토가 텔레마코스 왕자를 위해 20년간 교재로 사용한 수학(知 – 상징), 철학(情 – 상징), 논리학(意 – 상징)에서 기인하며 오늘날도 역시 멘토링 프로그램의 내용(Contents)은 지, 정, 의를 상징하는, 즉 인격이다.

■ 인격내용 적용 도표

멘토의 인격 서비스	세부분류	Star Game 적용 부문
지적(知的) 서비스	지식, 기술, 정보	High Tech – 지식지
정적(情的) 서비스	포용력, 기대와 칭찬, 헌신봉사	High Touch – 마음지수 High Health – 건강지수 High Relation – 관계지수
의적(意的) 서비스	의지력, 절제력, 판단력(선과 악)	High Control – 관리지

2) 멘토(Mentor)의 사명

오늘날 멘토의 사명은 멘제를 위하여 전인적인 삶의 조언자 역할을 하기 위함이며 멘제를 인격적인 리더로 성장하기 위한 도구로 사용되는 것에 기꺼이 따라 주어야 한다.

(1) 전인적이란?

인격의 구성요소인 지(知) 부문에 전문적 지원, 정(情) 부문에 정서지원, 그리고 의(意) 부문에 윤리적 지원을 말한다.

(2) 삶이란?

멘토와 멘제가 직장생활이란 한계를 넘어 상호 가정생활로 연결 그리고 사회생활까지 확대되는 삶을 의미한다.

(3) 조언자란?

멘토링에서는 멘토가 활동을 주도하지만 실제 주인공은 멘제다. 멘제를 인격적인 리더로 성장하기 위해서는 자신의 핵심역량을 최대한 발휘하여야 한다. 그러면서도 언제나 멘토는 조언자이고 멘제가 결정권자요, 그리고 멘제를 1인자로 멘토 자신을 2인자로 인정하는 것이다. 이것이 바로 코치나 팀장이나 상급자 리더십과 차별화이다.

* 멘토링 인간관(Humanity)

사람(Person, 라틴어로는 *Persona*)이라는 단어가 헬라어 '프로소폰 (Prosopon)', 즉 '얼굴을 맞대고'라는 단어에서 유래했다는 사실은 의미심장하다. 동양에서도 한자로 사람 인자(人)를 보면 글자 획이 서로 받치고 있음을 알 수 있다.

다시 말하면, 각 인간은 서로 대면하고 서(Standing) 있는 존재, 다른 사람을 향하여 돌아서서 대화하며 관계를 맺고 있는 존재란 뜻이다. 이와 대조적으로 개인(Individule)이란 단어는 사람(Person)이란 단어보다 수백 년 뒤에 생겨났는데, 라틴어로 '나눠질 수 없는' (*Individuus*)이란 단어에서 유래하였다.

이런 유래는 우리가 어떻게 살아가야 하는가에 대해 중요한 단서를 제공한다. 우리는 단절된 개인이 아니라 서로 마주보며 공동체 안에서 살아가는 사람들이다. 우리는 우리를 인격적으로 성숙하게 하는 다른 사람을 필요로 하는 공동체 안에서 살아가는 한 가족이다.

한편 멘토링(**Mentoring**)은 인간의 특성을 연구하고, 인간의 역량을 개발하며, 한 사람을 **인격적인 리더로 세우는 1：1 인간경영 프로그램**이다.

특히 이번 인간관 주제에서는 인간의 가치관 개발관 선발관 그리고 현장에서 인재개발의 중요성과 목적을 소개하기로 하겠다.

1. 멘토링 인재가치관

Episode6◀ ST의 의미

미국의 어느 시골 마을에서 일어난 이야기입니다. 그 마을에서 하룻밤만 자고 일어나면 양 한 마리씩 없어지곤 했습니다. 온 동네 사람이 긴장해서 양 도둑을 잡으려고 꼬리가 길면 잡힌다는 속담처럼 한 달 후에서야 겨우 도둑을 잡았습니다. 그 도둑은 그 동네 젊은이였습니다.

화가 난 마을 사람들은 서로 상의하여 젊은이의 이마에 양도둑(Sheep Thief)이라는 ST 마크를 새기기로 했습니다. 그 후 그 젊은이는 그 마을에서 도저히 살수가 없어 멀리 멀리 딴 마을로 아무도 모르게 살짝 이사를 했습니다.

그 후 그 젊은이는 새로운 마음을 먹고 살기로 작정하고 먼저 마을 청소부터 부지런히 했습니다. 계속해서 젊은이는 다음 순서로 그 마을 노인들을 깍듯이 섬기고 수시로 음식 등을 차려 접대했습니다. 그는 한편으로 어린이들을 위해 직접 공부도 가르치고 함께 놀아주면서 어린이들과 즐거운 시간을 보냈습니다.

여기서 잠깐, 온 마을 사람들에게 새로 이사 온 젊은이에게 궁금한 것이 하나 있었습니다. 이마에 새긴 ST의 의미가 무엇일까? 그러나 아무도 맞추는 사람이 없었습니다.

오랜 세월이 흐른 후에 그 마을 사람들은 이심전심으로 결론이 나왔습니다. 그리고 그 젊은이는 성자(Saints＝ST)로 추대되었습니다.

먼저 인재개발이라는 프로그램을 다루기 전에 인재가치관이 전제되어야 올바른 방향으로 추진이 가능하다. 인간의 선과 악의 양면성에서 정상적인 인재의 가치를 선(善) 90% 악(惡) 10%의 공존성을

46

기본으로 하고 이 균형이 어긋난 상태에서 멘토나 멘제의 인재개발 목적은 제대로 90%와 10%의 기본균형으로 복귀시키는 활동을 의미한다. 한편 인재의 가치관을 긍정적인 면에서 아무리 악한 행동 유발자일지라도 최소한 10%의 선은 잠재로 보고 멘토링 인재개발 현장에서 10%의 선을 기초로 원래 90%까지 업그레이드할 수 있다는 가능성을 전제로 한다.

반면 아무리 인간이 선하다고 할지라도 10%의 악성은 잠재함으로 언제나 인간은 선과 악의 균형변화의 가능성으로 그 가치의 변화를 전제로 하여야 한다. 아래 3가지 멘토링 인간 가치관은 인간을 긍정적이면서 기술한 것임을 말해둔다.

<멘토링 인간가치관>

가치1 인간은 최고다

- 인간은 만물의 영장이다. 팡세에서 인간은 생각하는 갈대(思考-우주)로 우주보다 더 우수하다고 전한다. 성경에서도 인간은 "하나님의 형상으로 창조(창1:27)되었다"라고 말한다. 바로 하나님의 형상의 의미는 외형보다는 품성을 우리가 알기 쉽게 인격을 닮은 것으로 생각해 볼 수 있다.

가치2 인간은 보석이다

- 인간은 상위 일체 사랑으로 탄생했다. 아버지의 주신 사랑(신체일부-정자)과 어머니의 주신 사랑(신체일부-난자)과 하나님의 주신 사랑(영적 선물-영혼)으로 삼위일체 사랑을 받고 옥동자로 탄생했다.

가치3 인간은 승리할 수 있다

- 인간은 잠재역량을 조금만 개발하여도 승리할 수 있다. 보통사람은 자신의 잠재역량 개발을-5%, 노벨상 수상자-10% 그리고 최고로 개발한 사람이 발명가 에디슨으로 15%라고 한다. 에디슨도 나머지 85%는 개발하지 못했다. 우리인간은 100%라는 잠재 역량을 멘토를 통해 1~2%만 남달리 개발한다면 승리할 수 있는 것이다.

2. 멘토링 인재개발관

Episode7 ◀ 한 사람의 가치
- 한 아이에게 영향을 끼치는 것은 한 사람의 인생에 영향을 끼치는 것이다
- 한 부모에게 영향을 끼치는 것은 한 가족에 영향을 끼치는 것이다
- 한 기업의 대표에게 영향을 끼치는 것은 전체 기업에 영향을 끼치는 것이다
- 한 목회자에게 영향을 끼치는 것은 한 교회에 영향을 끼치는 것이다
- 한 국가 지도자에게 영향을 끼치는 것은 그를 지도자로 여기는 모든 국민에게 영향을 끼치는 것이다.

우리는 부모로부터 진 빚을 내리 사랑하는 마음으로 자녀에 갚는 것이 너무 당연한 일로 생각하고 있다. 왜! 멘토는 멘제를 인재개발하여야 하는가? 그 당위성을 제시하는 것이 멘토링 현장에서 멘토의 자발참여를 유도하는 지름길이다. 우리 자신을 비롯한 멘토의 오늘날 현존 가치를 확보하고 있는 것은 그 기본원인 제공을 분석해 볼 필요가 있다. 바로 나 자신을 위하여 나 아닌 타인, 즉 부모의 도움, 친척의 도움, 선생님의 도움, 친구의 도움, 선배사원의 도움 등이 필

48

수적이었음을 누구나 부인할 수 없는 상태다.

그러므로 오늘이 있기까지 우리는 나 아닌 타인으로부터 수많은 도움의 빚을 우리는 지고 있는 것이다. 바로 우리 자신 독불장군식으로 혼자 성장의 주인공은 존재할 수 없는 것이다. 그러면 그 도움의 빚을 편의상 100이라고 가정하자. 어떤 멘토는 타인을 위하여 100 중에서 80만큼, 어떤 멘토는 100만큼, 어떤 멘토는 120(100＋자신의 노력의 가치20)만큼 자신의 도움의 빚을 변제한다고 볼 때 120으로 도움을 주는 멘토를 선순환의 인재개발로 의미를 부여하는 것이다.

다음은 멘토링 인재개발에서 단계를 정하는 것이 무엇보다 중요하다 인성을 우선하여 착한 사람 바탕 위에, 다음은 자기의 소질을 살려 적성을 개발하는 것이고 마지막에 지성을 개발하여 똑똑한 사람으로 개발하고자 한다. 오늘날 교육계나 조직의 현장에서 개발의 순서가 뒤바뀐다거나 특정 분야, 즉 지성 등을 지나치게 개발함으로 사회 구석에서 배운 자들의 바람직하지 못한 행동은 그대로 부메랑의 역효과 현상을 초래하고 있다.

다음은 인재개발의 목적을 분명히 전제해야 한다. 많은 사람들이 멘토링 활동을 그저 어려운 사람을 도와주는 것으로 또는 조직에서 상급자처럼 하급자에게 업무성과를 낼 수 있도록 도움을 주는 일로 흔히 생각하고 있는 사람이 많다. 그러나 그것은 헬퍼나 상급자라고 분명히 말하여야 하고 멘토라고 단정해서는 크게 잘못된 것이다. 바로 멘토링의 인재개발 목적은 차세대 리더(지도자)를 세우는 일이다. 왕자를 왕이라는 지도자로, 평사원을 리더로 업그레이드하는 일, 멘제를 멘토로 성장시키는 일이 멘토링의 목적이다.

  * 인재개발의미 – 선순환의 인재개발

* 인재개발단계 – 인성 적성 지성
* 인재개발목적 – 리더개발은 왕자를~왕으로, 멘제를~멘토로, 평사원을 – 리더로 개발하는 것이다.

3. 멘토링 인재 선발관

Episode8 ◀ 하바드대 인성
하버드대 의대 입학생들의 최종 면접장에서 생긴 일입니다. 당시 최고의 성적으로 1차 관문을 통과한 학생이 면접교사와 대화를 나눴습니다. 교사: "최우 성적으로 1차 입시관문을 통과했네요. 학생: (으스대는 모습으로) "예, 선생님, 감사합니다." 교사와 학생 간에 많은 대화를 나눈 후 최종적으로 질문을 던졌다. 교사: "그래, 아주 대단하네그려! 마지막 한마디만 묻겠네. 자네 이제까지 헌혈해 본 경험 있나?" 학생: "……" 교사: "왜 대답이 없는가? 그래, 해본 적이 없는 게구만! 이 사람아? 의사가 되려면 의술보다는 사람을 먼저 사랑하는 마음이 앞서야 하네." 그 후 최종 의대 합격자 명단에 그 학생의 이름은 찾을 수 없었습니다.

멘토링에서 어디에 역점을 두고 인재를 평가하고 또 멘토를 선발할 것인가? 그 기준을 정하는 일은 멘토링의 인재개발 특징을 보여주는 것이다. 현재 각 분야에서 대체적으로 인재 선발기준은 기능적인 인재에 많은 점수를 주고 있다. 학력, 지식, 기술, 업무 등으로 제대로 잘 갖춘 사람을 선호하고 있는 것이다.

기능적 인재의 특징은 단시간에 형식적인 격식을 갖춘 자를 말하고 평가는 자격증, 학위증, 졸업장 등 증명서(Paper)로 선발기준을 삼는다. 이러한 선발기준의 함정은 바로 속마음을 알 수 없기 때문

50

에 선발되었다고 하더라도 문제가 속출되는 상황이 비일비재하다.

멘토링 인재 선발기준은 전인적인 인재를 선발하는 것에 기준을 둔다. 마음 상태, 자기절제 상태, 선과 악의 판단력에 많은 점수를 준다. 이러한 평가방법은 단시간 내에는 도저히 할 수가 없다. 그러한 이유 때문에 오랫동안 겪어보아야 하고 증서로 평가되기보다는 자연히 주위 사람의 입으로 평가되기 때문에 생활의 현장에서 가장 정확한 선발 기준법이라고 볼 수 있다.

마지막으로 멘토링 인재개발에 관한 주역을 담당하는 멘토의 멘토링 활동 사명을 4단계로 열거해 본다. 멘제 개발에 앞서 멘토는 먼저 멘제로부터 모델(Modeling)로 인정받아야 한다. 다음은 멘토가 적극적으로 동기부여(Motivating)를 통해 멘제의 마음을 얻어야 한다. 그렇게 마음을 주고받는 사이가 된다면 서로의 유익을 위한 1：1 멘토링(Mentoring)관계를 맺고서 최종적으로는 멘제를 자신과 같은 멘토로 재생산(Reproducting)의 성과를 얻어야 한다.

이러한 과정에서 멘토는 성공적인 멘토링의 주인공이 되는 것이며 조직은 자연스럽게 인재경쟁력을 확보하게 됨으로 생산성 효과를 쉽게 얻을 수 있는 계기가 되는 것이다.

* **멘토 선발기준**-오늘날 사회 모든 조직마다 지식 기술 업무를 위주로 한 기능적(Hightech) 인재개발에 역점을 두고 있다. 멘토링은 멘토를 통해 전문적 지원(지식부문) 정서적 지원(감성부문) 그리고 윤리적 지원(선과 악 부문)을 통해 전인적 인재개발에 역점을 두고 있는 것이다.

* **멘토 인재개발 4단계(Step)** - 멘토는 멘제의 인재개발을 위하여 4단계, 즉 모델역할 (Modeling), 적절한 동기부여 제공(Motivating), 일대일로 연결된 멘토링 활동(Mentoring), 그리고 마지막 4단계는 멘토 자신과 같은 리더로 재생산(Reproducting)하는 것으로 인재개발 프로그램을 적용한다.

4. 현장 인재개발 중요성

> **Episode9◀ 한 번에 한 사람 - 마더 데레사**
> 나는 결코 대중을 구원하려고 하지 않는다. 난 한 번에 단지 한 사람을 사랑할 수 있다.
> 한 번에 단지 한 사람만을 껴안을 수 있다. 단지 한 사람, 한 사람, 한 사람씩만. 따라서 당신도 시작하고 나도 시작하는 것이다.
> 난 한 사람을 붙잡는다. 만일 내가 그 사람을 붙잡지 않았다면 난 4만 2천 명을 붙잡지 못했을 것이다.
> 모든 노력은 단지 바다에 붓는 한 방울 물과 같다. 하지만 만일 내가 한 방울의 물을 붓지 않는다면 바다는 그 한 방울만큼 줄어들 것이다.
> 당신에게도 마찬가지다. 당신의 가족에게도 당신이 다니는 직장에서도 마찬가지다.
> 단지 시작하는 것이다. 한 번에 한 사람씩……

저자는 산업체교육 및 경영진단차 자주 현장을 찾게 되는데 기업마다 경영이념이나 사훈을 보면 '경천애인', '인화단결', '인간존중', '인재제일주의' 등이 대부분이다. 그러면서 경영자들은 이구동성으로 '경영은 사람이다'라고 말한다. 그것은 틀림없는 진리다. 어떠한 경영도 적절한 사람을 얻어야 비로소 발전할 수 있기 때문이다. 아무리 훌륭한 역사와 전통을 가진 기업이라 할지라도 그 전통을 똑바르게 계승해 갈 사람을 얻지 못한다면 점차적으로 쇠퇴해 버릴 것이다.

경영의 조직이나 방법도 중요하지만 그 조직이나 방법을 살리는 것은 역시 사람이다. 아무리 완비된 조직을 만들고 새로운 기법을 도입한다고 해도 그것을 활용할 사람이 똑바르지 못하면 성과도 오르지 않고 따라서 기업의 사명을 다할 수 없게 된다. 기업이 사회에 공헌하면서 스스로 융성, 발전할 수 있느냐의 여부가 뭐니 뭐니 해도 사람에게 달려 있다.

그러므로 사업 경영에 있어서도 먼저 무엇보다도 사람을 구하고 사람을 길러야만 한다. 그렇다면 어떻게 하면 훌륭한 사람을 육성할 수 있을 것인가인데 여기에는 구체적으로 여러 가지 방법이 있을 것이다.

가장 중요한 것은 '이 기업은 무엇 때문에 존재하는가? 또 어떻게 경영해 나갈 것인가?'라고 하는 기본사고, 다시 말한다면 앞서 강조한 바와 같이 올바른 경영이념이나 사명감이란 것을 그 기업이 확고하게 갖는다는 것이다. 이렇게 회사로서 기본방침이 뚜렷하다면 경영자나 관리 감독자들도 그 방침에 따라 박력 있는 지도가 가능하고 또 시비의 판단도 할 수 있기 때문에 인재육성도 어렵지 않다.

그런데 확고한 방침이 없으면 부하 통솔에도 일관성이 없어지고 그때미디 정세(情勢)나 자기감정에 흐르기 쉬우므로 인재를 길러낼 수가 없다. 즉 경영자로서 인재를 얻고 싶다면 먼저 스스로 뚜렷한 사명감이나 경영이념을 가져야 한다는 것이 선결 문제라는 것이다. 더욱이 종업원들에 대해서는 항상 그 취지를 호소하고 그것을 마음 속 깊숙이 침투시켜야 된다.

경영이념이란 단순히 종이에 쓰인 문장에 불과한 것이라면 아무런 쓸모가 없고 그것이 임직원 한 사람 한 사람에 체화(體化)가 되어야만 비로소 살려나갈 수 있는 것이다. 그러므로 모든 기회에 거듭 되풀이해서 호소해야 하고 공감을 얻어야 한다. 또 그것은 단순히 이념만을 설득시킬 것이 아니라 실제로 일상 업무에 있어서 경영자는 할 말을 다하고 고쳐야 할 점은 올바르게 잡아줘야 한다.

개인적인 인정으로서는 사람에게 주의를 주거나 꾸짖는 것을 가급적이면 기피하려고 하는 것이 인지상정(人之常情)이다. 그러나 기업은 사회에 공헌해야 한다는 사명을 가진 공기(公器)이고 그 활동도 공사(公事)인 것이다. 자기 자신의 독점물이 아니다. 그러므로 공적인 입장으로 봐서 그대로 넘길 수 없다든가 용서할 수 없는 일에 대해서는 지적할 것은 지적하고 힐책(詰責)할 것은 분명하게 힐책하여야 한다. 여기에는 결코 사사로운 감정이 개입되어서는 안 되며 어디까지나 사명감에 입각한 주의나 힐책을 전제로 해야 한다. 이런 엄격한 규범에 따라야만 주의(注意)받은 사람도 비로소 자각하고 성장할 기회가 마련된다.

아무것도 지적받지 않고 꾸지람도 듣지 않는다면 아랫사람들은 편안하고 경영자나 상사들도 인심을 잃지 않아 좋겠지만 이런 적당주의 분위기에서는 훌륭한 인재가 절대로 육성될 수 없다.

이와 함께 중요한 것은 과감하게 일을 맡기고 자기의 책임과 권한 테두리 안에서 자주성을 갖고 업무를 추진할 수 있는 분위기가 마련되어야 한다.

사람을 길러 낸다는 것은 결국 경영을 아는 사람, 아무리 작은 일이라 할지라도 경영적인 감각을 가질 수 있는 사람을 만들어 낸다는 뜻이다. 그렇게 하기 위해서는 아무나 이것저것 명령으로 다스리면 안 된다. 명령만으로 다스린다면 그 사람은 명령 받은 일밖에 모르는 수동 인간이 되어 버린다. 역시 일은 과감하게 신뢰한 가운데 맡겨야만 한다.

이럴 경우 그 사람은 스스로 생각하고 연구하게 되며 지니고 있는 잠재력을 충분히 발휘시켜 그만큼 성장하기 마련이다. 물론 아랫사람에게 일을 맡긴다고 해도 기본 방침이란 것을 투철하게 터득한 사람에게 가능하다.

기본 방침의 터득 없이 일을 맡긴다면 제멋대로 일이 엇갈려 전체가 사분오열(四分五裂)이 되어 버린다. 어디까지나 일정한 방침에 바탕을 두고 권한을 주어야 한다.

따라서 여기에서도 역시 그 회사의 나름대로의 기본사고, 경영이념이란 것이 대단히 소중하다고 말할 수 있다. 그 경영 이념에 맞추어 각자가 자주적으로 업무를 해나간다는 뜻이고 그런 의식이 있어야만 비로소 성립될 수 있을 것이다.

사람을 길러 내는 데 있어서 특별하게 유념해야 할 일은 단순히 업무 추진력이 있고 기술이 숙달되면 좋다는 것이 아니라는 점(点)이다. 수완이나 기능이라는 것(Hightech)도 지극히 중요하고 또 그래야만 된다는 것은 당연하지만 그와 동시에 인간으로서 사회인으로서 훌륭한 사람(Hightouch)이어야 된다.

업무에 능통하지만 사회인으로서 결함이 있다면 역시 온전한 산업인(産業人)이 될 수 없다. 특히 국제화 시대에 있어서 기업이나 국가 간의 교류가 날로 확대 되어가고 있다는 현실을 고려할 때 인간적이고 사회적인 인재의 육성은 더욱 절실한 것이다. 물론 이와 같은 인간으로서 사회인으로서의 자질이나 교육은 본래 가정이나 학교에서 배

워야 할 일이지만 현실 문제로서 기업의 사명과 역할이 막중하기 때문에 기업에서 인재개발(Person Development)은 더욱 중요한 것이다.

그러므로 경영자는 경영현장에서 사원 한 사람 한 사람을 소홀함 없이 멘토 의식(Mentorship)을 가지고 개발한다면 앞으로 훌륭한 직장인, 훌륭한 국민, 훌륭한 인간으로 성장한다는 것이 멘토링에서의 올바른 인재개발인 것이다.

5. 현장 인재개발 목적

Episode10◀잭 웰치 인재개발

잭 웰치(Jack Weltch: GE회장)는 "최고의 인재를 뽑을 수 있고, 최고의 인재로 키울 수 있다면 기업은 성공할 것이다."라고 인재중시의 경영을 외치면서 업무의 70% 이상을 사람 다루는 데 집중해 왔다. 그는 특별한 인사관리기법으로 개발한 활력곡선(Vitality Curve)을 이용하여 A급 사원으로 20%, B급 사원으로 70%, C급 사원으로 10%를 선정하여 A급 사원은 파격적인 대우를, B급 사원은 보통의 대우를, C급 사원은 퇴출대상으로 몰아붙였다.

또한 그는 자서전에서 "멘토링(Mentoring)프로그램을 진급 대상자에게 적용하여 진급자 중 80%가 멘토의 도움을 받았다"고 기록하고 있다. 특별히 멘토링 과정에서 그가 우수사원을 위해 인간적인 배려를 한 내용을 보면 "회사에서 그의 가치를 칭찬해 주어라", "그를 사랑해 주어라", "자주 포옹해 주어라", "키스해 주어라", "보통사원보다 3~5배 대우해 주어라", "우수사원이 한 사람이라도 이직한 부서장은 죄인으로 생각하라"고 따뜻한 애정을 가지고 사람관리에 매달렸음을 알 수 있다.

조직 경영에서 인재개발의 목적을 어디에 두어야 할 것인가? 이는 무엇 때문에 과학적으로 인재개발을 해야 하며 그 기준을 어디에 두고 행하여야 하는가와 직결된다.

우리는 인재개발의 목적을 쉽게 인적 자원(Human Resource)의 가치화에 있다고 본다. 그러나 인적 자원의 가치화는 경영의 성과와는 다른 한편인 다른 구성원의 만족성을 동시에 기할 수 있도록 해야 한다.

기업의 인적 자원은 다른 자원과 달리 그의 관리에 있어서 경제적인 측면의 효율성(생산성＝Productivity)과 인간적인 측면(인간성＝Humanity) 만족성의 두 가지 목적이 동시에 달성되도록 특히 유의하여야 한다.

즉 경영의 성과를 도출시킬 수 있는 합리성과 구성원의 욕구를 충족시킬 수 있는 만족성이 동시에 추구되지 않으면 안 된다. 현실적으로 조직 합리성의 추구는 구성원의 만족성을 저해하는 경우가 자주 발생하고 그 반대로 구성원의 만족성 추구는 조직의 합리성 추구를 무시하는 경우를 종종 볼 수 있다.

저자는 이러한 문제점을 충족하기 위해서 멘토링 프로그램을 적용하여 인간개발의 목표를 '노사(勞使) 공존공영을 위한 합리성의 목표와 인간성의 목표'가 동시에 추구될 수 있도록 하여야 한다는 것이 지론이다.

* 멘토링 성공전략(Strategy)

멘토링 생명주기(Mentoring Life Cycle)의 정상은 도입기~성장기~성숙기~쇠퇴기다. 그러나 오늘날 멘토링에 관한 실패 원인 분석은 도입~쇠퇴기라는 변칙적 주기로의 가능성도 열려 있다. 금번 실패원인 분석과 성공 전략은 바로 멘토링의 생명주기를 정상적 변화로의 유도가 가장 중요한 관건이며 이에 관한 대안 제시다.

아울러 멘토링이 단순히 멘토 / 멘제의 개인관계 촉진에서 벗어나 조직 개발의 차원에서 섬기는 멘토십(Servant Mentorship)을 통하여 경영혁신 기법을 제시하고 실제적으로 경영 현장에서 확실한 생산성 효과를 제시하는 것이 두 번째 대안이 된다.

세 번째로 업무 스킬의 다양화와 성과 위주의 코칭이나 팀장 제도와 차별화하면서 한편으로 보완의 시너지 효과를 제공하여 현장에서 우대 받을 수 있는 멘토링 성공 전략을 세 번째 대안으로 제시한다.

1. 예수님의 섬기는 리더십

> **Episode11◀아름다운 동행 예수님**
> 　바다도 푸르고 하늘도 푸른 맑은 날에, 주님과 성도는 해변가에 두 발자국을 남기면서 거닐었다네. 얼마 후 폭풍과 비바람이 몰아치는 시련의 시기가 찾아왔다네. 성도는 있는 힘을 다해 그 시련기를 겨우 통과하게 되었다네. 그리고 뒤를 돌아보니, 그 시기엔 하나의 발자국만 있음을 보았다네. 성도는 주님께 말했다네. "주님! 그 어려운 시기에 어디로 가버렸습니까? 저를 버리셨습니까?" 주님이 대답했다네. "그건 내 발자국이란다. 그때 내가 널 업고 걸었지."

1) 예수님의 멘토십의 의미

　섬기는 리더십의 원형은 예수님이다. 하나님이면서 하늘영광을 뒤로 하고 인간세상에 오셔서 "섬김을 받으러 온 것이 아니요 섬기러 왔노라"고 말씀하셨다. 결국은 자기의 죄가 아닌 인간의 죗값으로 십자가에 돌아가셨고 그로 인하여 자신의 생명을 내줌으로 인간을 최상으로 섬긴 것이다. 그래도 실패자 예수님은 아니다. 왜냐하면 최종적으로는 부활 승천하셔서 다시 하늘나라로 올라가신 것이고 인간에게는 그를 믿음으로 구원의 문이 열린 것이다. 섬기는 리더십은 Win Win인 것이다.

　섬기는 리더십의 실행 프로그램은 멘토링이다. 특히 예수님은 제자나 그를 따르는 사람들에게 일대일로 멘토링 방식대로 접근하여 삶의 변화를 일으켰다.

2) 예수님의 멘토십 단계

단계1 우정(Fellowship) 관계 – 성품이 온유하시고 섬기는 리더십의 본을 보여주신 예수님은 제자들과 첫 대면은 우정관계로 시작한다. 사람에게 절실히 필요한 오병이어(물고기 다섯 마리와 보리떡 두 개) 사건과 병을 고치는 기적이 좋은 사례가 된다.

단계2 인격(Personhood) 관계 – 예수님을 어느 기간 동안 겪은 제자들은 그 인격에 매료되어 한 발짝 깊이 들어가게 된다. 친히 제자들의 발을 씻기신 예수님의 섬기는 리더십에 깜짝 놀라게 된다. 그 인격에 감동받은 단계로 예수님은 제자들을 신뢰하고 제자들은 예수님을 존경하는 단계다.

단계3 사명(Mission) 관계 – 마지막 단계로 예수님의 최종적인 사명을 알게 되는 단계다. 이 단계에서 제자들의 비장한 각오와 인성과 신성을 겸비한 예수님 앞에서 인간의 한계를 처절하게 느끼는 단계다. 바로 예수님 자신의 최후 사명은 바로 인간에게 최고로 섬기는 자세로 생명을 걸고 사명 완수한다는 것이다. 이 단계에서 닭 울기 전에 예수님을 세 번 부인하는 베드로, 엠마오로 귀향 해버리는 도마 등 제자들의 한계를 여실히 보여주는 사례다. 스토리가 여기에서 끝났다면 예수님은 사명 완수에 실패자로 볼 수 있다. 그 역전 드라마는 부활 후 제자들에 40일간 나타나시고 본 그대로 승천하신 예수님을 보고 제자들이 확신을 갖는다. 그리고 나머지 소수지만 12제자의 삶은 사명에 생명을 걸고 예수님의 뒤를 따르는 결과 2000년이 지난 오늘날 20억 제자화를 이끌어 낸 원동력이 된 것이다.

3) 예수님 섬기는 멘토십 Tip-8

Tip1. 소수선택법(Selecting)-(눅6:13-그중에 열둘을 택하여)

Tip2. 함께 지내기법(Associating)-(마28:20-내가 너희와 함께 있으니라)

Tip3. 성별하기법(Consecrating)-(행11:26「그리스도인」이라 불리기 시작한 것은)

Tip4. 자신을 주는 법(Imparting)-(요15:13-사람이 친구를 위하여 그 목숨을 버리면)

Tip5. 본보기법(Modeling)-(요13:15-내가 너희에게……본을 보였느니라)

Tip6. 위임하기법(Delegating)-(마4:19-내가 너희를 사람을 낚는 어부가 되게 하리라)

Tip7. 모니터링법(Monitoring)-(막8:17-아직도……깨닫지 못하느냐?)

Tip8. 능력부여법(Empowering)-(요15:16-너희로 가서 과실을 맺게 하고)

2. 제도적(Systematic) 개념 멘토링

제도적 멘토링을 다루기 전에 먼저 **전통적(Typical) 멘토링 개념**을
살펴보기로 하자. 역사 이래로 오늘날에 이르기까지 계속되어 지고
있는 1 : 1 인간관계에서 자연스럽게 연결되어 활동하고 있는 형태를
말한다. 둘만의 관계이기 때문에 어느 누구의 간섭 없이 만나고 헤
어지는 것이 자유스러운 관계이다.

후견인제도, 수호천사, 또래, 지도사원, 사수, 섬김이 등으로 호칭
되고 있는 전통적 멘토링은 성경에서 아담 / 하와의 돕는 배필 멘토
링으로, 소크라테스 / 플라톤 / 아리스토텔레스 / 알렉산더 대왕은 철학
의 대가로서 지식경영의 멘토링으로, 프로이드 / 칼융은 심리학을 멘
토링으로, 설리반 / 헬렌켈러는 장애인 성공사례 멘토링으로, 그레이
엄 / 링컨 대통령은 교사와 학생 멘토링으로 세계적인 성공사례라고
볼 수 있다.

특히 최근에 미국의 기부문화를 한 단계 더 올려놓은 워렌 버핏

의 재산 80%에 해당하는 35조를 빌게이츠 재단에 기부소식은 전 세계에 아름다운 소식으로 전해졌지만 그 기부의 원인을 제공했던 금세기 최고 멘토링 스토리는 제대로 알려지지 않고 지나같다. 워렌버핏 / 빌 게이츠 멘토링은 1991년부터 비록 25년 나이 차이는 있지만 15년이라는 장기간 상호간 신뢰를 가지고 멘토링 활동을 유지함으로 빌 게이츠 재단의 운영방법에 조금도 의심치 않고 거액을 기부했던 것이다.

국내 멘토링 사례로 드라마 동의보감에서 허준 / 유의태의 의술 전수로 어의까지 오르게 하고 사후에는 국법으로 금지된 시체 해부까지 허락하는 멘토링, 역시 드라마 상도에서 임상옥 / 홍득주는 비즈니스 멘토링으로 사위를 삼고 마지막 자기보다 더 위대한 의주 거상으로 성공시키는 멘토링, 가장 감동 깊었던 드라마 대장금에서 장금 / 한상궁은 어머니같이 언니같이 자매같이 온 정성을 바쳐 이조왕조에서 유일하게 여성 어의를 탄생시킨 감동의 멘토링은 동양에서도 서양 못지않게 멘토링 정서를 충분히 살릴 수 있다는 사례들이다.

제도적 멘토링이라는 개념은 전통적 멘토링이 개인 간에 이뤄지는 것과 달리 조직에서 체계적인 프로그램으로 일정 기간에 특별히 멘토링 주제에 맞게 선정된 멘제와 멘제를 활동하도록 사람투자, 시간투자, 자금투자 등으로 일회성 교육이 아니고 프로젝트 개념으로 진행하는 프로그램인 것이다.

조직에서 멘토링을 시작한 사례는 이타왕국에서 멘토 / 텔레마코스를 20년간 멘토링으로 훌륭한 왕으로 성장시킨 사례, 유대왕국에서 모세 당시 잔닥(Zantak)제도로 사내아이가 8세가 되면 할례받을 때

잔닥이라는 멘토를 세워 어린아이를 붙들어 주고 앞으로 신앙생활과 사회생활에서 도움을 주는 멘토링으로 오늘날 천주교의 대부 제도를 연상하면 된다.

17세기 페넬롱도 역시 프랑스 루이 왕조에서 부르고뉴 왕손을 제도적인 차원에서 멘토를 연결하여 멘토링을 시행했고 특히 유럽의 길드(Guild)제도는 동업계 조합으로 창업사장을 기존 성공한 사장이 책임지고 멘토링한 것은 오늘날 비즈니스 멘토링의 효시라고 볼 수 있다.

국내에도 제도적 멘토링은 흔한 사례로 먼저 조선 500년 동안 왕세자 교육을 삼정승을 포함하여 20여 명이 멘토가 되어 체계적으로 시행했고 요즈음 드라마 대왕세종에서도 세종의 어린 시절 이수라는 스승이 멘토 역할을 맡아 하는 것을 볼 수 있다. 산업체서는 개성상인의 멘토링 제도는 자녀를 멘제로 하고 아버지 멘토 밑에서 10년간, 그 후 아버지 친구 멘토 밑에서 5년간 경력을 쌓아 기술전수, 자금확보를 제대로 하여 자수성가 멘토링의 좋은 사례로 들 수 있다.

제도적 멘토링은 "새로운 멘토링 프로그램"(1982년 개발 William Gray 교수(加) 브리티시대)을 멘토링코리아에서 4개 과정(4Process 준비과정, 도입과정, 활동과정, 평가과정) 매뉴얼로 적용하는 것을 말한다.

1) 전통적 / 제도적 멘토링 차이점

(1) 목적과 목표 차이

구 분	전통적 멘토링	제도적 멘토링
목 적	인격적인 리더개발	인격적인 리더개발
목 표	없 음	개인목표 – 인격가치개발 조직목표 – 생산성과 개발

(2) 운영프로그램 차이

다음의 도표는 William Gray 박사(加)에 의하여 개발한 체계적인 제도적 멘토링과 비체계적인 전통적 멘토링과의 차이점을 나타낸 것이다. 도표를 통해 알 수 있듯이 두 가지 방식 사이에는 회사의 목표와의 연계성, 멘토링 활동에 대한 통제권, 회사 차원에서 지원, 활동평가 등에 나름의 차이가 있다.

전통적 멘토링과 제도적 멘토링 비교표

내 용	전통적 멘토링	제도적 멘토링
멘토링 활동목표 유무	무	유
멘토링 약정 기간 유무	무	유
멘토링 교육 프로그램 유무	무, 유	유
멘토, 멘제 연결방법 유무	무	유
멘토링 중 모니터링 유무	무	유
멘토링 중 평가방법 유무	무	유
기 타	개인 간의 인재개발	조직에서 인간성과 생산성 향상

3. 현대사회 멘토의 필요성

멘토는 아마 인류의 역사만큼이나 오래되었을 것이다. 무당과 마
법사, 예언자와 철학자, 지도자와 선생은 역사의 초창기부터 존재해
왔다. 모세와 여호수아, 공자와 맹자, 소크라테스와 플라톤 모두, 선
생과 학생의 관계, 또 스승과 제자의 관계를 통해서 자신의 삶의 방
식들을 전수해 주었다. 이렇게 하여, 훌륭한 사상가들의 정신은 대를
이어 전해 내려왔다. 스승으로서 이들의 영향력이 지대했던 데에는,
이들이 스스로 모범이 되어서, 사상적으로뿐만 아니라 실천적으로도
본받을 수 있는 삶의 방식을 제공했기 때문이다.

그러나 현대의 합리주의는, 더 이상 우리에게 설득력이 없는 '합
리적인 거대 서사(grand rational narratives)'를 사용하여, 마치 '진리'
와 '삶'이 별도인 양, 그 모범의 중요성을 흐려 놓았다. 이제 우리
세대는 이렇게 현실에서 유리된 일반론적 개념이 식상해져서, 진리

를 실제 삶의 방식으로 살아내는 모범을 찾고 있다. 현대적인 인생관을 주장하는 이들이 종종 인간다움의 표본이 되기에는 너무나 궁색해서, 우리는 그들의 모순된 모습에 식상하고 말았다.

필요성 1 - 현대사회의 소외 문제가 심각하다

이처럼 멘토에 대한 관심이 지대해졌다는 사실은, 첫째로 오늘날 우리 시대의 소외 문제가 그만큼 심각하다는 것을 말해 준다. 또한 그것은 역사와 과거 전통에 대한 우리의 무관심을 드러낸다. 오늘날 우리는 대부분의 사회에서 연장자들이 감당하던 역할과 장인 정신의 기반이 되는 도제 제도(appreniceship)의 오랜 전통을 망각한 것이다.

필요성 2 - '해결사'가 아니라 지혜로운 친구(Fellowship)가 필요하다

둘째로, 우리에게 가장 적합한 도움을 주는 사람을 찾을 때, '해결사'나 심지어 '교사'로도 충분하지 않다. 기술 사회에 살고 있는 우리는 모든 것을 도구적인 지식으로 축소하여 뭐든지 '해결'하려는 경향이 있다. 그러나 기술이 지혜로운 동반자를 대체할 수는 없다. 기술 사회에 살면서 우리는 '타자의 임재'를 놓치고 있다. 또한 지식을 '사물에 관해 사고하는 것'과 쉽사리 혼동하는 정보화 사회에서 살고 있다.

효과적인 가르침에는 양육과 보살핌의 관계가 내재되어 있음을 잊었다. 무엇보다 지혜란 정보처리의 차원에서 얻을 수 있는 것이 아니다. 원인에 집착하는 행동주의 역시 관계를 대체하기에는 뭔가 부족한 것으로서, 행동주의자들은 너무 '바빠서' 우정을 길러 나갈 겨를이 없다. "행동 없는 사상은 무의미하며, 우정 없는 행동은 무의미하다.”고 한 그리스 철학자들의 말은 참으로 지혜롭다.

만일 교사가 친구처럼 친절하게 학생들을 가르친다면, 학생들은 학습과정에서 훨씬 더 큰 격려를 얻을 것이고, 교사와의 관계에서 신뢰를 형성할 수 있을 것이다. 따라서 지혜, 곧 멘토 안에 체현된 지혜야말로 탁월함에 이르는 길이다. 내가 삶을 더욱 충만하게 살아가도록 도우며, 그 과정에서 인격적으로 기만당했다는 느낌을 받지 않게 돕는 사람―사물이 아니라 바로 친구다.

필요성 3―자아의 고립이 증가하고 있다

셋째, 오늘날 멘토에 대한 관심이 증가하는 것은 우리 사회 내에 그만큼 자아의 고립이 증가하고 있음을 반영하는 것일 수 있다. 전문직과 제도에 대한 사회적 의존도가 약해지면서 사람들이 멘토의 필요성에 눈을 뜨고 있는 것이 틀림없다. 비인격적인 사회 구조에서는 마음을 연 솔직한 피드백을 얻기가 어렵다. 지나칠 정도로 흉허물 없는 피드백은 도리어 직장을 잃을 위험 부담을 안을 수도 있다. 오늘날과 같이 극도로 경쟁이 심하고, 걸핏하면 소송을 일삼으며, 정략에 따라 움직이는 사회에서는 인정, 양육, 격려, 신용, 이해와 같은 것은 찾아보기가 힘들다.

또한 성(sexuality)이 다른 경우에도 사회적 성차(gender difference)라는 양극적 속성 속에서 다시금 우리는 고립되어 간다. 심지어 성별이 동일해도 고립되어 간다. 그러나 ‘성적으로 상호보완적인’ 멘토링은, 그저 ‘정치적으로 옳은’ 관계를 유지하는 것과는 비교가 안 될 정도로, 인격적인 관계에 대한 새로운 지평을 열어줄 수도 있다.

필요성 4 - 언행일치의 지도자가 요구된다

넷째, 오늘날과 같이 지도자들의 명예가 땅에 떨어지고, 우상으로 여기던 것들이 몰락하고, 영웅시하던 것들이 매력을 잃은 시대에는 자신이 말한 그대로 실천해 내는 도덕적인 모범이 필요하다. 즉 이론과 실제가 하나로 연결되고, 머리와 가슴과 팔이 하나가 되어, 공적인 삶이나 사적인 삶이나 삶 전체가 고상하게 통합되어 있는, 그런 모범이 필요하다.

아마도 깨어진 가정에서 자랐거나, 결혼생활이 순탄치 못하거나, 역기능적인 관계를 경험한 이들은 인생의 '변화'를 모색하기 위해 멘토를 더욱 열심히 찾을 것이다. 멘토는 곁에 있어주는 부모일 수도 있고, 보통 친구들과는 전혀 다른 방식으로 우리를 대하는 진실한 친구일 수도 있으며, 아니면 무엇이 참인지 그리고 무엇이 지혜로운 결정인지 본을 통해 보여주는 제삼자일 수도 있다. 이 모든 것으로 미루어, 인생 여정의 동반자로서 우리와 함께하는 애정 어린 멘토는 약속의 땅을 바라보도록 눈을 열어줄 것이다.

4. 멘토 찾기 힌트 10

Episode14◀ 열린 마음관계

명강사 초청 세미나에 참석한 박 사장(朴 社長)은 너무나 큰 감동을 받고 허겁지겁 회사로 돌아왔다. 한 가지 할 일이 있기 때문이다. 마침 시간에 맞게 비서가 아침 죽을 준비 중이었다. "김 비서 이리 좀 앉게" 비서는 가슴이 뜨끔했다. "오늘은 뭘 트집을 잡아 책망할까?" 속으로 방어 태세를 취하

> 면서······ "우리 사장은 사원들을 기(氣) 죽이는 데는 도(道)가 튼 사람으로
> 정평이 나있다." 사장의 눈치를 살피면서 조심스럽게 앉아 있는 비서에게 전
> 혀 예측할 수 없는 일이 벌어졌다. "이제부터는 자네에게 책망하는 일이 없
> 을 걸세" 어안이 벙벙한 비서는 한참 동안 사장의 모습만 바라보고 있었다.
> 예전과 다른 사장의 진지한 모습을 확인한 후에야 김 비서도 예측할 수 없
> 는 한마디의 말을 던졌다.
> "사장님 감사합니다. 이제 저도 사장님이 드시는 아침 죽에 침을 뱉지 않
> 겠습니다."

-훌륭한 선생님이나 코치는 학생의 능력을 25%에서 50% 정도,
기껏해야 100% 상승시킬 수 있을 뿐이지만 훌륭한 멘토는 그 수준
을 1,000%에서 5,000%, 때로는 1만%까지 높여줄 수 있다. 예를 들
어, 비즈니스 멘토는 내 수입을 5만 600% 이상 높여주었다. 대인관
계 멘토는 내가 아내의 마음을 돌려서 우리가 경험해 보지 못했던
가장 행복하고 완벽한 관계를 형성할 수 있도록 도와주었다.-

원저: Mentored by Millionaire

저자: Steven Scott(포춘지 500대 기업 중 8번째 부자CEO)

(1) 어떤 분야에 멘토가 필요한가?

인간관계에서 도움이 필요한가, 직업적인 문제 전반에 걸쳐 도움
이 필요한가, 경영이나 마케팅 기술 같은 특정 분야에서 도움이 필
요한가? 나는 인간관계 분야에 중요한 멘토가 두 명 있고, 사업적인
문제를 해결하는 데 도움을 얻는 멘토가 한 명 있다. 멘토는 결코
한 명일 수 없다.

70

(2) 이뤄야 할 꿈에 맞는 멘토의 명단을 작성하라

꿈의 목록을 작성하고 가장 중요한 꿈부터 시작해 당신이 가장 존경하고, 통찰력, 지혜와 충고를 줄 수 있는 사람들의 명단을 작성하라. 선호도순으로 이름을 적어라. 다시 말해 각 목록의 꼭대기에는 이 세상에서 단 한 명만 고르라고 했을 때 선택할 사람의 이름을 적어야 한다. 그 사람이 당신에게 단 1분도 내주지 않을 거라고 생각한다고 해도 그 사람의 이름을 맨 꼭대기에 적어라.

(3) 멘토와의 관계를 적어라

시장, 친구, 아는 사람, 친구의 친구, 전혀 모르는 사람 등등 작성한 목록 옆에 멘토와 당신과의 관계를 적어라.

(4) 멘토에 대한 모든 것을 적어라

개인적인 경험을 통해 직접 알게 되었든 누군가를 통해서 알게 되었든, 그 사람에 대해 알고 있는 전부를 적어라.

(5) 멘토에 대해 할 수 있는 모든 조사를 하라

그들이 좋아하는 것, 싫어하는 것, 열정을 보이는 것은 무엇인가? 일을 할 때나 안 할 때 시간은 어떻게 보내는가? 그들은 무엇을 통해 동기를 부여받는가?

(6) 멘토를 잘 모른다면 누가 그들과 친한지 조사하라

당신이 멘토와 직접적인 안면이 없다면, 멘토와 친한 사람을 찾아보자. 당신이 아는 사람이 있을 수도 있다. 만약 그렇다면 멘토와

당신의 공통점으로 아는 그 사람부터 만나보라. 설령 아는 사람이 없더라도 멘토와 처음 만날 때, 멘토가 친한 사람의 이름을 언급하면서 대화를 풀어나가라.

(7) 만나기 전에 미리 준비하라

잘 모르는 사람과 개별적으로 만나거나 전화나 편지로 접촉할 계획이라면 만나기 전에 제안이나 부탁하는 말을 준비할 필요가 있다. 우선, 서로 공통적으로 아는 사람이 있다면 그 사람에 대한 이야기로 시작한다.

두 번째는 상대를 존경하게 된 이유를 이야기해야 한다. 그다음에는 간단하게 왜 이런 것들이 당신에게 중요한지, 또 어떻게 그의 통찰력이나 지혜를 당신 삶의 일부로 받아들이고 싶은지 설명하라. 마지막으로, 그가 일주일에 한 번씩이나 한 달에 한 번씩 짧게라도(점심이나 아침시간, 커피를 마시거나 간단한 운동을 같이할 수 있는 정도의 시간) 시간을 내줄 수 있는지 물어보라. 그 시간에 당신은 특정한 영역에서 당신에게 도움이 될 만한 것을 물어볼 수 있다.

(8) 이제 연락해 보자

개별적으로 만나는 것보다 나은 것은 없다. 당신이 선택한 잠재적인 멘토에 따라 이 전략은 가능한 것일 수도 있고 그렇지 않을 수도 있다. 직접 만날 수 없다면 차선책으로 전화를 이용하라. 개인적으로 만날 수 없거나 전화로도 접촉할 수 없을 때에는 편지를 이용하라. 어떤 방식으로 접촉하든지 간단하고 적절하게 하라. 만나볼 가치가 있는 멘토라면(퇴직한 상태가 아니라면) 이미 바쁜 스케줄이 있다. 그 사람이 앞으로 당신과 만나는 데 너무나 많은 시간을 할애해야 한다고 생각한다면, 당신의 제안을 일언지하에 거절하거나 당신을 피할 것이다.

(9) 멘토를 만난 후

처음 접촉한 뒤에는 그 잠재적인 멘토가 해 준 구체적인 말이나 행동에 대해 언급함으로써 간단하게 감사를 전하라.

(10) 다음 사람으로 넘어가라

당신이 처음으로 선택한 사람이 부탁을 거절했다면 확실히 그 이유를 밝혀내야 한다. 그다음에는 당신이 작성한 목록의 두 번째 사람에게 이와 똑같은 과정을 반복한다.

5. 멘토링 성공전략

> ### Episode15 ◀Synergy효과
> 미국 동북부에 겨울이면 폭설이 자주 쏟아진다. 그때마다 때를 기다렸다는 듯이 마을 사람들은 썰매용 경주마 놀이를 하면서 한 겨울을 지내곤 한다. 유달리도 그날은 마을 사람 모두가 흥분 상태로 시간가는 줄 몰랐다. 왜냐하면 경주마 놀이 결과가 전혀 예측할 수 없는 사건으로 벌어졌기 때문이다. 경주마 중 1등은 2톤을 싣고 달린 마차였고, 2등은 1,9톤을 싣고 달린 마차였다. 이때까지는 여느 때와 별다른 상황은 아니었다. 그때 마침 한 사람이 재미있는 제안을 했다. "그렇다면 두 마리 경주마가 한 썰매를 끌면 몇 톤이나 끌가?"라는 것이었다. 많은 사람이 내기에 참여하여 '4톤' '4,5톤' '5톤'하면서 의견이 분분했다. 실제 시도해 보니 두 마리는 5,5톤이나 싣고서 달렸다.

북미 지역에서 성공 프로그램으로 인증된 멘토링을 국내에서도 유행성으로 밀려나지 않고 어떻게 생산성 향상에 기여하며 또한 멘토링 전문가를 통하여 지속적으로 프로그램 유지 관리를 할 수 있을까?

특히 멘토링 프로그램을 개발 당시 한국적인 정서에 맞게 아울러 생산성 효과를 창출할 수 있도록 개발한 프로그램을 어떻게 현장에서 제대로 활용할 수 있을까를 전략적인 차원에서 실패원인 분석을 기초로 하여 성공 전략 5가지를 제시해 보고자 한다.

(1) 멘토링의 실패 원인 분석

(1) 멘토링의 실패에 관한 의미

먼저 멘토링을 도입하는 과정에서 분명히 개인이나 조직의 입장에서 멘토링을 프로젝트 개념으로 투자 요인에 유의해야 한다. 첫째가 시간투자이고 둘째는 인력 투자이고 셋째는 자금투자로 볼 수 있다.

그러므로 멘토링이 실패로 끝날 경우 개인과 조직 모두에게 상당한 금전적·심리적 손실을 가져오게 된다.

우선 멘토 입장에서는 자신이 멘토링에 투자한 엄청난 시간에 대해 아무런 소득을 보지 못했다는 상실감으로 인해 상당한 충격을 받을 수 있다. 또 실패한 멘토라는 소문이 퍼질 경우 조직 내에서의 입지가 상당히 좁아질 수 있다. 게다가 이러한 실패담은 조직 전체의 손실로도 이어질 수 있다. 즉 아무리 시간과 노력을 투자해도 결국 실패하면 "좋은 소리를 못 듣는구나."라는 부정적 인식이 전체 멘토 후보자들에게 퍼질 경우, 조직에서 멘토 인력을 확보하는 데

당장 큰 어려움을 겪을 수 있기 때문이다.

멘제의 경우 실패에 따른 부정적 영향이 더욱 직접적으로 나타난다. 즉 멘토링에 실패한 멘제는 업무 또는 조직생활에 적응하지 못할 뿐만 아니라, 실력향상 및 경력 개발이 부진해지고 상사나 동료들과도 원만한 대인 관계에 부정적인 영향을 미치게 된다.

조직 전체 차원에서 보면, 멘토링 제도의 설계 및 운영과정에서 투자한 자원에 대한 소득이 없으므로 상당한 금전적 손실을 보게 된다. 또한 전체 구성원들의 사기나 조직 분위기도 크게 떨어지게 된다.

그렇다면 과연 멘토링에 실패하는 이유는 무엇 때문일까? 멘토링의 실패 원인은 프로그램 목적의 부적절성, 설계과정에서의 미숙함 등 여러 가지가 있을 수 있다. 그런데 이러한 원인들을 자세히 살펴보면, 대부분 조금만 더 주의를 기울인다면 충분히 해결할 수 있는 문제들임을 알 수 있다. 따라서 실패를 반복하지 않기 위해서는 반드시 기존의 멘토링 활동에 대한 도입과정과 실행과정에서의 효과에 대한 평가가 제대로 이루어져야 한다.

물론, 100% 완벽한 제도나 시스템은 있을 수 없다. 그러나 멘토링 과정에 불합리한 요소 등을 찾아내고 이를 개선하는 활동을 지속적으로 해나간다면 멘토링의 성공률을 크게 높일 수 있을 것이다.

(2) 일반적인 차원에서 실패 원인 정리

1. 정규업무와 멘토링 업무를 혼동해서 운영하고 있다.
2. 수평적 멘토 / 멘제 관계에서 상·하급 수직 라인의 한계를 극복하지 못하고 있다.
3. 멘토 / 멘제 간의 비윤리적·비도덕적인 과당경쟁 관계를 초래

하고 있다.

4. CEO의 무관심과 상급자의 몰이해로 활동이 위축되고 있다.

5. 분명한 목표설정이 아니고 비현실적이고 알쏭달쏭한 목표설정을 하고 있다.

6. 적극적 참여 유도에 실패하고 있다(지리적 한계, 지역 및 부서의 이질성 등).

7. 지나치게 단기적으로 멘토링 활동 기간을 운영함으로 정서부문이 미흡하다.

8. 회사 차원(경영진 인사부서 등)에서 지원이 부족하다.

9. 동료나 주위 사람들의 오해소지가 있다.

   (예를 들자면 멘토링을 사교적 관계, 파벌형성 등으로 왜곡)

10. 멘토 / 멘제의 니즈나 가치관을 제대로 고려하지 않고 활동한다.

11. 멘토 / 멘제의 개인 성장이나 목표를 고려치 않고 생산성 향상에 주력한다.

12. 멘토, 멘제, 상사의 삼각관계에서 갈등이 노출되고 있다.

(2) 멘토링 성공전략

(1) 멘토링 성공의 의미

　인재확보 여부가 기업 경쟁력의 성패를 결정한다는 인식이 확산되면서 해외기업들은 물론 국내기업들도 우수인재를 확보하기 위해 총력을 기울이고 있다. 또한 대기업뿐만 아니라 지금까지 상대적으로 인재확보에 소극적이었던 금융권이나 공기업들도 고급 인재를 적극적으로 찾아 나서고 있다. 특히, 전문성과 실력을 갖추고 있다면 국적이나 출신을 가리지 않겠다는 글로벌 차원의 인재유치 움직임도 점차 강해지고 있다. 이처럼 기업들의 소위 '인재확보전쟁'은 앞으로 더욱 치열해질 것으로 예상된다.

이러한 경영 환경 속에서 기업이 지속적으로 성장하고 경쟁력을 유지하기 위해서는 끊임없이 회사의 전략적 과제 달성에 필요한 인재를 육성해야 한다. 즉 기업 스스로 '인재를 만들어 내는 공장'이 되어야 한다는 것이다. 또한 회사는 한 사람의 힘으로 움직이는 조직이 아니기 때문에 미래 기업을 이끌어 갈 핵심인재를 확보하는 것도 중요하지만 구성원 전체의 실력을 향상시키는 활동도 게을리 해서는 안 된다.

멘토링은 이러한 기업의 인재육성 활동을 효과적으로 지원해 주는 매우 효과적인 제도라고 할 수 있다. 물론, 직무순환, 액션러닝 등 인재육성을 위한 다양한 기법들이 있기 때문에 멘토링이 인재육성을 위한 유일한 방법이라고 할 수는 없다. 그러나 멘토링은 이러한 기법들과 비교되는 명확한 차이가 있다. 바로 '사람과의 관계를 통한 학습'이라는 점이다. 즉 지금까지 강조한 바와 같이 멘토링은 상호 인간적, 정서적 관계를 통해 진행되기 때문에 인재육성 측면에서 다른 어떤 방법보다도 효과적이라고 할 수 있다.

멘토링이 실제로 조직 내에서 원활하게 돌아가기 위해서는 무엇보다 조직 차원에서의 충분한 지원체제를 조성해야 한다. 설계상 아무리 뛰어난 제도라 하더라도 조직의 분위기나 여건이 받쳐주지 않는다면 그림의 떡으로 전락할 수 있기 때문이다.

(2) 멘토링 성공 전략

1. 회사의 적극적인 지원이 필요하다.

2. 멘토링 활동 기간을 잘 잡아야 한다.

3. 제반 인사제도와 연계한다.

4. 사내 리더에게 인재육성의 책임을 지운다.

5. 직속상사의 적극적인 협조를 구한다.

6. 멘토링 활동 후에도 지속적인 관계를 유지한다.

7. 경영자의 열정과 몰입이 성공의 핵심이다.

Chapter 2

경영 멘토링
이야기

조직마다 경영이념이나 사훈을 보면 '경천애인', '인화단결', '인간 존중', '인재제일주의' 등이 대부분이다. 그러면서 경영자들은 이구동성으로 '경영은 사람이다'라고 말한다. 그것은 틀림없는 진리다. 어떠한 경영도 적절한 사람을 얻어야 비로소 발전할 수 있기 때문이다. 아무리 훌륭한 역사와 전통을 가진 기업이라 할지라도 그 전통을 똑바르게 계승해 갈 사람을 얻지 못한다면 점차적으로 쇠퇴해 버릴 것이다.

사람을 길러 내는 데 있어서 특별하게 유념해야 할 일은 단순히 업무 추진력이 있고 기술이 숙달되면 좋다는 것이 아니라는 점(点)이다. 수완이나 기능이라는 것(Hightech)도 지극히 중요하고 또 그래야만 된다는 것은 당연하지만 그와 동시에 인간으로서 사회인으로서 훌륭한 사람(Hightouch)이어야 된다. 멘토링은 기술자를 길러 내는 것이 아니고 기술자를 인간으로 길러내는 프로그램이다.

* 국내 이야기

1. 삼성전자 (통신연구소 윤남이 주임 월간 HRD 기고문)

　정보통신 사업의 확장에 따른 신규인력의 대거 채용은 얼마나 빨리 조기 전력화하느냐가 중요한 이슈였다. 이에 기존에 실시되고 있던 멘토 제도 개선운영에 대해 신입사원 지도선배 부서장의 VoC 조사를 통해 실제 업무 수행에 도움이 되는 교육 매체를 부서에서 실시되는 1 : 1 또는 1 : n 형태의 OJT(응답률 58%)라고 답변했다.

　이에 대졸신입사원의 조기 적응을 위해 개선된 멘토 제도는 2005년 상반기에 입사한 75명의 통신연구소 신입사원을 대상으로 실시됐다. 약 5개월간(2004년 11월~2005년 4월)

　미국 오크랜드에서 개최된 IMA(국제멘토링 협회) 컨퍼런스 참가를 통한 국외 멘토링 현황 파악과 삼성테크윈, 한국GE, 삼양사 등 국내외 멘토링 도입현황을 검토하여 R&D 연구원에게 맞게 멘토링 프로그램을 도입하여 적용했다. 당시 지도 선배라는 의미로 '멘토'라는 말이 삼성 내에서는 범용적으로 사용되고 있었고, 인간관계에 초점을 맞춘 국외의 멘토의 의미보다는, 기술적 역량의 향상이 주된 목적인 OJM(OJT＋Mentoring)형태로 진행됐다.

75명의 신입사원에 대한 멘토는 소속팀의 부서장이 멘토의 자격조건(근속 3년 이상의 대리급이며, 업무 능력이 탁월하고, 대인관계가 원만하고 타의 모범이 되는 자)을 만족하는 대상을 통보하면 인사부서에서 검토 후 멘토 멘제를 매칭했는데, 이때 검토 기준은 신입사원과의 업무 연관성, 근속, 인물평, 학연 및 지연의 배제 등이 있다.

매칭된 멘토는 4월에 2차례에 걸쳐 멘토링 전반에 대한 이해와 멘토 스킬을 소개하는 멘토링 특강에 참석했고, 당시 특강 시간에는 한국 멘토링 코칭 센터에서 발행하는 CPW(Career Planning Workbook)을 작성하면서 멘토링이 다만 신입사원에게만 도움이 되는 과정이 아닌 윈-윈 과정이라는 점을 강조했다.

멘토링 특강은 연구소장과 인사그룹장의 강력한 의지로 전원 수료했으며, 과정 수료 후 멘토들은 멘제와 함께 멘토링 활동의 목적, 기간(공식 멘토링 기간: 6개월), 멘토 멘제로서 지켜야 할 사항을 멘토링 약속서에 작성했고, 멘토링의 세부적인 활동사항은 멘토링 활동 계획서에 작성했다.

멘토링의 자발적인 공감대 형성을 위해 인사부서에 제출하는 사항을 최대한 줄이고, 양식들을 간소화했다. 바쁜 업무를 고려하여 열린 상담센터 주관으로 진행하던 사이버 멘토링 사이트를 이용하였고, 이 사이버 장을 통해 멘토 멘제만의 공간을 활용하여 미처 대면으로 전달하지 못하는 말과 국내외 출장으로 떨어져 있을 경우 지속적인 접촉이 될 수 있도록 했다. 멘토링을 위한 활동비는 지원하지 않았

82

고, 멘토링 특강 때 멘토들에게 총 9권의 멘토링 활동에 도움이 될 만한 책들을 미리 선택하도록 하고 배포하여 활동에 활용할 수 있도록 했다.

또한 멘토 도시락 또는 중식 간담회를 통해 2005년 연말, 수원사업장 주관으로 실시된 멘토링 활동의 베스트 우수 멘토 시상 시 통신연구소 소속의 베스토 멘토 2명, 우수멘토 4명을 배출하는 결과를 얻었고, 2005년 12월 멘토링에 참여한 신입사원 중 퇴직한 신입사원은 단 한 명도 없었다. 당시 실시된 멘토 멘제 설문조사에서 특히 주목할 점은 멘제에게 가르치는 것과 멘제에게서 얻는 정보가 유익했다는 것이 19%로 동일하게 나왔다는 점이다. 이때부터 멘토링은 신입사원의 조기 적응도를 향상시켜 경영 성과에 기여하는 것 이외도 멘토에게는 멘토링 활동을 통해 리더십 발휘를 할 수 있는 기회를 주고 멘제에게는 새로운 기술 습득에 도움이 되는 프로그램임을 알게 되었다.

06년 5월: 전 임직원 대상으로 역량 향상과 조직 활성화를 위한 멘토링 확대 적응 2010년 삼성그룹의 Mission은 사업 초일류화를 통한 '가장 존경받는 기업'이 되는 것이다. 이는 초일류 제품을 많이 만들어 내는 것도 중요하지만 그것을 만드는 것은 바로 사람이니만큼 존경받는 기업이 되기 위해서는 조직 내 인저으로 존경받는 사람이 많아진다면 그룹의 장대한 목표에 한 걸음 다가갈 수 있을 것이라고 생각한다.

특히 통신연구소의 경우, 석 박사 비율이 높고 차세대 기술을 연구하고 준비하다 보니, 같은 기술에 연관되어 있는 연구원들의 수가 적어 집합교육을 개설하기가 힘들은 상황이다. 이에 2004년부터

Study Group 제도를 신설하여 현재 27개 정도의 Study Group이 활동하고 있다. 하지만 이런 Study Group 활동으로 포함하지 못하는 개인의 Needs들을 다 수용한 맞춤형 자기개발을 위한 도구로서 멘토링만큼 효과가 있는 Tool은 없다는 점이 작년 운영 결과로나 국내외 트렌드이다. 이에 2006년에는 멘토링을 전 연구원을 대상으로 실시하고자 시스템과 운영에 대한 준비 중이다. 정보통신 기술의 빠른 변화에 맞추기 위해서는 조직환경의 변화에 발 빠르게 개인 역할을 변화시켜야 하며, 새로운 역량을 요구하게 됐고, 멘토링을 통해 기술적 역량 향상뿐만 아니라 임직원들 간의 원활한 커뮤니케이션과 조직력 강화를 위해 멘토링을 확대하여 운영하게 됐다.

이번 멘토링의 주제는 전 임직원들이 '나만의 멘토를 찾기 위한 멘토링 항해'이며, 이는 앞으로 정보통신 분야와 글로벌 리더가 되기 위한 성장의 기회가 되도록 운영할 예정이다. 본인과 관련 있는 기술 분야의 멘토를 찾아 본인의 멘토가 되어 줄 것을 요청하고 멘토의 1:1 또는 1:n 선호 유형에 따라 멘토 멘제 매칭을 하여 매칭 단계부터 멘제의 적극적 참여 의지를 담아내도록 고안했다. 최근 3년간 삼성경제연구소와 함께 실시한 리더십 진단 실시 결과, 통신연구소에서 요구하는 존경하는 리더들의 Skill이 멘토링 Skill의 동기부여, 적극적 경청, 긍정적 피드백, 부하육성 등 부합하는 부분들이 많다는 것을 알게 되었다. 이란 만큼 향후 멘토링을 통해 멘토 멘제 모두가 성장하는 윈-윈 활동으로 정착되는 가슴 설레는 한 해가 될 거라 생각한다.

2. 태평양그룹 (인재개발팀 조지현 대리 HRD 기고문)

㈜태평양(대표이사 서경배)은 1945년 창립 이래 국내 화장품 산업에서 부동의 1위 자리를 지켜오고 있다. 그리고 2015년까지 화장품 업계 글로벌 Top 10진입을 목표로 하고 (현재 24위) 해외사업 확장 중이며(중국, 동남아, 프랑스, 미국), 이와 연계하여 인재개발팀에서는 글로벌 인재육성을 추진하고 있다.

교육과정명

태평양에서는 신입사원을 대상으로 '신입사원 멘토링 과정'을 2003년 12월 처음 도입하여 실시해 오고 있다.

신입사원 멘토링 교육실시 목적

가. 신입사원(멘제)의 직무에 대한 자신감 및 회사에 대한 자긍심 함양

나. 현업의 신입사원 OJT 운영 효과성 향상

다. 지도사원(멘토)의 리더십 역량 향상을 통한 조직의 구조적인 기반강화

대 상

멘제: 신입사원(수습사원 필수, 경력사원은 해당 팀장이 판단)

멘토: 해당 팀 내에서 팀장이 추천, 인재개발팀에서 최종 승인

멘토선정 기준표를 별도 제공하여 팀장의 판단 기준에 일관성을

부여하고 있다.

실시 일정 및 기간

멘토링은 기본적으로 월 단위로 실시되며, 기간은 3개월이다.

수시채용과 상 하반기 공채가 병행되고 있어서 월별 채용 규모에 따라 멘토 과정의 세부적인 운영은 탄력적으로 가져가고 있다. 그러나 채용 멘토선발 오리엔테이션 조별활동 평가로 진행되는 큰 흐름은 변함이 없다.

세부진행 내용

(1)멘토 선정

신입사원이 채용되면, 해당 팀장이 멘토링 참여 여부를 결정하고 (단, 수습사원은 필수 참여) 팀 내에서 멘토 자격 평가기준에 의거하여 적합한 멘토를 추천한다. 평가기준은 업무성과, 부서이해, 직무능력, 대인관계, 조직이해, 리더십, 역할모델, 사회경험으로 세분화되어 있고 각각 5단계 척도로 평가하여 평균 3.5 이상인 사원을 멘토로 추천하도록 권장한다.

(2)오리엔테이션

멘토링 오리엔테이션은 멘토 멘제 공통 교과목과 분반 교과목으로 나누어지는데, 신입사원 채용인원에 따라 탄력적으로 운영된다. 일반적인 오리엔테이션은 공통분과 교과목으로 구성된 2일 과정에 멘토와 멘제가 모두 참여한다. 공통 교과목은 '멘토링의 이해', '상호 이해진단', '계획수립', '결연식'이 있다. 별도 교과목으로는 코칭 및 피드백스킬(멘토)과 상사 멘토와의 커뮤니케이션(멘제)이 있다. 해당 월에 채용인원이 너무 적어서 별도 오리엔테이션 실시가 어려운 경우는 멘토링 코디네이터의 개별 컨설팅(전화 방문)과 개인학습(도서 이러닝)이 지원된다.

연 2회 대규모 공채 시기에는 오리엔테이션이 신입사원 입문과정에 적절히 연계되어 멘토링과, 신입사원 교육과정이 통합적으로 운영되고 있다.

(3) 멘토링 활동

태평양 멘토링 활동은 신입사원 업무적응을 1차적인 목표로 한다. 하지만 각 멘토링 조별 목표 수립은 팀장, 멘토, 멘제의 대화를 통하여 이루어진다.

멘토는 신입사원이 향후 담당하게 될 업무를 팀장으로부터 파악한 후, 해당업무 수행에 필요한 요소들을 정리한다. 멘제는 자기 자신의 강점과 약점을 분석하여 개발하고자 하는 요소들을 정리한다.

멘토와 멘제는 각각 정리한 자료를 공유하고 함께 목표 우선순위를 선정하고, 세부 실행계획을 작성하게 된다. 목표와 실행계획은 팀장의 승인을 거쳐 인재개발팀으로 보고된다. 인재개발팀 멘토링 코디네이터는 각 조별로 활동들을 지원하고 평가한다.

(4) 평   가

준비, 활동과정, 결과의 세 부분을 종합적으로 평가한다.

준비단계에서는 목표수준과 계획서의 구체성을, 활동과정에서는 계획대비 실행도와 팀장의 참여도를 마지막으로 결과단계에서는 목표 달성도와 참여자 만족도를 평가한다. 평가 주체는 참여자 자신과, 해당 팀장 그리고 인재개발팀의 멘토링 평가위원들 모두가 해당된다. 우열을 가리기가 무척 난해하긴 하지만, 모범사례를 보여준 조에 대해서 별도의 시상식과 함께 사례를 공유하고 축하하는 자리를 마련한다.

향후 개선 과제

올해로 ㈜태평양은 멘토링을 도입한 지 3년째로 접어들고 있다. 자발적인 참여와 전 사원들의 공감대를 얻기 위하여 각종 홍보활동과 크고 작은 개선 작업들을 해왔다. 2006년부터는 사보에 '멘토와 멘제'라는 고정섹션이 설치되어 멘토링 참여자들에 대한 인터뷰 기사를 꾸준히 게재하여 직원들의 많은 관심을 불러오고 있다.

멘토링 활동이 실질적으로 잘 이루어지고 있는지를 관찰하고 적절하게 피드백을 제공하는 부분이 여전히 미흡하다. 이를 위하여 멘토링 온라인 커뮤니티를 활발히 운영하여 입체적인 관찰과 피드백이 가능하도록 시스템화하여 운영할 예정이다. 또한 아직까지도 멘토링에 대한 팀장의 관심과 참여도가 부족한 만큼 멘토링 활동 요소요소마다 팀장이 자연스럽게 관여하도록 프로세스를 개선해 나가고 있다.

효과적인 멘토링 제도 정착을 위한 조건으로 다음 세 가지를 제시하면서 맺고자 한다. 첫째, 멘토와 멘제의 적절한 매칭 둘째, 스폰서(팀장)의 충분한 지원, 끝으로 체계적인 운영 및 평가이다.

3. 하나로 텔레콤 (인력개발팀 조명근 팀장 월간 HRD 기고문)

하나로텔레콤은 2010년에 최고의 유무선 종합 멀티미디어 사업자로 발돋움하기 위한 '도전과 전진'을 모토로 삼고 있다. 하나로가 중점을 두고 있는 부분은 음성과 데이터 통합, 유·무선 통합, 통신·방송 융합 등 컨버전스 사업이다.

하나로의 인재육성 철학은 자신이 맡은 부분에 대한 전문가이면서 동시에 회사 경영이 기능한 리더로 육성하는 것이다. 이를 위해 고객지향 전문인, 주인정신 주체인, 변화주도 창조인, 공동성취 조직인 등 4가지 인재상을 설정하고 교육을 강화시키고 있으며, 그 일환으로 지난 2004년부터 임직원당 연간 교육시간을 100시간으로 의무화하는 등 교육에 대한 회사의 지원과 개인의 참여를 대폭 강화하고 있다.

하나로는 다른 어떤 사업환경보다 하루가 다르게 변화와 혁신을 거듭하고 있는 통신서비스 경쟁에서 차별화된 기업으로 자리매김하기 위해서 21세기 정보통신 환경을 이끌어 나아갈 핵심인재를 조기에 육성하여 조직의 창의적이고, 역동적인 신기업문화를 창출할 수 있도록 2005년부터 신입사원 멘토링 제도를 도입, 성공적으로 시행하고 있다. 하나로의 신입사원 육성체계는 세 단계로 진행되며, 멘토링으로 마지막 단계를 마무리한다.

<그림 1. 하나로 텔레콤 신입사원 육성체계>

입문과정(2주)		OJT(2개월)		멘토링(6개월)
합숙+집합		실 / 팀 OJT		멘토 – 멘제 활동

멘토링 추진 경과

하나로 멘토링의 목표는 '신입사원의 조기 역량 향상 및 조직 적응력 제고'이며, 2005년 4월부터 선배사원(멘토) 20명과 신입사원(멘제) 20명을 대상으로 1기 멘토링을 시작했으며, 같은 해 7월부터 2기 멘토링(멘토 14명, 멘제 14명)을 시작해 2005년 총 2기의 멘토링을 성공적으로 마무리한 상태이다.

사전준비 멘토링활동 평가 / 포상

<그림2 하나로텔레콤 멘토링 운영프로세스>

1 멘토선발		1멘토링데이(월2회)		1활동보고서 평가
1 멘토링W / S		1단체멘토링(분기1회)		1우수커플선정 / 포상

멘토의 역할 및 선발

멘토는 상담자, 옹호자, 관계 형성자, 학습 촉진자 등 멘제의 조기 역량 함양 및 조직 적응에 매우 중요한 역할을 수행해야 한다. 따라서 최적의 멘토를 선발하여 멘제와 매칭시키는 것이 성공적인 멘토링의 시작이라 할 수 있다. 이를 위해 멘토 선발 시 대리~과장급 이상 입사 4년차 이상이며, 리더십과 애사심을 갖추고, 무엇보다 뛰어난 커뮤니케이션 능력을 갖추고 있는 후보자 중 해당 총괄 임원의

90

최종 승인을 얻어 선발한다. 또한, 다양한 인적 네트워크 확보 및 OJT와의 중복을 탈피하기 위해 멘토와 멘제 매칭 시 팀 내 선배 사원 및 이성 간 매칭은 배제하며, 가급적 동일 실조직 중 업무가 다른 팀의 선배를 멘토로 선발하는 것을 원칙으로 한다.

멘토링 워크숍

1박 2일간 진행되는 멘토링 워크숍은 멘토와 멘제가 처음으로 얼굴을 대면하게 되며, 서로에 대한 기대감과 동시에 긴장감이 맴돌지만 짧은 시간 내 서로를 알 수 있는 귀중한 시간이다.

성격유형 검사, 팀워크 게임, 체육활동, 대화의 시간을 통해 커플 간 상호이해 및 팀워크를 제고하며, 이를 토대로 멘토와 멘제 간 6개월간의 멘토링 세부활동 계획을 세우게 된다. 무엇보다 CEO의 격려사와 멘토/멘제 파트너십 인증서 수여를 통해 멘토/멘제 결연식의 의미를 되새기면서 6개월간의 멘토링 활동을 시작하게 된다.

멘토링 활동

워크숍 기간 중 수립한 실행목표를 토대로 진행되는 멘토링 활동은 효율적인 활동 진행을 위해, 월2회 멘토링 데이(매주 1, 3주 목요일)를 지정, 커플 간 공식적인 활동이 자율적으로 진행되며, 분기별 단체 멘토링은 인력개발팀의 주관으로 주로 봉사활동, 산행 등의 특별 프로그램을 지정하여 진행된다. 특히, 단체 멘토링의 경우 멘토링 1기와 2기와 공동으로 서울 SOS 어린이 마을 대상 봉사활동을 통해 아이들과 놀아주고, 마을/방 청소, 빨래 등 봉사활동도 하고 1기/2기 간 상호 인적 교류를 넓히는 1석 2조의 효과를 거두기도 했다.

또한, 3~4개 이상의 커플끼리 문화활동(영화 / 연극 / 스포츠관람 등) 및 학습조직(사내 직무관련)을 적극 구축하여 멘토링의 효과와 의미를 배가시키며, 인력개발팀에서도 이런 멘토링 활동에 주기적으로 참석하여 멘토링의 실제 현장을 경험하며, 필요시 활동관련 다양한 조언도 제공해 주고 있다.

활동 평가

멘토링 활동의 결과는 커플단위로 매일 1회 월별 활동보고서 및 분기 1회 분기별 활동보고서의 형태로 보고하되, 상호 사례 공유 및 피드백 제공을 위해 온라인 커뮤니티에서 진행된다. 멘토링 평가는 커플별 멘토링 활동 평가와 인력개발팀의 제도 운영에 대한 평가로 나누어진다. 커플별 멘토링 활동 평가는 월별 / 분기별 보고서 등 보고서 충실도(50%)와 커뮤니티 / 단체활동 및 계획대비 실천율 등 활동 충실도(50%)로 이뤄진다. 또한 인력개발팀 자체 평가는 멘토링 만족도(50%)와 신입사원 정착률(50%)로 이루어진다. 또한, 마지막 멘토링 종료식에는 모두가 모여 각자의 멘토링 활동내역을 공유하고 격려하며, 특별히 평가기준에 의거 최종 선발된 최우수 커플(1쌍) 및 우수커플(1쌍)에게는 인사고과 가점반영 및 포상금을 지급하고 있다.

멘토링 도입 효과

멘토링 1기의 경우 멘토링 만족도 90% 및 신입사원 정착률 100%로서 처음 도입한 멘토링 제도의 효과성을 검증할 수 있었다. 멘토링을 통해 신입사원은 직장생활에서 조기에 적응하고, 회사에 대한 로열티가 향상되며, 향후 회사 생활시 언제든지 흉금을 털어 놓을 수 있는 서포터를 확보하는 기회가 되고, 멘토는 6개월간의 짧은 멘토링을 통해 자신의 커뮤니케이션 및 리더십 역량을 점검하고 업그레이드할 수 있는 학습기회가 되며, 마지막으로 회사는 새내기의 회사 정착률을 높이는 동시에 실전 리더십 경험을 갖춘 중간관리자를 양성할 수 있는 최적의 효과를 경험할 수 있게 된다.

향후 과제

이런 멘토링 효과를 유지 / 보안하기 위해 자체 멘토링 성공사례를 지속적으로 발굴하고 멘토링 활동의 정확한 평가를 위해 중장기가 아닌 단기(1년 내) 멘토링 목표의 설정을 독려하며, 당사에 맞는 선진 평가지표의 개발이 필요하다.

아울러 멘토의 역량을 단기간에 재고할 수 있는 다양한 멘토 스킬 함양 프로그램을 보안하고, 멘토링이 현업의 성과향상이 더욱 기여할 수 있도록 멘토링 최종 과제물을 현업의 실제 문제와 어떻게 더욱 연계할 것인지가 향후 풀어야 할 과제로 남아 있다.

4. 한화그룹 (인력개발원 엄기준 차장 월간 HRD기고문)

1983년 개원하여 한화그룹 인재양성의 중심이 되어온 한화인력개발원은 '신용과 의리의 한화인 육성'이라는 대명제 아래 그룹의 경영 향상과 기업문화 전파에 기여하고자 최선의 노력을 해왔으며, 경영의 전략적 파트너로서 그룹을 이끌어 갈 인재를 키우기 위한 각종

방안을 제안하고 이를 실행에 옮기는 역할을 수행하고 있다.

1) 한화그룹 신입사원 육성 시스템

한화인력개발원에서는 그동안 그룹 임직원들의 역량강화를 위한 다양한 교육프로그램을 운영하였으며, 그중에서도 특히 한화그룹에 첫발을 내딛는 신입사원들을 한화그룹이 요구하는 인재, 한화그룹의 문화와 정신을 이어받을 수 있는 인재로 육성하기 위한 신입사원 과정에 가장 많은 준비와 노력을 기울이고 있다.

약 1년간 6단계에 걸쳐 진행되는 신입사원 육성체계는 첫 단계로 입사 확정 후 2주간 사이버 교육의 형태로 실시되는 사전 학습과 4주간의 그룹 입문과정, 그리고 각 사로 배치된 후 소속사별 입문과정, 멘토링 시스템을 활용한 부서 OJT를 거치게 된다.

새로운 직장생활에 대한 적응에 가장 많은 혼란을 느끼는 시기인 입사 8~9개월 시점에는 감성훈련을 활용한 Follow Up교육을 실시하고, 마지막으로 대리 승격 전까지 그룹 및 각 사에서 선정한 필수, 선택 교육과정을 이수하여 중간 관리자가 되기 위한 기본 역량을 강화시킨다.

한화그룹의 신입사원은 이와 같은 총 6번의 담금질을 통해 강철같이 강인한 미래 한화그룹의 주역으로 성장하게 된다.

(표)한화그룹 신입사원 육성체계

교육과정	입사 전 과정	그룹입문 과정	계열사 입문과정	부서OJT (멘토제)	Follow Up 과정	2를 승격 이수제도
교육내용	- 사이버 한화탐구 - 리포트작성 - OA 교육 (엑셀 외)	- 한화탐구교육 - 직장인기본교육 - 팀워크 공동체 교육	- 기업조직제도 - 비전 및 전략 - 핵심Process - 현장학습	- 담당선배 사원에 의한 부서별OJT - 업무개선 세미나	- 공동체의식 강화 - 팀워크훈련	- 그룹 필수과정 - 각사선택가정
교육기관	입사 전 2주	학습교육3주 + 야외훈련	1~6주	14~16주	입사 후 8~9개월 시점 (2박3일)	대리승격 이전
주관	인력개발원	인력개발원	계열사	계열사	인력개발원	인력개발원 계열사
비고	- 사이버 학습 - 시스템 활용	- 그룹 내 사내 - 강사육성,활용	- 현장학습 강화	- 현장업무 개선 활동 실시 - 멘토제 실시		

2) 멘토링 시스템을 활용한 신입사원 조직 적응력 강화

최근 채용 전문업체에서 조사한 자료에서 보면 신입사원 10명 중 3명이 1년도 못 채우고 회사를 그만두는 것으로 조사되었는데 평균 퇴사율, 중소기업(30.8%) > 대기업(22.9%) 많은 비용과 시간을 투자하며 채용한 신입사원이 회사에 적응하지 못하고 1년도 안 되어 20~30%씩 회사를 떠남으로 해서 각 기업들은 엄청난 경제적, 시간적 손실을 보고 있다.

아는 사람 하나 없는 직장이라는 새로운 환경 속에서 상사의 기대수준과 자신의 목표를 조화시켜 조직에 적응해 나가기 위해서는 일반적으로 많은 시간이 필요하며, 주위로부터의 따뜻한 관심과 격려는 신입사원에게 있어서는 절대적인 필요조건이다.

때로는 동문선배처럼 때로는 스승처럼 직장생활의 든든한 버팀목이 되어주는 사람이 바로 이러한 직장 내 부적응을 해결해 줄 수 있는 도우미, 즉 멘토이며, 업무를 떠나 개인적인 고민과 의문점까지도 터놓고 이야기할 수 있는 자신의 후원자 역할까지 겸하고 있어 아무리 직장생활이 힘들어도 서로 의지하면서 지혜롭게 이겨나갈 수 있는 큰 힘이 되어 주고 있다.

이러한 '멘토링 시스템'을 통하여 회사나 업무에 대한 풍부한 경험과 전문 지식을 갖고 있는 선배(Mentor: 멘토)가 일대일 전담으로 신입사원(Menger: 멘제)을 조언하면서, 실력과 잠재력을 성장시키는 것은 물론 조직문화를 강화하고 유지하는 역할까지 병행하고 있어 신입사원 개인이나 회사에게 있어서 양쪽 모두에게 매우 효과적인 도움을 주고 있다.

* 신입사원 멘토 / 멘제 양성과정

1. 도입&관계 형성	2. 진단
- 멘토링 제도 도입목적 - 멘토 / 멘제의 역할과 스킬 - 상호행동유형 분석 및 이해	- 멘토 / 멘제 역량 진단 - 역량, 활동목표 설정 - 업무 수행방식 진단
4. 멘토링 도구	3. 멘토링 스킬
- 멘토링 계획서 - 멘제 경력개발 계획 지침서 - 멘토링 협약서 등	- 코팅, 피드백, 상담 스킬 - 커뮤니케이션 스킬 - 상담 스킬

3) 한화그룹의 멘토링 시스템

그동안 각 사별로 자율적으로 시행해 오던 멘토링 시스템을 2005년부터는 그룹에서 적극적으로 권장하여 매년 신입사원 채용 시즌에 맞추어 정기적으로 한 학급당 30명 내외의 인원으로 멘토 양성과정을 실시하고 있다.

2006년부터는 멘토와 멘제가 같이 교육에 입과하여 1박 2일간 함께 학습하고 생활하며, 기본적인 멘토링 스킬 이외에 상호간의 행동유형분석과 개인역량, 성장 비즈니스 분석, 멘제 경력개발 목표설정 등의 공동작업 수행을 통해 신속한 조직생활 정착과 상호간의 친밀감 강화를 높이도록 적극 지원하고 있다.

특히 각 사별로 엄정한 선발기준에 의해 회사에 대한 로열티와 업무능력, 대인관계 등이 뛰어난 멘토를 선발토록 하여 사회생활의 첫걸음을 내딛는 신입사원들에게 직접 행동으로 프로 직장인의 모습을 보여주고 있으며, 멘토로 선발된 사람에 대해서는 다양한 복리후생 및 인사상의 혜택을 부여하여 스스로 멘토로서의 자긍심을 느낄 수 있도록 정책적으로 배려하고 있다.

이러한 체계적인 단계별 신입사원 관리 시스템과 감성적 접근방법으로 인하여 한화그룹의 최근 5년간 신입사원 평균 이직률은 동사 평균 이직률보다 현저히 낮은 약 7% 정도에 머물고 있다.

현재 한화그룹 계열사 중 약 80%가 멘토링 시스템을 도입하여 운영하고 있으며, 멘토/멘제가 함께하는 정기적인 봉사활동, 산행 등의 모임을 통해 신입사원들로 하여금 새로운 환경에 대한 빠른 적응을 유도하고 조직문화이해 및 대인관계를 넓히도록 기여하고 있다.

* 해외 이야기

1. 더글라스 항공 (Douglas Aircraft)

더글라스 항공의 멘토링 프로그램은 조직문화를 유지하는 핵심수단으로 자리잡고 있다. 이 회사의 경영진은 장래 사업을 이끌어갈 리더를 육성하고, 구성원들에게 회사의 지식을 학습·이전하기 위해 이러한 프로그램을 활용하고 있다.

이를 위해 이 회사는 우선 멘토와 멘제의 선발기준을 명확히 설정했다. 일단 멘제는 내부 규정에 의하여 성장 가능성이 높은 인재를 중심으로 선정한다. 한편 멘토는 임원급에서 지원을 받고 있는데 멘토 후보자는 멘제로 선정된 사람들을 대상으로 자신이 멘토링을 통해 기여할 수 있는 지식이나 인재육성 계획 등을 발표해야 한다.

이를 위해 이 회사는 우선 멘토와 멘제의 선발기준을 명확히 설정했다. 일단 멘제는 내부 규정에 의하여 성장 가능성이 높은 인재를 중심으로 선정한다. 한편, 멘토는 임원급에서 지원을 받고 있는데, 멘토 후보자는 멘제로 선정된 사람들을 대상으로 자신이 멘토링을 통해 기여할 수 있는 지식이나 인재육성 계획 등을 발표해야 한다. 각각의 멘제는 이들 중에서 3명의 후보를 지목할 수 있으며 멘토의 상사, 멘토링 프로그램 운영자, 인사부서 사람으로 구성된 위원회에서 최종적으로 1명을 선정하게 된다.

이때 심사기준에는 멘제의 선호도, 스타일, 역량 수준과 멘토의 육성계획 등이 종합적으로 반영된다. 멘토와 멘제는 각각 1:1로 연결되며, 기본적으로 같은 부서의 사람끼리는 연결시키지 않는다.

이러한 과정이 끝나면 위원회에서는 이들을 대상으로 멘토링에 대한 오리엔테이션을 실시하여, 멘토링의 과정과 목적, 각자의 역할 및 기대 사항 등을 소개한다.

멘토링의 기간은 1년이며, 이 기간 동안 멘토는 멘제의 강·약점을 평가·분석하여 이들의 역량을 강화하는 활동을 수행하게 된다.

더글라스 항공에서는 멘토의 역할을 커뮤니케이터, 카운슬러, 코치, 브로커 등 크게 7가지로 규정하고 있다. 한편, 위원회에서는 멘토와 멘제의 직속상사로 하여금 중간과 마무리 시점에 이들의 활동에 대한 평가를 하게 함으로써 멘토링이 제대로 이루어지고 있는지 여부를 분석하고 있다.

참고로 이 회사의 멘토링 프로그램에 참여한 멘토나 멘제는 모두 80% 이상의 만족도를 표시했다고 한다.

2. 듀폰코리아 (Dupont Korea)

"사장님·부장님이 나의 멘토"

근무 20년을 맞은 김숙경 듀폰코리아 부장은 두 달에 한 번씩 다른 부서의 5년차 여직원과 점심을 같이한다. 이 둘은 개인적으로 친분이 있던 관계는 아니다. 이들은 듀폰코리아가 지난해 7월부터 본격적으로 펼치는 '멘토링(Mentoring) 시스템'으로 맺어진 인연이다.

멘토는 오디세우스가 트로이 원정을 떠나며 자신의 아들인 텔레마코스를 보살펴 달라고 맡겼던 그리스 신화의 인물이다. 이제는 '후견인(멘토)'이라는 의미로 널리 쓰인다.

성공적인 사회생활을 위한 지침서나 처세서에서는 '당신의 멘토를 만들라'는 주문이 거의 빠지지 않는다. 하지만 막상 직장 내에서 건전한 '멘토와 멘제(멘토링을 받는 사람)'의 관계를 만드는 것은 쉬운 일이 아니다.

듀폰코리아는 지난해 직원들이 자발적으로 '멘토위원회'를 조직했다. 지난해 5월 본인이 멘토가 되고 싶거나 멘토를 필요로 하는 직원들의 신청을 받아 현재 25개 팀이 자율적으로 활동하고 있다. 나이젤 버든 듀폰코리아 사장도 4명의 직원에게 멘토링을 해 줄 정도로 회사의 기대와 관심이 크다.

김 부장이 자신의 멘제로부터 가장 많이 받는 질문들은 경력 관리. 아직 미혼인 김 부장의 멘제는 여성으로서 직장에서 어떻게 경력을 쌓아가고 어떤 능력들을 개발해야 하는지에 관심이 많다. 또 상사와의 관계에 대해서도 자주 조언을 구한다.

김 부장은 "나의 경험을 바탕으로 실질적인 도움을 주려고 노력한다"며 "나 역시 멘제를 통해 20대의 사고방식과 관심사를 배우고 상사로서 어떻게 행동해야 하는지를 살펴보는 기회를 갖는다"고 말했다.

김 부장은 두 달에 한 번씩 만나고 있지만 매주 만나거나 필요할 때마다 수시로 만나는 팀들도 있다. 이들은 오는 7월까지 1년간 '멘토-멘제'관계를 지속한 뒤 1년 뒤 또 새로운 팀을 구성해 1년간의 멘토십을 맺는다. 물론 예전의 멘토와 인연을 계속할 수도 있다.

좋은 취지로 마련됐지만 멘토십은 자칫 사내 파벌로 번질 수 있는 가능성이 있다. 이 때문에 듀폰은 워크숍을 통해 건전한 멘토 관계를 논의하고 지속적으로 직원들의 반응을 살피고 있다.

멘토십에서 절대 금지되는 것은 개인적인 험담과 불평. 멘토가 조직이나 인사문제에 개입하는 것도 금기다. 또 멘토와 멘제의 관계는 비밀이 보장된다.

회사 측은 멘토들에게 자신의 멘제를 위해 모든 문제를 해결할 수 있다는 생각은 금물이라고 강조한다. 오히려 서로의 경험을 나누며 양쪽이 업무 능력을 키우는 것이 멘토링 시스템의 장점. 멘토는 후배를 만나면서 리더십을 키우고 젊은 세대의 가치관을 배운다. 멘제는 자신의 미래를 탄탄하게 준비하면서 회사의 문화와 업무를 더 빨리 배울 수 있다.

듀폰은 오는 7월 1차 멘토링 시스템을 평가한 뒤 새로운 팀을 구성하게 된다. 또 외부 강사를 초빙해 프로그램이 더욱 활성화될 수 있도록 적극적으로 지원할 방침이다. <출처: 서울경제>

3. 풀러 컴퍼니 (Fuller Company)

미국 펜실베니아에 있는 풀러 컴퍼니는 건설 및 화학산업에서 이용하는 장비나 기계를 판매하는 엔지니어링 전문회사이다.

1990년 초 이 회사는 중간 관리자와 고급 엔지니어들의 대거 이직으로 인해 최대의 위기에 직면하게 되었다. 회사의 특성상 우수 엔지니어의 확보·유지가 무엇보다 중요했기 때문에 당시 20%에 육박했던 연간 이직률은 매우 심각한 상황임을 의미했다.

결국, 이 회사의 최고경영자인 제이콥슨(Jscobsen)은 1995년 전문 컨설팅업계의 도움을 받아 후계자 양성 제도인 'TEDP(Targeted Em0ployee Development Program)'을 도입하게 되었다.

이 제도의 목적은 핵심인력을 대상으로 팀 중심의 멘토링 프로그램을 제공하여 리더십 능력과 기술적 전문지식을 배양하는 데 있었다. 프로그램 시행 후 이 회사는 연간 이직률을 2%까지 감소시킬 수 있었다고 한다. 풀러의 멘토링 프로그램에 대해 좀 더 자세히 살펴보자.

1) 주요 특징

(1) 팀 중심의 운영
각 부서장, 인사부서 전문가, 외부 컨설턴트, 경영진으로 구성된 약 30개의 멘토팀을 중심으로 프로그램을 운영하였다.
(2) 전 구성원의 참여를 유도

프로그램의 목적 및 운영방식을 공지하여 전 구성원의 참여를 유도하였다.

(3) 프로그램의 이원화
멘토링 프로그램을 '리더십'과 '전문기술' 등으로 이원화하여 운영하였다.

(4) 경영진의 참여와 지원
매 분기마다 경영진이 프로그램의 진척도를 점검했으며, 도전적 과제 부여나 직무순환 등을 직접 주관함으로써 핵심인재들이 다양한 경험을 쌓을 수 있도록 하였다. 또한 핵심인재들의 인적 사항·역량개발 정도나 상사와의 상호작용 정도를 주기적으로 점검하였다.

(5) 미래 역량개발이 목적
과거 성과평가 방식에서 벗어나 프로그램의 목적을 향후 무엇을 개발할 것인가에 맞추었다.

2) 각 부분의 역할

(1) 각 부서장
- TEDP 후보자를 추천하고 운영·활동에 대한 점검 및 모니터링을 해야 한다.
- 정기적으로 멘제들의 성과를 평가하고 매일 핵심인재들과 면담을 실시해야 한다.

(2) 인사부서
- 개별 육성목적과 회사 목적과의 정합성을 평가해야 한다.
- 적절한 육성활동을 제공해야 한다.
- 프로그램을 전반적으로 운영·관리해야 한다.

(3) 외부 컨설턴트
- TEDP 후보자에 대한 객관적 평가(강·약점 등)를 시행해야 한다.

3) TEDP의 진행과정

(1) 각 부서장이 프로그램에 참여할 후보자를 선정한다.
(2) 외부 컨설턴트를 통해 객관적 평가(1일 테스트, 인터뷰 실시)를 시행하고 평가결과를 각 후보자에게 피드백한다.
(3) 외부 컨설턴트가 프로그램 참가자를 만나서 육성할 부문이나 향후 계획을 논의한다.
(4) 부서장 입회하에 구체적인 육성계획을 수립한다.
(5) 인사부서 담당자와 부서장이 정기적으로 만나서 사후평가를 실시하고 평가결과에 대해 논의한다.
(6) 경영진이 분기별로 멘토링 결과를 점검하고 TEDP의 전체적인 진척도를 평가한다.

4. 몬트리올은행 (Bank of Montreal)

몬트리올은행에서는 핵심인재를 육성하기 위해 'Executive Advisor Program'이라는 멘토링 프로그램을 운영하고 있다. 이 프로그램의 기본 목적은 핵심부문을 담당할 차세대 리더를 육성하는 것이다.

1) 도입 배경

이 은행에서는 본격적인 프로그램 운영에 앞서 외부 컨설턴트를 활용한 파일럿 테스트를 실시했다. 우선, '조언자Advisor'라 불리는 10명의 멘토를 선발하여 이들에게 각각 2명의 멘제를 전담하도록 요구했다. 멘토와 멘제는 모두 자발적인 참여자로 구성했으며, 이들은 약 10~12개월간 3~4주에 한 번씩 만나면서 멘토링 활동을 전개했다.

파일럿 테스트가 성공적으로 끝나자 몬트리올은행은 곧 구체적인 멘토링 프로그램 실행에 들어갔다. 이 은행이 멘토링 프로그램을 통해 추구하는 목적은 조직문화의 근본적인 개성과 구성원들의 잠재력 성장을 가로막은 현실적인 장벽을 제거함으로써 경력개발을 촉진하는 데 있었다. 보다 구체적인 목적은 다음과 같다.

- 구성원 간 인적 네트워크 및 커뮤니케이션의 증대
- 구성원과 경영진 간의 접촉 증대를 통한 상호 이해의 강화
- 전문가적 능력개발의 기회를 제공

- 관리자들의 리더십(인재육성 능력) 강화
- 구성원 간 지식공유의 활성화

2) 운영방식

(1) 커뮤니케이션

몬티리올은행에서는 경영자가 직접 모든 임원들에게 자발적으로 멘토링에 참여해 달라는 서신을 발송하고 있다. 특히 임원급으로 승진할 가능성이 높은 핵심인재에게 프로그램 참여를 적극적으로 권고하고 있다.

▷ Executive Advisor Program의 개요

프로그램 개념도
변화주제선정 – 프로그램 커뮤니케이션
⇩
행동변화 – 프로그램 평가
⇩
조직문화 변혁 – 성과분석
⇩
인적역량 강화관련 이슈도출 – 프로그램 모델수립

주요활동 프로세스
멘토링 프로그램 커뮤니케이션

멘토 · 멘제 지원자 모집

멘토와 멘제 연결

프로그램 참가자에 대한 오리엔테이션

멘토링 활동 전개

개인 · 조직 차원에서
멘토링 성과 평가

멘토링 트로그램
평가 · 개선

(2) 매칭 프로세스

멘제와 멘토에 대한 매칭 프로세스는 멘제의 니즈와 멘토의 강점·역할에 기초하여 결정한다. 이때 기본적으로 멘토가 멘제에게 직접적인 명령권을 갖지 않도록 서로 같은 부서 사람끼리는 연결하지 않는 것을 원칙으로 한다. 또한 멘토는 멘제보다 최소한 두 직급 높은 사람으로 선발한다.

(3) 멘제의 상사 참여

멘제의 직속상사를 직접 프로그램에 참여시킴으로써, 이들이 소외감을 느끼지 않도록 배려하고 있다. 이들은 멘토에게 멘제의 업무기술이나 방식에 대한 사전 정보를 제공하고, 멘제의 주된 관심사나 육성방안에 대해 설명해 주는 역할을 수행한다.

(4) 오리엔테이션
본격적으로 프로그램에 들어가기 전에 멘제, 멘토 그리고 멘제의 상사를 대상으로 다음과 같이 각각 별도의 오리엔테이션을 운영하고 있다.

1) 멘제 오리엔테이션(1일)
- 프로그램의 목적과 구조 설명
- 사전 분석결과의 피드백 및 육성계획의 수립
- 멘토와 새로운 관계를 준비

2) 멘토 오리엔테이션(1/2일)
- 프로그램의 목적과 구조 설명
- 다른 멘토와 경험을 공유
- 멘토, 멘제, 상사의 역할에 대해 논의
- 멘토링 스킬에 대해 논의

3) 상사 오리엔테이션(브리핑방식)
- 프로그램에 대한 전폭적인 지원을 요청
- 상사의 역할에 대해 논의

(5) 멘토링 프로세스

외부 컨설턴트가 6~8주 주기로 멘토와 멘제를 각각 만나서 진행 상황을 점검하며, 멘토-멘제 그룹들이 서로 만나서 아이디어 및 육성방법 등을 공유한다.

5. 푸르덴셜 (Prudential)

수전 쿠아(30)는 영국 푸르덴셜 금융 그룹의 아시아 지역 10만 명 직원(보험설계사 포함) 가운데 뽑힌 핵심 인재다. 회사는 그를 미래의 최고경영진으로 키우기 위해 '특별 과외교육'을 시키고 있다. '과외 선생님'은 마크 터커 아시아 총괄 회장.

터커 회장은 쿠아가 다양한 경험을 쌓을 수 있도록 수개월 단위로 각종 프로젝트팀에 파견을 보내고 있다. 2001년 10월부터 지난해 6월까지 홍콩에 있는 아시아본부 내 방카슈랑스팀에 근무시켰다. 이어 남아시아팀으로 옮겨 3개월간 현지에 진출한 계열사들의 영업현황을 챙기게 했다.

지난해 10월엔 말레이시아 법인으로 빼, 보험 영업과 설계사 관리 등의 업무를 하도록 했나. 쿠아의 활동은 빠짐없이 터커 회장에게 보고된다. 선생님이 학생의 숙제를 검사하듯 쿠아의 활동을 점검하고 있는 것이다. 터커 회장은 수시로 쿠아를 불러 개별 면담을 하며, 능력개발에 필요한 모든 사항을 꼼꼼하게 챙겨준다. 푸르덴셜에는 이런 식으로 특별 관리하는 '핵심 중 핵심'인재가 11명 있다. 이들은 아직 현장 경험을 쌓는 데 주력하고 있지만, 장차 그룹을 짊어지고 나갈 일꾼이 될 것으로 기대된다.

◇ 1대1로 붙어서 키운다＝"핵심 인력은 하루아침에 만들어지지 않는다"라는 것이 푸르덴셜의 인재관이다. 그래서 핵심 인재를 조기 선발해 장기간에 걸쳐 글로벌 리더로 양성하고 있다. 푸르멘토(PRUMentor, 푸르덴셜의 멘토제도)라는 교육 프로그램이 만들어진 것은 이 때문이다.

선발된 핵심 인재들은 그룹의 최고경영진으로부터 1대1 교육을 받는다. '멘토'란 말 그대로 상사가 부하를 1대1로 관리하는 제도다. 최고경영진이 직접 핵심 인재를 1대1로 관리하는 것이다. 아무리 바빠도 핵심 인재를 직접 만나고, 그들을 양성하는 데 시간과 정열을 아끼지 않는다. 과제를 주고, 개별적으로 만나 잘잘못을 가르쳐 준다. '이렇게 해보라'는 조언도 아끼지 않는다. 최고경영진의 가장 중요한 업무 중 하나다.

제인 키비 인사담당 이사는 "최고경영진은 각자 맡은 인재들과 개별면담을 해야 하고, 평가는 최고경영진들이 모이는 이사회에서 한다"고 설명했다. 이사회에선 핵심 인재들에 대한 진솔한 얘기가 오간다고 덧붙였다.

이 프로그램에 따라 핵심 인재들은 3년간 세계 곳곳에 진출해 있는 영업조직을 순회하면서 현장을 파악한다. 본사의 주요 프로젝트에 참여할 기회도 갖는다. 또 마케팅·재무·영업 등 전통적인 업무뿐 아니라 e−비즈니스 등 첨단산업에 대한 미래지향적인 교육도 받는다. 그렇다고 지원자격이 엄격히 제한돼 있는 것은 아니다. 푸르덴셜의 직원 누구에게나 문호가 활짝 열려 있다.

경영학석사(MBA) 과정을 마쳤고, 영어 외에 제2외국어를 유창하게 구사할 수 있으면 된다. 그러나 심사는 까다롭기 때문에 소수의 인원만 푸르멘토를 받는다.

한국계 직원인 서니 김(한국명 김승수) 씨도 이런 과정을 거쳐 푸르멘토 프로그램에 선발됐다.

金 씨는 푸르덴셜이 영풍생명을 인수해 한국에 진출하는 프로젝트에서 핵심 역할을 맡았으며, 지금은 일본 현지법인의 사업기획팀에서 전략개발 업무를 맡고 있다. 터커 아시아 총괄회장도 일찍이 핵심 인재로 지목돼 푸르멘토와 비슷한 방식으로 양성됐다. 1986년 입사한 이래 홍콩 등 전 세계를 돌며 경영자 수업을 받다가 94년 아시아 총괄회장이 됐다. 세계적인 인사컨설팅 회사인 왓슨 와이어트 코리아 송덕호 대표는 "핵심인재는 돈을 많이 준다고 해서 제대로 관리되는 것은 아니다"라면서 "멘토제도를 통해 최고경영자로부터 직접 코치를 받는 등 인정받고 있다는 느낌을 주는 것이 매우 중요하다"고 말했다.

◇ **사람이 재산**=푸르덴셜은 "항상 듣고 이해한다"는 사훈 아래 '사람'을 중시하는 기업 문화를 갖고 있다. 키비 이사는 "금융회사는 사람이 재산"이라며 "눈에 보이지 않고 만기도 수십 년이나 되는 보험상품을 팔려면 사람에 대한 신뢰가 절대적"이라고 말했다.

이런 기업 문화는 핵심 인력을 선발·양성할 때 가급적 전 직원에게 기회를 주려고 노력하는 것으로 나타난다. 푸르멘토 프로그램이 그렇다. 또 핵심 포스트가 비면 우선 사내에서 사람을 찾는다. 누구에게나 가능성이 있으므로 자기 개발에 더욱 분발하라는 메시지를 주기 위해서다.

일반 직원을 대상으로 한 교육 프로그램도 매우 다양하다. 대표적인 것이 사이버 대학인 푸르유니버시티(PRUuniversity)다. 직원들은 인터넷을 통해 세계의 석학들에게서 강의를 들을 수 있다. 학비는 회사가 부담하며, 교육과정을 이수하면 가상학위와 수료증을 준다. 인사관리 때 중요한 참고자료가 되는 것은 물론이다.

핵심 인재들에겐 금전적 보상도 하지만, 돈으로 이탈을 막을 수 있다고 생각하지 않는다. 키비 이사는 "돈으로 인재를 회유하는 것은 뇌물을 주는 것이나 마찬가지"라며 "조직 내에서 인정받고 성장하는 것 자체가 충분한 동기부여가 된다는 것이 우리의 인재관리철학"이라고 설명했다.

◇ **영국 푸르덴셜은**=생명보험을 중심으로 연금·뮤추얼펀드·투자관리 등 종합 금융 서비스를 제공하는 초대형 금융그룹이다. 2001년 매출은 2백15억 파운드(41조 3천억 원)로 포천지 조사에서 세계 생명보험사 중 5위로 꼽혔다.

2001년 10월 영풍생명을 인수하면서 한국에 진출했으며, 지난해 10월에는 굿모닝투신운용을 인수하는 등 한국에서도 적극 투자하고 있다.

미국의 푸르덴셜 생명(세계 8위)과 영문 이름은 같지만, 전혀 다른 회사다. 미 푸르덴셜보다 한국 진출이 늦어 국내에선 PCA(푸르덴셜 코퍼레이션 아시아)라는 사명을 쓰고 있다.

조직관리·리더십 중시 가능하면 내부서 발탁
제인 키비는 20여 년간 유럽의 주요 기업에서 인사관리 업무를 해온 베테랑. 1996년 영국 푸르덴셜의 인사담당 이사로 영입된 이후 그룹의 인력개발·관리 업무를 총지휘하고 있다.

— 핵심 인재가 중요한 이유는?

"경쟁이 갈수록 치열해지기 때문이다. 금융업은 제조업과 달리 새로운 상품·기술 등이 나오더라도 경쟁자들이 금방 베껴서 따라오는 특성이 있다. 따라서 진정한 경쟁력은 어느 회사가 우수 인재를 많이 확보하고 제대로 관리하느냐에 있다."

— 푸르덴셜이 핵심인재에게 가장 요구하는 능력은 무엇인가?

"조직관리 능력과 리더십이 최우선이다. 조직원들에게 비전을 제시하고, 긍지와 정열을 가지고 일하도록 만들 수 있어야 한다. 고객만족 역시 빼놓을 수 없다. 업무에 관한 기술적인 능력은 그다음 문제다."

— 인재 채용 시 어떤 점을 우선적으로 고려하는가?

"능력이 뛰어나야 한다. 또 회사의 가치관과 개인의 생각이 맞아야 한다. 회사가 추구하는 기본 가치는 'RESPECT'다. 즉 인간존중(Respect)·격려(Encourage)·봉사(Support)·실천(Practice)·즐거움(Enjoy)·경청(Commit to listening)·신뢰(Trust)를 뜻한다."

— 외부 인재 스카우트에는 어느 정도 비중을 두고 있나?

"인재의 발굴·양성은 가급적 회사 내부에서 하고 외부 채용은 신중을 기하는 편이다. 스카우트 대상자가 정해지면 바로 데려오는 것이 아니라, 일정 기간 비공식적으로 다른 임직원들과 어울릴 기회를 준다. 회사의 문화와 가치관을 정확히 알고 들어오라는 취지다. 이런 방식은 당사자들이 전직 결정을 내리는 데 도움이 될 뿐 아니라, 회사로서도 가치관이 다른 사람이 들어오는 것을 막는 효과가 있다."

- 교육은 어떻게 시키나?

"사람마다 배경·지식·경험 등이 제각각이기 때문에 개인별 발전 계획을 수립해 실행하고 있다. 이 계획에 따라 부서나 프로젝트를 순환근무 하도록 한다. 세계 각국을 돌아다니도록 하는 경우도 있다. 개인적으로 공부가 필요한 부분은 사이버 대학인 푸르유니버시티를 통해 스스로 알아서 한다."

6. 세계은행 (World Bank)

멘토링 활동이 시작된 이후에도 회사 차원에서의 지속적인 관리가 필요하다. 무작정 모든 책임을 멘토나 멘제에게 일임해서는 곤란하며, 최종적인 멘토링 성과에 대한 평가뿐만 아니라 활동과정 중에 문제가 발생할 경우 회사가 과감히 개입할 필요가 있다.

노포크서던에서는 멘토링 활동이 시작된 지 3개월이 지나면 설문 조사를 통해 멘토와 멘제가 제대로 연결되었는지에 대한 중간평가를 시행한다. 또한 이 회사에서는 멘토링 활동이 각각 6개월이 지난 시점과 10~11개월이 지난 시점에 2회에 걸쳐 멘토링 진행상황에 대한 평가와 피드백을 제공한다고 한다. 이러한 중간평가 과정을 통해 이 회사는 멘토링의 성공적인 운영을 촉진하고 있다.

또한 세계은행에서는 앞의 도표와 같이 일정 시점을 주기로 멘토와 멘제를 대상으로 각각 4단계에 걸친 설문조사를 실시하고 있다. 이때 주요 평가내용으로는 만나는 횟수, 멘토의 역할수행 정도, 역량개발 정도, 멘토링 제도에 대한 만족도나 향후 개선되어야 할 보완점 등이 있다.

또한 멘토링이 종료되는 시점에는 외부 컨설팅 회사에 의뢰하여 멘토링 효과에 대한 보다 심층적인 평가를 실시하여 향후 멘토링 프로그램의 개선활동에 반영하고 있다고 한다.

7. 벨 캐나다 (Bell Canada)

벨 캐나다는 캐나다 몬트리올에 있는 이동통신 회사로, 직원 규모는 약 40,000여 명(2001년 기준) 정도이다.

이 회사의 경영진은 전 구성원들에게 조직문화를 전파하고 실력향상의 기회를 제공하는 차원에서 온라인 멘토링 프로그램을 실시하게 되었디.

☆벨 캐나다의 온라인 멘토링 프로그램 실시 배경

사업과 조직의 확장	· 지리적인 사업영역의 확장 · 각기 다른 제품을 중심으로 사업부를 운영
일관된 정책의 필요성	· 지역별 · 부서별로 실시하는 제도로는 전사차원에서의 일관된 인재육성 활동에 한계가 있음 · 사업부 · 지역 · 기능에 관계없이, 일관성 있는 조직문화 형성을 위한 새로운 방안 필요
구성원들의 성장욕구 충족	· 2001년 자체적으로 실시한 설문조사 결과, 구성원들의 전문가적인 성장욕구 충족이 이슈로 등장 · 회사에 대한 주인의식 함양의 필요성 제기
오프라인 멘토링의 한계	· 진행 중인 모든 오프라인 멘토링을 인사부서에서 관리하기에는 시간 · 비용 · 관리상 어려움을 느낌

1) 온라인 멘토링 프로그램의 개요

벨 캐나다에서 시행하고 있는 온라인 멘토링 프로그램의 공식 명칭은 '멘토 매치'이다. 이 프로그램의 근본목적은 다음 도표와 같이 구성원들의 지식과 경력개발을 도와주고 조직문화를 전파하는 데 있다. 멘토링 대상을 주로 경영진이나 신입사원으로 한정했던 오프라인 멘토링과는 달리 멘토 매치 프로그램에서는 그 대상을 전 구성원으로 확대할 수 있었다.

이 프로그램에 참여하는 멘제는 온라인상에 등록된 멘토의 정보를 바탕으로 자신에게 가장 적합한 멘토를 선정하게 된다. 또한 본격적인 멘토링 활동에 앞서 참여자들에게 프로그램의 기본 목적과 취지를 명확히 설명해 주었다.

이러한 사전 홍보를 통해 멘토링이 승진이나 금전적 보상을 위한 활동이라거나 리더의 역할을 완전히 대체한다는 등 구성원이 가질 있는 멘토링에 대한 오해를 원천적으로 봉쇄한 것이다.

2) 온라인 사이트 구성

멘토 매치 프로그램은 사내 인트라넷을 통해 진행되기 때문에 누구나 멘토 또는 멘제로 등록할 수 있으며 멘토링에 대한 풍부한 정보도 얻을 수 있었다. 인트라넷에 등록되는 주요 정보들은 다음과 같다.

- 프로그램의 개요: 프로그램 내용, 준비사항, 멘토링의 유래, 멘토링 프로세스 소개
- 효과: 프로그램을 통해 회사, 멘토, 멘제가 어떤 이점을 얻을 수 있는지에 대한 정보를 제공
- 역할과 책임: 멘토와 멘제의 역할과 책임, 우수한 멘토·멘제의 요건, 멘토링 방법 등을 설명
- 멘토링 프로세스: 멘토링 시작부터 종료까지의 과정 소개
- **Q&A:** 자주 하는 질문과 회사·멘토·멘제의 답변 공지
- 관련자료: 멘토링 관련 웹 사이트, 비디오, 책 등을 소개

☆ 멘토 매치 프로그램의 목적

◎ 인재육성 수단
  ● 사원들의 지식과 네트워크, 경력개발을 도와주는 수단

- 경험이 많은 사람들이 직접적인 커뮤니케이션을 통해 지식을 전달
- 성장 잠재력이 높은 사람, 즉 미래 리더를 발굴하고 개발하는 과정

◎ 지식공유의 기회
- 부서·사업부에 상관없이 전사적으로 지식·정보·아이디어를 공유하는 수단

◎ 조직문화의 강화
- 회사의 경영철학·문화·운영 전반에 대한 이해와 몰입 강화
- 신입사원들의 사회화 촉진

☆ 인사제도와 연계

조직 차원에서의 활용
① 사원 설문조사: 설문조사에서 낮은 점수를 받은 사람을 리더십 향상 차원에서 멘토와 연결시킴
② 인재관리: 리더십 역량, 평가, 보상 제도와 멘토 매치 프로그램을 연계
③ 승진: 구성원 개개인의 육성 계획에 멘토 매치 프로그램을 도입
④ 학습: 각종 학습·교육과정에 멘토링 과목 개설

인재육성 차원에서 활용
① 사전 오리엔테이션: 입사 후 6개월이 지나면 멘토 매치 프로그램에 등록할 것을 이메일로 독려

② 인정: 회사에서 각종 포상을 받은 사람에게 멘토로 활동해 줄
  것을 요청
③ 승진: 승진한 사람을 멘토로 활용
④ 리쿠루팅: 신입사원 교육 시, 멘토 매치 프로그램에 대해 설명

☆ 멘토 매치 프로그램의 프로세스

도입과정

자기 평가	온라인 프로필 작성
· 1단계(자기평가): 멘토와 멘제의 요건을 확인하는 단계로서 온라인상에서 자신의 행동방식과 관련된 설문에 응답하게 함. · 2단계(온라인지도): 자기평가 결과, 자질이 부족한 사람에게는 온라인상에서 효과적인 멘토가 되는 방법에 대한 강의를 제공	· 3단계(프로필 작성): 멘제와의 연결을 위해 프로필 작성 · 4단계(탐색과정): 작성된 프로필을 참고하여, 멘제가 자신에게 적합한 멘토를 찾는 과정

활동과정

파트너십 형성	파트너십 개발
· 5단계(이메일 통보): 멘제가 지목한 멘토에게 자동적으로 이메일을 발송하여 멘제의 신상을 확인하게 함 · 6단계(일정 수립): 멘토가 멘제의 요청을 허락하게 되면 상호 이메일을 통해 만날 시간, 장소, 대화주제 등을 교환 · 7단계(서명·확정): 멘토와 멘제 모두 1년간 멘토링 관계를 유지할 것을 약정	· 8단계(활동개시): 상호 우호적인 파트너십 형성을 위해 다양한 학습을 활용하면서 멘토링 활동을 전개 · 9단계(조언·자문): 어려움을 겪고 있는 멘제에게 조언과 지도

프로그램 평가

· 10단계(평가): 멘토링 활동 시작 후 1년이 지나면 온라인으로 서로의 평가
  에 대해 평가
· 11단계(분석 · 개선): 인사부서에서 평가결과를 분석, 향후 개선활동에 활용

---

3) 멘토링 프로세스

멘토 매치 프로그램은 앞의 도표와 같이 크게 5단계의 과정으로 진행된다. 이때 중요한 것은 이러한 과정이 제반 인사제도와 유기적으로 연계되어 있다는 점이다. 즉 멘토링 활동을 신입사원 선발, 육성, 승진, 성과 평가 등에 연계함으로써 인재육성이라는 근본 목적의 달성을 가속화하고 있다.

4) 멘토 매치 프로그램의 효과

벨 캐나다는 멘토 매치 프로그램을 통해 다음과 같이 많은 이득을 보고 있다.

첫째, 모든 멘토링 활동이 온라인을 통해 진행되기 때문에 인사부서가 행정적으로 관리해야 할 시간과 비용을 상당히 줄일 수 있었다.

예를 들어 사설기관을 통해 진행하던 멘토링 사전 교육을 온라인상에서 진행함으로써 교육비용을 크게 줄일 수 있었다. 또한 진행과정을 일일이 모니터링해야 하는 어려움도 온라인을 통해 일괄적으로 관리할 수 있게 되었다.

둘째, 구성원들의 실력향상 및 멘토와 멘제 간 지식이전 상황 등을 지속적으로 점검할 수 있게 되었다. 보통, 멘토링 활동 개시 후 1년이 되면 효과성에 대한 평가를 시행해야 하는데, 온라인을 이용함으로써 이러한 평가작업이 훨씬 용이해진 것이다.

8. 제록스 (Zerox)

제록스는 '외부 멘토를 활용한 멘토링'을 시행하고 있는 대표적인 회사이다. 제록스는 21세기 새로운 경영전략으로 공격적인 시장개척과 기술적 우위 확보를 내세우면서, 이를 이끌어갈 리더의 발굴·육성의 필요성을 느끼게 되었다.

이에 제록스는 장래 리더로서 성장잠재력이 높은 핵심인재를 선발하여 이들의 리더십 역량을 강화시키기 위해 멘토링 제도를 도입하게 것이다.

이 회사의 최고경영자인 폴 알레어를 포함한 12명의 경영진은 인재육성에 대한 자신들의 강한 의지를 나타내기 위해 직접 멘토링을 운영하고 있다. 이때 외부 멘토는 경영진이 핵심인재에 대한 멘토링을 제대로 운영하고 있는지를 중점적으로 관찰하고 부족한 부분이 있을 경우 즉시 올바른 방향으로 이끌어 주는 역할을 담당하게 된다.

이처럼 제록스는 핵심인재와 경영진, 외부 코치가 한 쌍이 되어 멘토링 프로그램을 효과적으로 운영하고 있다. 제록스의 멘토링 프로그램을 구체적으로 살펴보면 다음과 같다.

(1) 멘제의 선발

비공식적으로 12명의 경영진에 의해 선발되며 다음과 같은 과정을 통과해야 한다.

우선, 경영진은 전 계층을 대상으로 약 100여 명의 유능한 경영자 후보를 선발한 후, 각 후보들의 직속상사에게서 이들의 업무성과, 역량, 경험, 자질 등에 대한 정보를 넘겨받아 평가기준으로 활용한다.

이러한 평가결과를 바탕으로 경영진 1명당 5명의 후보자를 선택하여 투표를 실시하고 최종적으로 가장 많은 득표를 얻은 순서대로 멘제를 확정한다.

(2) 경영진과 멘제의 연결

경영진은 자신이 원하는 멘제 후보자를 1~3순위까지 선택할 수 있으며, 멘제 또한 자신이 원하는 멘토 1명을 경영진 중에서 선택할 수 있다. 만일 경영진과 멘제가 선택한 1순위가 동일할 경우 멘토와 멘제의 연결은 완료된다.

그렇지 않을 경우 멘토와 멘제가 적절히 연결될 때까지 같은 과정을 반복하도록 하고 있다. 이때 멘토링 과정에서 발생할 수 있는 예기치 못한 부작용을 사전에 막기 위해, 기본적으로 멘토와 멘제는 같은 부서 사람끼리 연결되지 않도록 하고 있다.

(3) 외부 멘토와 멘제의 연결

제록스의 멘토링 프로그램에서 외부 멘토의 역할은 매우 중요하다. 바로 이들이 멘제의 부족한 부분과 강화시켜야 할 역량을 정확히 찾아내고 이에 대한 실질적인 대안을 제시하는 역할을 담당하기 때문이다.

따라서 이 회사에서 외부 멘토를 선발할 때에는 멘제의 니즈를 보완·강화시킬 수 있는 능력이 있는지 여부를 중점적으로 평가하고 있다. 제록스는 약 60여 명의 멘토 인력을 확보하고 있으며, 이 중에서 각 멘제에 가장 적합한 사람을 연결시키기 위해 노력하고 있다.

기본적으로 제록스에서 외부 멘토에게 요구하고 있는 요건들은 다음과 같다.

첫째, 경영진과 멘제가 신뢰할 만한 멘토 경험과 자질을 갖추어야한다.

둘째, 30년 이상의 현장경험이 있어야 한다. 이론적으로 완벽하더라도 실제 현장경험이 부족할 경우 인재육성에 대한 노하우나 실전 감각이 떨어질 수 있기 때문이다.

셋째, 국제업무 경험이나 다양한 부서·업무 경험이 있어야 한다. 특정 분야만을 담당했다던가, 국내업무만을 담당했던 사람은 그 관점이나 사고, 가치관에 있어서 다소 편협한 측면이 있기 때문이다.

제록스는 이러한 과정을 통해 장래 핵심사업을 담당할 인재육성은 물론, 경영진의 리더십 역량을 강화시키는 데에도 큰 효과를 거둘수 있었다.

▷ 제록스의 멘제와 멘토의 연결과정

멘제A
• 성취욕은 강하지만, 한 부서에서만 경력을 쌓아옴 • 비전을 사원들에게 전파 · 설득하는 기술이 부족 • 여성코치를 선호

멘제 B
 • 분석적인 성향 • 재무적 지식 부족 • 국제업무 경험이 없음

연결의 기본원칙

• 기본적으로 멘제의 개발 욕구에 맞는 자질을 갖춘 사람을 멘토로 선발 • 멘제의 멘토에 대한 선호도롤 충분히 반영 • 멘제의 1차적 역량개발이 완료된 후에는 새로운 역량개발을 위해 새로운 멘토를 선정할 수 있음

연 결    연 결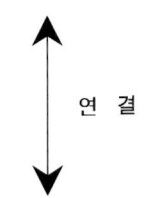

멘제 A에게 필요한 멘토요건
• 3개 이상의 역할 수행경험 • 컨설턴트 • 여성

멘제 B에게 필요한 멘토 요건
• 포춘지선정500대 기업 근무 경험 • 국내에서 3년 이상 근무

제록스가 확보하고 있는 멘토 인력
• 60여명 이상 • 40%는 여성멘토 • 심리학 전공자부터 포춘지선정 50대 기업의 CEO까지 다양한 전문가 확보 • 멘토링 전문기관에서 인증받은 전문가

Chapter 3

섬기는 현장경영
멘토십

오늘날 대부분 조직에서 생산성 위주의 경영을 통하여 조직의 목표를 달성하고 있다. 그러나 이러한 경우 개인의 인간성 차원에서는 많은 갈등이 유발되어 강성 노조가 대두되고 심각한 경영 위기에 내몰리고 있는 조직이 허다하다.

그러나 인격의 평등 원리를 이해하고 인간존중으로 섬기는 리더십을 통하여 각 조직마다 개인의 인간성(Humanity)과 조직의 생산성(Productivity) 간의 상충점에서 균형을 이루는 경영이 인간 존중, 즉 섬기는 멘토십이다.

여기서 우리는 가정과 직장의 시스템을 비교해서 생각하면 빨리 이해할 수 있다. 직장에는 엄한 아버지와 같은 상급자가 생산성 위주로 몰아붙이고 있다. 여기에 부하 직원들이 스트레스를 받게 된다. 반면 가정에서 부드럽고 감싸주는 어머니 같은 멘토의 인간성 시스템을 보완한다면 이상적인 조직경영이 될 수 있다.

1. 섬기는 경영 원리 Tip - 12

－인격의 고결함이 두뇌 이상으로 중요시되는 점을 놓쳐서는 안
된다. 그렇지 못한 리더는 아무리 사람을 좋아하고 도우며 사교성이
좋고 또 두뇌가 명석해도 위험하며 '경영자나 신사로서 부적격'하다
고 판단되는 것이다. 먼저 리더는 자신의 마음경영을 최우선하여 모
범을 보이고 그 후 경영현장에서 섬기는 리더십을 발휘해야 한다.
－피터 드러커

(1) 인간에 의해 기업은 변한다

경영과 장사의 근본은 결국 인간에게 달려 있다. 먼저 기업이 있
고, 다음에 직장이 있으며, 그것을 효과적으로 수행하기 위해 사람을
채용한다는 사고방식은, 회사가 인간에게 있어서 단순히 생존하기
위한 직장이었던 낡은 시대의 유산이고, 거시적인 시야에서 보면 확
실히 주객이 전도된 생각이라고 하지 않을 수 없다. 사람이 존재하
고, 그 사람에게 적합한 직장이 있으며, 그 사람이 근무를 통해서
자기실현을 구체화한다. 그것을 효과적으로 능숙하게 운영해 나가기

위해 조직체가 생겼다고 하는 것이 올바른 사고방식일 것이다. 기업체나 조직체는 역시 인간을 위한 존재가 되지 않으면 안 된다.

새로운 조직의 사고방식은 우선 조직의 성원인 인간들에게 있어서 최선의 일이란 무엇인가를 생각하는 것부터 시작된다. 그것은 과거에 구애받을 필요가 없다. 현재의 성원에게 최선의 일감을 제공하면서 그 일을 어떻게 수행할 것인가 하는 목적을 위해 조직을 만들고 그 운영법을 생각하면 된다. 따라서 조직은 고정된 것으로서가 아니라 그 포용된 성원의 질과 양의 발전 상황에 따라 어쩔 수 없이 변화하는 것으로 받아들여야 할 것이다.

예를 들면, 어느 회사가 매년 신입사원을 몇 명인가 채용했다고 하자. 이 경우, 기업은 현존하는 사업의 계속과 자기 회사의 장래 가능성을 위해 현실적으로 가장 적합한 사람을 채용하는 것이 보통이다. 그런 경우는 확실히 회사가 우선이고 종업원은 기업의 필요에 따라서 채용된다고 해도 좋다. 그런데 채용이 되어 사원이 된 이상 이번에는 그 사원의 질과 능력의 발전에 따라서 기업이 움직이게 된다.

결국 기업은 기존의 사원과, 사원의 질과 역량에 따라 현재의 업종을 유지하고 있는 것인데, 그곳에 새로운 사원이 입사함으로써 기업에 변화가 가해지고 새로운 방향으로 발전해 간다.

또 기업은 성원 때문에 존재하는 것이므로 성원이 바뀌면 기업의 내용, 일과 조직이 바뀌는 것은 당연하다. 기업은 성원을 위해서 시류에 따라 변화해 나가지 않으면 안 된다. 급격한 세태변화의 시대에서 현재 시점에 머무는 것은 멸망을 의미한다. 다만 이 변화는 성원의 능력과 상응(相應)해야 할 것이다.

이와 같이 해서 기업은 계속 발전한다. 시대와 사람이 바뀌고 조직체의 내부에 변화가 일어나는 것인데, 이것을 보다 좋은 방향으로 발전시켜 나가기 위해서는 종업원의 능력을 끊임없이 개발시켜 나가지 않으면 안 된다. 이 능력의 개발이야말로 인사조직 전략의 근본이념이라고 해도 좋은 것이다.

(2) 종업원이 힘을 발휘하는 경영

경영이념이란 경영자의 인생관·사회관·기업관이 일체화된 것이고 그 사명감으로 뒷받침된 것이다. 그러나 모처럼의 경영이념도 시류의 테두리를 벗어나면 아무 쓸모가 없다.

현재의 시류에서 볼 때, 인사전략 면에서 아무래도 빼놓을 수 없는 이념은 '인간성 존중의 사상'이다. 특히 소매업에서는 다른 산업이나 업종보다도 인간성을 존중한 인사전략을 취하지 않으면 안 된다. 또 그것이 바로 업적에 영향을 주기 때문이다.

이제까지 많은 소매업 사람들과 접촉해 왔다. 사업의 성격상 그 대부분은 백화점이나 양판점과 같은 대형 소매업들이었는데 거기에서 나는 그날로 매상과 이익이 급증하는 많은 사례들을 보아왔다. 이와 같이 급속도로 좋은 성적을 올리게 되는 원인의 대부분은 인사·조직전략이라기보다도 인간성 존중을 첫째로 삼는 경영이념의 변경과 종업원의 의식개혁에 있었던 것으로 생각된다.

(3) 전원이 참여하는 경영

그동안 시대는 크게 변했다. 상품과잉이 정착되고 문화와 정보, 고도기술이 중심이 되는 세상으로 변했다. 경영체에 있어서나 장사에 있어서도 일찍이 경험한 일이 없는 대변혁의 시대이고 그만큼 어려운 시대이기도 한데, 이와 같은 때야말로 필요한 것은 변화대응에 있어서 천재성을 발휘하는 인간 능력의 완벽한 활용일 것이다.

오늘날 업적을 신장시키고 있는 기업체들은 전사원이 제안을 하고, 더구나 그 발전적 제안의 거의 전부가 채용되는 기구를 유지하고 있다는 특징을 지니고 있다. 이른바 전원 참가, 의견종합에 의한 전원(全員)경영이다.

인간은 자신이 계획이라든가 제안에 참여했을 때, 참여하지 않았던 때보다 몇 배의 실천 능력을 나타내는 것이다. 물론 이 경우 종업원의 제안은 대체로 채택이 될 필요가 있다. 하지만 제안은 그것이 모든 면에서 볼 때 안심할 수 있고, 기업체에게도 플러스가 되는 것이 아니면 채택하기 어렵다. 제안한 것이 채택되지 않는 케이스가 많으면 결과적으로 보아 의견종합과 전원경영에 있어서 커다란 마이너스가 되고 만다.

제안은 많이 내도록 하지 않으면 안 된다. 더구나 전부가 플러스가 되는 것, 채택될 수 있는 것이어야만 한다면 그것은 대단히 어려운 일이다.

이 어려운 문제를 해결하기 위해서는 ①인간이란? ②사업이란? ③경영체란 무엇인가? 이 같은 주제 등에 대해서 종업원을 교육하는 일부터 시작되는 것이라도 해도 좋다. 그 결과로 플러스 발상이나 천직이라는 발상이 가능하고 사회에 대한 봉사적 마음과 원가의식이 자리잡게 되면, 다음으로 세상의 커다란 흐름이나 성공사례, 힌트 등을 배우게 된다. 이것으로 전 종업원들에게 거시적인 발상과 자신감을 주게 되는 것이 가능해진다.

그 같은 바탕 위에서 그들에게 자신들의 경험에 비추어서 제안을 하게 한다. 그렇게 되면 누구나 기쁘게 제안을 할 것이고, 그것도 100% 채택할 수 있는 것이 된다. 이렇게 해서 의견이 종합되고 전원경영이 확립되어 간다.

장사도 경영도 어차피 인간이 운영하는 것이다. 인간이 운영하는 이상, 인간성을 존중하는 것은 무엇보다도 중요하다. 각자가 독립하면서 조직 속에 참여한다고 하는 이른바 독립과 참여의 의식이 충족될 때에 인간성은 향상된다.

"사람은 자기가 속하는 집단의 규범에 맞추어서 태도를 결정하고 그리고 행동을 한다. 그러나 그 원동력은 자유로운 자기의 존재의식이다."

이것이 독립과 참여의 원리인데, 이것을 가장 효과적인 형태로 꽃 피우게 하는 것이 의견종합에 의한 전원경영법인 것이다.

(4) 경영에서 에너지 발휘

인간은 때때로 불가사의한 에너지를 발휘하는 수가 있다. '의욕'이 있고 필사적으로 덤비게 되면 남이 상상조차 할 수 없는 일도 거뜬히 해치우고 만다. 경쟁격화 시대의 기업 경영에서 절대로 필요한 것은 종업원에 의한 이와 같은 '의욕'일 것이다.

그러면 어떻게 하면 종업원들에게 이 같은 의욕이 나타나게 되는 것일까.

현재가 인간성의 시대라는 것은 이미 말한 바와 같다. 요컨대 인간성을 소중하게 했을 때, 종업원은 의욕을 불태우게 되고 기업도 이익을 올릴 수가 있는 것인데, 그 결정적인 수단이 되는 것은, ①독립과 참여 ②경쟁과 협조 ③취미와 직업의 일치 ④삶의 보람이 있는 생활 등이라고 말할 수 있을 것이다. 이러한 것은 모두 순수하게 심리적인 요소를 지니고 있다. 따라서 경쟁시장에 있어서는 경쟁상대와 비교해서 이러한 심리적인 요소를 조금이라도 많이 몸에 익히고 스스로 해야겠다는 의욕을 불러일으키는 체질을 획득한 쪽이 일반적으로 승리하게 된다.

그러면 이러한 심리적인 요소를 더욱 많이 갖게 하고 하겠다는 의욕을 불러일으키게 했을 경우, 사업상 어느 정도 효과가 나타나는 것일까. $1 : 1.6 : 1.6^2$의 원칙이란, 그 효과를 규격화해서 숫자로 나타낸 것이다.

확실히 인간은 싫은 일이라도 강요당하면 하게 되는 일면을 지니고 있다. 지금 가령 그때의 업무 효율을 1로 표현했다고 하자. 그런데 업무가 강요당하는 것이 아니고 스스로 납득이 되어 했다고 하면 경험법칙인데, 그때의 효율은 1.6 정도가 된다.

더 나아가 만일 그 업무 계획에 스스로 참여하고 납득을 해서 한 경우에는 어떻게 될까. 강요당했을 때에 비해서 1.6^2 정도의 효율이 올라간다고 한다. 이것을 '$1 : 1.6 : 1.6^2$의 원칙'이라고 하는 것인데, 최근에 이 차이는 $1 : 3 : 10$ 정도로 되어 있다고도 한다.

인간의 심리적인 요소는 소득과 교양의 수준에 따라 더욱 개인중심이 되어 가고 있다. 따라서 앞으로는 직업이건 무엇이건 그러한 것은 모두 개인중심으로 발전될 것이 틀림없다.

또 이와 같은 개인의 자의식(自意識)을 플러스로 작용하게 하느냐, 마이너스로 작용하게 하느냐 하는 것은 그 개인이 제3자에게서 얼마나 인정을 받고 받아들여지고 있느냐 하는 인식에 따라서 결정된다. 즉 제3자의 평가를 그 개인이 어떻게 인식하고 수용하느냐? 여기에 경쟁학상(競爭學上)의 하나의 포인트가 있다고 말할 수 있는 것이다. 인간은 자신이 비인간화되었을 때, 자의식(自意識)에 상처를 입게 된다. 반대로, 심리적으로 만족했을 때 사람은 에너지를 발휘한다. 이 점을 잘 살린 기업이 앞으로의 경쟁에서는 반드시 승리할 것이다. '1 : 1.6 : 1.6²의 원리'를 그 판단기준의 하나로서 활용하기 바란다.

(5) 상사의 인간성 척도

기업은 사장의 역량 이상으로 성장할 수 없다. 조직 속에는 '역량의 논리'가 작용하고 있기 때문이다. 인간은 일반적으로 조직 가운데서 다음과 같은 특성을 발휘한다.

⑴ 자신보다 역량이 없는 사람의 지시는 받으려고 하지 않는다. 즉 그와 같은 사람 밑에서는 일을 하려고 하지 않는다. 상사에게 역량이 없을 때에는 그 상사의 발목을 잡아끌던가, 자기가 그곳에서 도망치려고 한다.

⑵ 역량이 있는 사람이 역량이 없는 사람에게 지시를 내렸을 때, 부하가 기쁘게 그것을 듣는 경우와 사실은 싫지만 두려워서 또는 어쩔 수 없이 받아들이는 경우가 있다. 전자의 경우는 원만하게 일이 진행되는데 후자의 경우는 내분의 싹을 키우게 된다. 억압된 심리적 부담은 언젠가 어떤 형태로든 억압된 것 이상의 압력이 되어 다른 곳으로 분출하는 것이다.

⑶ 인간은 누구나 자기가 가장 중요하다고 생각하고 있다. 그리고 자기에 대한 과대평가와 타인에 대한 과소평가로 살고 있다. 자신을 인정해 주지 않는 사람의 지시에 대하여는 '반사작용의 원칙'에 따라 기분 좋게 받아들여지기가 어렵게 된다.

이러한 점에서 결국 다음과 같은 생각을 이끌어 내게 된다.

① 사장보다 능력이 있는 사원은 존재하지 않는다. 사장보다 능력이 있는 사원은 사장의 발목을 잡아당길 수가 없으므로 스스로 나가버리는 수밖에 없다. 사장 이상의 인재는 그 시점에서 존재하지 않게 된다. 이것이 기업이 사장의 역량 이상으로 신장하지 못하는 이유이다. 만일, 사장이 우수한 인재를 모으고 더 한층 기업을 발전시키려고 생각한다면 우선 스스로가 더 많은 역량을 기르지 않으면 안 된다.

② 역량 있는 상사가 부하의 인간성을 인정하고 부하의 입장이 되어 사물을 생각하고 지시해 주지 않으면 기업은 조직으로서 충분한 힘을 발휘할 수 없다.

③ 역량은 능력과 의욕을 곱한 것으로 표시되는데 시류와 함께 그것에도 미묘한 변화가 생기고 있다. 아직껏 물질중심의 시대에는 역량이 능력과 의욕 가운데 능력 쪽에 비중이 높았으나 물질 중심이 아니게 되고, 세상이 안정이 되자, 능력보다도 의욕 쪽으로 그 비중이 이동하게 될 것이다.

이것은 인간성이 대단히 중요해진 표시이기도 할 것이다. 예전에는 일만 잘하면 다소 인간성에 문제가 있더라도 관리자로서 근무하는 수가 있었는데 오늘날에는 인간성이 존경할 만한 정도까지 높지 못하면 부하는 따라오지 않게 되어 있다.

그 점, '역량의 논리'가 지닌 관리 면에 있어서의 의미 부여를 충분히 이해하기 바란다.

(6) 종업원의 정착률을 높여라

제1차 산업, 제2차 산업의 합리화에 따라서 앞으로 더욱 증가가 계속될 것이다. 치열한 경쟁은 피할 수 없다. 그곳에서는 인간적인 노하우가 경쟁에서 이기는 무엇보다 중요한 포인트가 된다. 요컨대, 접객태도, 예의범절, 고객과의 일체화, 밀착화, 상품 지식과 같은 것이 결정적인 핵심이 될 것이다. 그것은 종업원에게 '하겠다는 의욕'이 없으면 불가능하다는 것을 의미하고 있다.

거기에서는 인간에 대해서 잘 알고 있는 베테랑과 고객 위주지향을 소중하게 생각하는 사람들이 무엇보다도 필요하게 될 것이다. 선배이건 젊은 사람이건 사람을 따뜻하게 대하고 소중하게 생각하는 것이 중요한 것이다. 이런 점에서는 오랜 경험 있는 사람일수록 잘 활용하면 그 사람의 경험을 되살릴 수 있다. 이렇게 생각해 보면 종업원의 양호한 정착률이 얼마나 중요한가를 알 수 있다.

정착률이 우수면, 확실하게
① 종업원과 경영자의 일체감을 끌어올리고
② 해야겠다는 의욕을 북돋아 주며
③ 예의범절이나 태도를 바르게 갖게 되고
④ 더구나 업적까지 좋아지게 되는 것이다.

나는 강의할 때마다 정착률이 높을수록 좋다고 강조하고 있다.

그리고 그것을 높이기 위해서는 '① 사원을 신뢰하자, ② 공개주의를 철저하게 지키자, ③ 서로 상부상조하자, ④ 부모처럼 종업원의 어려움을 돌보자, ⑤ 무엇보다도 인간이 소중하고 중요하다는 것을 회사의 이념으로 삼자'고 어드바이스하고 있다.

요컨대 정착률을 높이고 더구나 회사가 신장하기 위해서 경영자는 종업원을 아끼고 믿고 엄격하게 교육하지 않으면 안 된다는 것이다. 종업원 교육이란, 종업원에게 남과 자신의 소중함을 일깨워 주고 '하겠다는 의욕'을 불러일으키게 해 주는 것이다.

종업원이 '하겠다는 의욕'을 갖도록 하려면 우선 종업원을 소중하게 생각할 것, 그리고 매우 호의를 갖는 것이다. 호감을 느낀 상대방에게는 회사의 일, 경영에 대한 일 등 무엇이든지 얘기를 나누고 싶게 되는 것이다.

또 종업원은 무엇이든지 얘기를 해 주어서 회사 전체의 운영 상태를 알게 된 것이 부분밖에 몰랐던 때보다도 '의욕'을 더 갖게 되는 것이다. 경영자가 종업원에게 호감을 갖게 되면 자연스럽게 공개주의를 취하게 되고, 종업원의 '의욕'도 고취된다는 것이다.

(7) 커뮤니케이션의 힘이 경쟁력을 강화한다

조직에 있어서 혈액이란 상하의 커뮤니케이션을 말하는 것이다. 커뮤니케이션이 원활하게 빠른 속도로 조직 내를 순환하고 있으면 그 조직체는 건강하다고 판단해도 우선 틀림이 없다. 필요한 정보가 필요한 곳으로 가능한 한 빨리 전달되는 조직이 건강하고 최고의 조직인 것이다.

일반적으로 '경쟁력이란 커뮤니케이션의 힘이다'라고 하는 사고방식이 있는데 커뮤니케이션의 힘을 정보전달력(情報傳達力)으로 받아들이면 이 의미는 잘 이해할 수 있다. 경쟁력이 약한 기업체들은 종종 필요한 정보나 지시가 필요한 곳에 정확하게 전달되지 못하고 있는 경우가 많다.

나는 조직의 근본적인 자세로 '원형조직(圓形組織)'을 계속 제창해 왔는데 그것은 간단히 말해서 다음과 같은 조직이다.

종전과 같은 종적인 조직에서는 명령이 일방적으로 주어지는 것이고 부하에게는 거부권이 없었으나, 원형조직에서는 사장이 일방적으로 결정하는 것이 아니라, 사장 명령과 직접 관계되는 사람들, 예를 들면 부장까지 모두가 모여서 사장의 명령을 듣고 서로 의견을 개진해서 전원이 납득하고 일치가 된 바탕 위에서 비로소 그 사장의 명령을 집행하려고 한다.

다음에 부장은 그 명령에 따라 직접 관련되는 부하인 과장들과 함께 전원이 납득하여 의견이 일치될 때까지 대화를 통해 결정해 나가는 것이다.

커뮤니케이션의 힘이라는 것을 생각할 때, 이 원형조직에서는 분명히 플러스로 작용된다. 참여의식이 양성되고 자기 책임제가 확립되며, 해야겠다는 의욕이 생기고, 종래의 종적이거나 수직적인 조직에 비해서 커뮤니케이션의 힘이 압도적으로 강하게 작용된다.

정보 전달의 속도는 확실히 종적인 조직이 **빠르지만**, 종적인 조직 내에서는 많은 단계 가운데서 한 단계마다 정보가 머물게 되어 그 앞의 필요한 곳까지는 좀처럼 전해지지 않는다. 이와는 달리, 원형조직은 한 단계마다의 정보전달 속도는 종적인 조직에 비해 떨어져도 전체적인 스피드, 필요한 부문까지의 전달력에 있어서는 훨씬 뛰어나다. 내가 원형조직을 제창하는 이유가 여기에 있다.

그러나 원형조직을 만들기만 하면 그것으로 좋다는 뜻은 아니다. 정보 전달에는 거기에 필요한 몇 가지 조건이 있다.

① 조직체의 모든 성원이 모든 부문의 업무를 가능한 한 거시적으로 알고 있을 것.

② 정보나 지시에는 '언제, 누가, 어디서, 무엇 때문에, 누구에게'와 같은 발생 원인이 명시된 메모를 붙여 둘 것.

③ 정보의 지식에는 피드백 기능을 갖게 할 것.

④ 정기적으로 사원이 모든 정보의 집중 검토화를 갖는 정보의 집중 검토 방식을 채용할 것.

⑤ 가능한 한 빨리 정보를 전할 것 등이다. 연구 노력을 통해서 반드시 커뮤니케이션의 역량을 강화해 나가기 바란다.

(8) 상성(相性)이 좋은 인간을 활용할 것

어딘지 모르게 마음이 통한다. 함께 있어도 긴장이 되지 않고 안도감을 준다. 곁에 없는 것보다도 있어 주는 것이 즐겁다. 이와 같은 사람을 상성(相性)이 좋은 사람이라고 한다. 이 상성이 좋은 사람끼리 하나의 그룹으로 업무를 추진할 때, 그 일은 틀림없이 흥미와 일치되고 그곳에서는 서로 '참여와 독립'이 잘 조화를 이루게 되어 높은 효율을 발휘한다.

상성이 좋은 사람들이 하나의 그룹을 만드는 것은 그런 의미에서 조직으로서는 이상적인 형태라고 말할 수 있을 것이다.

일반적으로 상성은 그 사람이 지닌 인생관과 사회관, 특히 타인과의 사교 방법에 따라 결정되는 경우가 많다. 타인과의 교제방법은 '대인관계사고(對人關係思考)'라고 하는데, 이것은 다음의 표처럼 크게 나누어서 생각하면 이해하기 쉽다.

즉 Ⓐ '사람을 믿는다', '사람을 믿지 않는다', Ⓑ '원수도 사랑한다', '원수를 친다', ⓒ '상대방의 입장에서 본다', '상대의 입장에 설 수 없다'는 3가지로 크게 분류하는 것이다.

'상성적(相性的)인 경영', '상성적인 관리'의 핵심방법은 하나의 업무를 담당한 책임자가 자신과 상성이 좋은 사람들을 우선 모으는 것이다. 여기에서부터 시작하면 된다. 인사부나 교육부에서 지명되어 오는 사람을 기다리는 것이 아니고 자신이 결정을 하고, 자신이 직접 교육을 실시한다. 이것이 최선의 방법이다. 그렇지 않다 하더라도 '끼리끼리 모인다'는 말과 같이 마음이 맞는 자는 자연스럽게 모여 들게 되는 것이다.

표 4-1

① 사람을 믿는다. 100%	50%	사람을 믿지 않는다. 0%
② 적도 사랑한다. 100%	50%	적은 때려 부순다. 0%
③ 상대편의 입장에 선다. 100%	50%	상대편의 입장에 서지 못한다. 0%

어떤 기업이나 창업 때는 대단한 신장을 하게 되는 것인데, 그것을 사장이 상성이 좋은 자만을 모아서 자신이 교육하고 모두가 안심할 수 있는 인간 환경을 만들어 그 가운데서 전력투구를 하기 때문일 것이다.

그렇지만 '상성적인 경영', '상성적인 관리'에도 함정이 있고, 때로는 터무니없는 실패를 하는 수가 있다. 이것은 똑같은 패턴의 인간이 지나치게 많이 모였을 때 빠지기 쉬운 함정이다. 또 발상이 미시적, 주관적이 되고 말기 때문이다.

다음 항에서 말하는 것과 같은 '붙임성이 있는 사람'을 상성이 좋은 사람들의 그룹에 넣어 둘 필요성이 여기에 있게 되는 것이다.

(9) 조직에는 붙임성 있는 사람이 필요하다

세상에는 확실히 '붙임성'이라는 것이 있다. 붙임성 있는 사람과 없는 사람이 반드시 있다. 붙임성이라는 것은 그 사람이 스스로 창출하는 것이다. 결코 운명적인 것도 타동적인 것도 아니다. 따라서 가능한 한 붙임성이 있는 사람과 교제를 하고 그 사람의 사고방식과 행동을 모방해야 한다. 사람을 쓰는 경우에도 어차피 쓸 바에는 붙임성이 있는 사람을 쓰는 편이 바람직하다.

인간은 자신을 과대평가하고 남을 과소평가한다. 따라서 상대하고 있는 두 사람 사이에서는 공통적으로 과소평가하고 있는 제3자를 화제로 대화하는 경우가 많다. 소문도 똑같은 이유로 많은 사람들의 화제가 된다.

그런데 현실적으로 눈앞에 있는 상대편에 대해서 화제로 삼기는 어렵다. 서로 평가가 다르기 때문이다. 아마도 상대편을 치켜세워 공치사를 하든가 스스로 겸손해지는 것 이외에 서로 상대방에 관한 화제는 잘 얘기가 진행되지 못할 것이다. 그러나 개중에는 남이 자기를 평가하는 눈으로 자기 자신을 보고 있는 사람도 있는 것이다. 그와 같은 사람 앞에서는 자신이 생각하는 바대로 말할 수가 있고 치켜세우거나 공치사를 하거나 무리하게 겸손해 할 필요도 없다. 오히려 그와 같은 사람은 이쪽의 얘기를 적극적으로 들으려고 노력할 것이다. 이와 같은 사람을 일반적으로는 겸손한 사람이라고 한다. 인간은 누구나 겸손한 사람을 좋아한다. 자기를 인정해서 받아들여 주고 좋은 말을 들려주기 때문에 당연하다. 이와 같은 사람과는 누구나 교제하기를 원할 것이고, 또 이런 사람을 위해서는 모든 편의를 아끼려고 생각하지 않는다. 인간은 혼자서 살 수가 없다. 자신을 지원해 주고 도와주며 편의를 도모해 주는 사람이 필요한 것이다. 그리고 그와 같은 사람이 많으면 많을수록 그 사람의 인생의 활동범위는 더욱 크고 풍부하며 붙임성도 많다. 남을 보는 눈으로 또는 타인이 자기를 보는 것과 같은 눈으로 자신을 볼 수 있는 것을 '객관화(客觀化)'라고 한다. 그렇다면 이 '객관화'에 능숙한 사람, 보다 객관적인 사람일수록 남에게 호감을 주고 붙임성도 많게 된다. 주관적인 사람보다는 객관적인 사람 쪽이 절대적으로 붙임성이 많게 된다. 같은 사람이라도 주관적일 때보다는 객관적일 때가 절대적으로 인기가 좋다. 결국 붙임성과 거리가 먼 사람은 겸허하지 못하고 객관적이지 못한 사람, 알기 쉽게 말해서 자기 과신이 지나치고 주관적이며 참을성 없는 역겨운 사람이라고 말할 수 있다. 붙임성이란 그 사람이 스스로 창출한 것이라고 하는 것은 이를 두고 말하는 것이다. 붙임성이 있거나 없는 것은 어디까지나 그 사람의 책임이라고 할 수 있다. 조직에는 설령 상성이 좋은 사람들의 그룹일지라도 이와 같이 붙임성 있는 객관적인 사람의 존재가 절대로 필요하다고 말할 수 있다.

(10) 자기 신고제를 가능한 한 도입하리

회사에는 회사 자체의 방침과 계획이 있다. 예산도 물론 세우지 않으면 안 된다. 다만 시류의 변화가 최근과 같이 심하면 '이제까지도 이만큼 팔렸으니까 과거의 경향으로 보아서 금년에는 다분히 이만큼 팔리겠지' 하는 것과 같은 트렌드(trend: 추세)적인 견해를 토대로 만든 계획이나 예산 설정의 방법으로는 실패할 가능성이 높고 대단히 위험하다. 그것은 정세의 급변으로 언제 어떠한 수정을 강요당하게 될지 모르기 때문이다. 최고 경영자가 이 판단을 그르치면 사원들로부터 불신을 받게 된다. 하물며 예산이나 노르마(Norma: 노동기준량)를 업무 당사자에게 위에서 강요할 경우 불신의 정도는 한층 심해질 것이다.

그렇지 않아도, 당사자에게 있어서 업무와 노르마를 위에서 밀어붙인다는 것은 그다지 기분이 좋은 일이 아니다. 목표액이 적으면 적은대로 과소평가된 느낌이 들게 될 것이고 지나치게 많으면 그 달성의 어려움을 생각해서 불만이 쌓인다.

이러한 문제를 해결하는 것이 '자기 신고제도(自己申告制度)'의 채용이다. 업무란 명령을 받아서 하는 것보다 스스로 참여해서 자진해서 해야겠다는 의욕이 생겨서 하는 것이 훨씬 능률적인 것이다. 이것은 새삼스럽게 말할 것까지도 없다. 자기 신고제도는 그와 같은 것을 고려해서 생긴 제도인데, 이것은 기본적으로 잘못되지 않으면 회사나 업무는 담당자에게 있어서도 대단히 커다란 플러스가 된다.

그 기본이란, ① 참여 의욕을 소중하게 여긴다. ② 독립의 의욕을 충족시킨다. ③ 책임감을 갖게 한다. ④ 상성이 좋은 사람끼리 모이게 하는 인사정책을 인정한다. ⑤ 업무에 대한 본인의 보수까지 자기신고제로 한다는 다섯 가지라고 해도 좋다. 예를 들면 회사 안에 영업부가 5개 있고, 영업부장 후보가 10명 있다고 하자. 우선 이 부장 후보 10명에게 자신이 소속하고 싶은 부서를 3개씩 신고하도록 하는 것이다. 그리고 자신이 부서의 책임자가 되었을 때의 매상 예정, 경비 예정, 매출 이익 예정, 이익 예정 등과 추가해서 자신이 함께 일하고 싶은 사람의 이름도 신고하게 하고 거기에 덧붙여 목표를

142

달성했을 때의 원하는 보수, 달성하지 못했을 경우의 책임까지 신고하도록 한다. 회사로서는 그 신고를 바탕으로 회사와 부장 후보 10명 모두에게 가장 플러스가 되는 인사정책을 택하면 된다.

이와 같은 자기 신고제가 목표 달성에 있어서 대단한 효과를 올리고 있다는 것은 이미 여러 기업에서 입증되고 있다. 이것은 '원형조직'이나 '상성관리의 응용'으로 해석할 수 있을지도 모른다.

다만, 해야겠다는 의욕이 없는 샐러리맨 근성형의 종업원이 많고 책임회피 자세가 만연되고 있는 기업에서는 이와 같은 방법이 좀처럼 성과를 올릴 수 없다. 이와 같은 회사에서는 사원들에게 의욕을 불러일으키기 위한 여러 가지 방법을 하나씩 실천해 나가는 수밖에 없을 것이다.

(11) 통제 기능보다도 조정 기능을 중시하라

조직의 목적은 복수의 인간이 공통된 목표를 위해 협동해서 행동을 할 때, 더욱 능률을 올릴 수 있도록 사람과 업무를 조화시키는 데 있다. 따라서 1명보다는 2명, 2명보다는 3명이라는 식으로 성원의 수가 늘수록 능률이 오르고 목적달성이 쉽게 된다면 조직은 의미를 갖게 되는데, 반대로 능률이 떨어지게 되면 조직체는 그 존재 의의를 잃게 되고 만다.

그런데 그중에는 조직이 커지면 커질수록 변화에 즉시 대응하지 못하거나 서비스가 고루 미치지 못하게 되거나 하는 케이스도 적지 않다. 그것은 조직전략과 인재의 활용전략이 나쁘기 때문이고 커지면 커질수록 변화에 재빠르게 대응하고 서비스도 향상한다는 것이 조직의 본래 모습이다. 일반적으로 한 사람이 통제를 하고 있는 경우, 조직체는 어느 인원수까지는 효율을 올릴 수 있으나 그것이 일정한 한계를 넘으면 효율이 악화되기 시작한다. 이것은 '통제의 한계'라고 한다. 나의 상식으로는 대체로 20명의 성원에서 이 한계에 도달하는 것이 보통인 것 같다. 아무리 유능한 리더라도 직접적으로는 20명 정도의 부하밖에 통제할 수 없다는 것이다.

그러면 100명인 조직체에 있어서 가장 효율을 올리려면 어떻게 해야 할 것인가, 전체를 5개 이상의 통제 기능 범위의 그룹으로 나누고 그것을 한 조직체로서의 목적하에 조성해 나가는 것이 최선의 방법이라고 말할 수 있다. 그러기 위해서는 조정 기능을 지닌 조직이 별도로 필요하게 된다.

여기에서 말하는 조정이란 각 그룹이 하나의 테두리에서 벗어나지 않도록, 또 서로 지나치게 경쟁을 하거나 서로 발목을 잡아끌거나 하지 않도록 목적달성을 향해 서로 보완하고 협력하도록 능숙하게 각 그룹을 조정하는 것이다.

이 통제와 조정의 활용 구분에 관리의 요령이 있다. 특히 조정이 관리 가운데서 수행하는 역할은 크다. 통제에는 한계가 있는데, 조정은 통제의 한계 내에 있는 여러 가지 그룹의 힘을 총망라해서 조직으로서의 효과를 더 한층 발휘시키는 것인 만큼, 절대량으로서의 힘의 범위는 통제에 비해 현격한 차이로 커지게 된다. 조정자의 능력 여하에 따라서는 통제력의 수십 배에도 미치고 조정자로 스태프가 붙게 되면, 그 한계는 거의 없어지고 만다고 생각된다.

결국, 관리력은 어떻게 통제하느냐 하는 것보다도 어떻게 조정을 하느냐에 따라서 결정이 되고, 관리 시스템으로서는 통제기능보다도 조정 기능을 중시하는 것이 절대적으로 강한 힘을 발휘한다. 특히 사람이 경영의 주요 요소가 되는 기업일수록 이와 같은 경향이 강하다는 것을 충분히 인식해 주기 바란다.

(12) 번창하는 기업에 공통된 4가지 조건

조직에는 유연성이 필요하다. 그것은 많으면 많을수록 좋다. 비상시에는 비상시에 걸맞게, 평상시에는 평상시에 걸맞게, 유연성을 지니고 변화에 적절하게 대응할 수 있는 것이 가장 좋은 조직의 근원적 모습이라고 할 수 있다. 그런 의미에서 조직에 있어서 매뉴얼(Manual)이라든가 규범은 적으면 적을수록 좋다. 그것은 무엇보다도 조직을 경직화시키는 요인으로 연결되기 때문이다.

만일 독자가 '조직을 만드는 것은 규범을 만드는 것이다.' 이 같은 사고방식을 지니고 있다면 지금 곧 그와 같은 생각을 버리기 바란다. 하물며 지금은 인간성의 시대, 인간 능력의 시대이다. 조직에 요구되고 있는 것은 종업원의 '하겠다는 의욕'과 '창의'를 이끌어 내는 것과 같은 유연한 체질이고, 경직성이나 형식성이 요구되는 것은 아니다. 번창하는 기업에 공통적인 조건을 업무상으로 규범화시켜 본 일이 있는데 그 모두가 이른바 인적 조건으로 집약된 것이었다. 아래에 말하는 4가지 조건이 그것이다.

⑴ 번창하는 기업과 종업원은 어떤 업무를 주더라도 그 일을 성공시키는 플러스 요인을 열심히 찾아낸다. 그리고 자신감을 가지고 대처해 나간다. 거기에 반해서 번창하지 못하는 기업의 종업원은 실패하는 마이너스 요인만을 이상하게 잘 찾아낸다. 그리고 자신을 잃고 처음부터 회피하려고 하거나 저자세를 취한다.

⑵ 번창하는 기업은 고객을 대하는 제일선의 사람들을 가장 소중

하게 다룬다. 제일선에 있는 사람들의 의견은 곧바로 최고경영자에게 전달되고, 곧 거기에 대응할 수 있도록 조직이 구성되어 있다. 이것만으로도 제일선에 있는 사람들의 '의욕'은 발휘된다. 거기에 반해서 번창하지 못하는 기업은 위에서 밑으로의 일방통행이 많고 고객을 대처하는 것보다도 본부나 상품부 쪽이 결정권을 지니고 있다.

(3) 번창하는 기업의 종업원들은 원가의식과 이익에 대한 의식을 강하게 지니고 있다. 그 때문에 종업원 각자가 제각기 계획을 짜고 실천하면서 조정하는 능력을 몸에 익혀가고 있다. 거기에 반해서 번창하지 못하는 기업에서는 종업원의 샐러리맨 의식이 강한 반면, 원가의식과 이익에 대한 의식이 적고, 자주성이 부족하다.

(4) 번창하는 기업은 현상에 긍정적이다. 현상에 새로운 것을 부가하고 가능한 한 경비를 들이지 않고 서서히 시류에 적응해 나아간다. 거기에 반해서 번창하지 못하는 기업은 현상에 부정적이다. 머릿속에서 이론을 짜내고 공상적(空想的)인 이상만을 그리면서 현상을 180도 전환시키려고 시도하다가 결과적으로 실패한다.

이상의 4가지 조건은 모두 실태를 규격화한 것이다. 그 대부분이 인간에 관한 것뿐인데, 그것은 현대사회가 얼마나 인간 능력을 존중해야 할 시대인가를 입증하는 것이기도 하다.

2. 섬기는 경영 방법 Tip-8

– 경영에서 리더가 되기 위해서는 적어도 3가지 성격이 필요하다. 그것은 '사고력이 있는 사람', '행동력이 있는 사람', '인간성이 좋은 사람'이다. 한 사람이 이 중에서 두 가지 성격을 구비한 사람은 있을지 모르나 이 중 세 가지 성격을 구비한 사람은 없다. 더구나 기업이 성공하기에는 이 세 가지 성격이 동시에 각각 충분히 발휘되어야 할 필요가 있는 것이다. 결코 행동력에 치우쳐 업무독선으로 밀어붙이기 경영은 오래지 않아 부작용이 유발된다. 경영리더는 먼저 균형경영에 최우선을 두어야 한다.–피터 드러커

(1) 먼저 관심을 보여라

누군가가 진지하게 자신에게 관심을 가지고 있다고 생각될 때 사람들은 호의적으로 반응한다. 관심을 갖는다는 것이 그렇다고 상대방이 원하는 것을 다 들어준다는 말은 아니다. 그것은 개인적으로 알아주고, 걱정해 주고 존중하는 마음을 표현하는 것을 의미한다.

사회는 기계의 집합이 아니고 사람들이 호흡을 함께하는 곳이다.

감정이 흐르는 곳이다. 누군가가 자신을 좋아하고, 이해하고, 존경하기를 바라는 것은 인지상정이다. 기계처럼 취급하면, 기계처럼 반응하고, 왕처럼 대우하면 왕처럼 반응이 온다.

기계처럼 취급하더라도 뭔가는 얻어낼 수 있다고 당신은 생각할지 모른다. 그러나 좀처럼 창조력이나 극적인 개선책을 얻어내지는 못할 것이다. 겉으로 일을 방해하고, 발전을 저해하게 된다.

건성으로가 아니고 진실로 관심을 보이는 것이 중요하다. 겉으로만 관심을 표시하는 '척' 하는 것은 금방 들통이 난다. 그것은 오히려 나쁜 결과를 낳는다. 부하 직원들은 당신의 일거수일투족을 읽고 있고, 전신으로 당신을 감시하고 있다.

(2) 헌신을 기대하지 말라

직원들도 당신과 똑같이 일에 헌신해 주기를 기대하지 말라. 당신은 관리자이기 때문에 직원들과 다른 시각에서 사물을 보아야 한다. 그렇기 때문에 월급도 더 받고, 명예도 갖게 되는 것이다. 그러나 부하들이 당신만큼 해 주기를 바라는 것은 무리이다. 물론 개중에는 당신만큼 혹은 당신보다 더 헌신적으로 일하는 부하들이 있다. 그러나 그것은 어디까지나 예외일 뿐이다.

사장이 하는 것과 같이 밤늦게까지 남아서 일하고, 일을 밤에 집으로 가져가고, 가정이나 개인생활을 희생해 주기를 바라는 데서 트러블이 생긴다.

경영자와 리더가 솔선수범해야 한다. 그러나 모범을 보이는 것과 부당하게 무리한 요구를 하는 것과는 구별이 되어야 하는 것이다.

사람들은 즐겁게 일하고, 뭔가를 기여하고 그리고 인간적으로나 금전적으로 인정을 받고 싶어 한다. 그런 다음에는 업무를 떠나 가족이나 친구들과 함께 즐거운 시간을 갖고 싶어 한다. 하루 24시간 육체적으로나 정신적으로 '근무 중'인 것을 원치 않는다.

이러한 사실을 무시하면 이직률이 높아지고, 음으로 양으로 불만이 표출되고, 태업과 파업이 발생하는 것이다.

(3) 차이를 존중하라

어느 직장이든 남녀노소, 정상인과 장애인, 초보자와 베테랑, 그리고 여러 종족 및 인종의 소집단으로 구성되어 있다. 또 소집단 내에서도 사람들은 개성이 다르고, 성장배경이 다르고, 경험이 다르고, 무수한 차이를 가지고 있게 마련이다.

사람들 간의 차이점을 인정하고 존중해 준 다음에, 공통성을 찾아야 한다. 마치 카펫을 짤 때, 각양각색의 색상이 어울려 호화스럽고 멋있는 작품이 되어 나가듯이 말이다. 색채와 디자인이 제각기 다르지만, 전체적인 아름다움이 거기에서 생긴다. 우리 모두가 똑같지 않기 때문에 각자는 직장에 기여하는 것이다. 그런데 불행히도 어떤 경영자들은 사람들이 각기 다르기 때문에 기여가 아니라 문제를 만든다고 생각한다. 반잔이 차 있는 유리컵을 보고 어떤 사람은 "반이 차 있다"고 말하는데 어떤 사람은 "반이 비어 있다"고 말하는 것과 마찬가지다.

우리는 개성을 가지고 있기 때문에 사물을 각자 고유한 시각에서 보고, 일하는 방식에 대해 다른 의견을 제시할 수 있는 것이다. 경영자들은 이런 것을 무시하고 하나의 방법으로만 밀고 나가려는 경향이 있다. 당신은 각기 다른 사람들을 달리 다뤄야 한다. A군에게 사기 올린 방법이 B군에게도 똑같이 통할 것이라고 생각해서는 안 된다.

차이를 발견해 낼 줄도 알아야 하고, 다양성에 가치를 부여하고 각기 다른 재능을 활용할 수 있어야 한다. 처음에는 어려울지 몰라도 자꾸 이해하려 하면 당신도 곧 달라질 것이다.

(4) 감사의 뜻을 표시하라

우리는 누군가가 우리가 한 일이나 우리 자신을 인정해 주기를 기대한다. 사무실을 둘러보면 종종 사장으로부터 받은 감사장, 고객에게서 받은 감사의 메모, 오래된 인정서 같은 것이 직원들 앞에 놓여 있는 것을 볼 수 있다. 그들이 인정받고 싶은 욕구를 충족시켜야 한다.

당신의 조직 구성원들에게 감사하라. 그들의 성공과 업적에 찬사를 보내라. 조직원들이 잘 해내고 있다고 말하라. 때로는 일대일로, 때로는 대중들 앞에서, 때로는 구두로, 때로는 글로, 때로는 평범한 방법으로, 그리고 때로는 기발한 방법으로 칭찬을 표시하라. 사람들은 어떤 일에 찬사를 받게 되면 훨씬 그 일을 더 잘하는 경향이 있다. 감사를 표시하는 것이야말로 당신이 무엇을 원하고 있으며, 무엇이 중요하다고 생각하는지를 알려주는 것이다. 당신으로부터 이런 피드백(feedback)이 없으면, 부하들은 무엇이 중요하고 무엇을 받아들여야 할지를 명확히 알 수가 없다.

사람들이 인정(認定)에 목말라 하고 있다는 것이 여러 연구에서 밝혀지고 있다. 사람들은 잘된 것에 대하여 진정한 칭찬을 받을 때, 내적으로 보상감을 느끼고 성취감을 얻게 된다. 또 이것은 되돌아와서 당신에 대한 존경을 증가시켜 준다. 그래서 칭찬이 만족을 낳고, 만족은 성과를 낳고, 성과는 칭찬을 낳고, 칭찬은 존경을 낳고, 존경은 성취를 낳는 사이클이 반복된다. 사람들은 칭찬받을 만하다 싶으면 일에 뛰어들게 되고, 열심히 하는 분위기가 만들어진다.

(5) 무엇을 원하는지 물어보라

조직의 효율성을 높이려면 결국 직원들 개인의 능력을 높여야 한다. 부하 직원들이 제대로 능력을 발휘하지 못한다면, 당신도 역량을 제대로 발휘할 수 없다. 그것의 비용이 많이 들 것이라고 단정하지 말라. 부하들이 일을 방해하는 것은 대체로 아주 사소한 것이다.

그 일을 담당하고 있는 사람 이외에는 어느 누구도 그 일을 더 효율적으로 하는 방법을 아는 사람은 없다. 따라서 당신은 부하들에게 필요한 것이 무엇인지를 물어보아야 한다. 사무실의 간단한 비품, 정보의 빠른 전달, 경영층에 제기한 질문에 대한 빠른 회신, 신속한 결재, 특수한 요구를 충족시키기 위한 자유근무시간제, 수행 중인 업무에 대한 피드백 등 그들은 대개 이런 것을 말할 것이다.

물론, 좀 더 복잡한 문제를 제기하기도 할 것이다. 구매부서는 공급자 선정과 관련하여 더 많은 재량권을 요구할 수도 있고, 비서는 경영진만이 집근할 수 있는 서류나 문서를 개방해 달라고 말하기도 할 것이다. 이런 경우에는 과연 그들의 요구를 들어줄 때 그만큼의 개선효과가 있을지 좀 시간을 들여 연구를 하면 된다.

물어보는 것이 중요하다. 직원들이 스스로 알려주지 않기 때문에 당신이 먼저 나서서 물어보아야 한다. 이렇게 물어보는 것이 가장 값싸게 생산성을 올리는 방법이다.

(6) 먼저 충성심을 보여라

사람들은 대접받는 만큼 다른 사람을 대접한다. 존중받으면 존중하고, 거만함을 받으면 거만함을 표시하고, 충성을 받으면 충성으로 보답한다.

충성심이란 누군가에게 잘 되도록 해 주고, 좋을 때나 나쁠 때나 모두 충실히 지켜 주는 것을 의미한다. 장기적인 관계를 말하며, 선을 추구하는 것이고, 어려울 때는 고통을 최소화시키는 것을 의미한다. 사람을 회유하거나 문제를 피하는 것이 아니며, 자신이나 동료를 희생시키는 것도 아니다. 일을 못하는 사람에게 핀잔을 주고 더욱 어렵게 만드는 것은 더더욱 아니다.

고용관계는 결혼과 같다. 신혼여행의 단꿈은 순간이고, 오랫동안에 걸쳐 서로 실망하고 싸우고, 그러면서도 이해하고 양보하고 위해 주어야 하는 것이다. 서로서로를 만족시켜 가면서 발전하는 것이다. 불편하고 부적합한 것도 많지만 서로 이해하고 사랑하는 데서 위안과 평온을 즐길 수 있는 것이다. 서로를 걱정하기 때문에 뭔가를 이룰 수 있는 것이다.

(7) 잘못했을 때는 즉시 시인하라

당신이 실수를 저지르고 이를 솔직히 시인하지 않는다면 문제는 심각해 진다. 인간은 실수하게 마련인데 왜 그 실수를 인정하려 하지 않는 것일까?

잘못했을 때는 솔직히 인정하라. 당신이 잘못을 알아차린 순간 즉시 시인하는 게 중요하다. 그렇게 해야 사람들의 마음을 움직일 수 있다. 신속하게 실수를 인정하지 않으면 당신은 책임을 피하려는 비

152

겹자가 되고 만다. 당사자들에게 신속히 밝히고, 잘못을 시정하기 위해 당신이 할 수 있는 바를 해야 한다. 잘못을 회복시킬 수 없을 경우는 용서를 비는 수밖에 다른 도리가 없다.

실수는 좀처럼 그냥 넘어가지 않는다. 잘못을 숨기려고 한다면 사실은 더 많은 에너지가 필요하고, 결과적으로 더 많은 시간과 불편을 야기한다. 당신이 실수를 시인하면, 사람들은 당신의 성실성과 정직성을 높이 살 것이고 당신을 더욱 신뢰하게 될 것이다.

(8) 권한을 주고 일을 시켜라

직무에 상응하는 권한을 부여하지 않고 일을 시킨다면 실패를 준비시키는 것이나 다름없다.

이렇게 말한다고 생각해 보자 "패드 씨, 6월 15일까지 이 프로젝트 끝내도록 하지. 아마 당신을 도와주는 사람은 없을 거야. 돈도 더 쓸 수가 없구. 창의력을 이용해 봐. 어느 누구도 당황하게 해서는 안 돼. 만약에 인원과 자금을 추가로 요구한다면 당신을 무능한 사람으로 볼 수밖에 없어."

웃긴다고 할지 모르지만 이러한 일은 우리 주변에서 비일비재하게 일어나고 있다. 경영자들은 부하들에게 과제를 부여해 주고 책임을 맡긴다. 허나 여러 이유를 달아 그 일에 필요한 권한은 숨겨 놓는다. 경영자들이 마치 자신의 권한을 빼앗긴다고 생각하는지 말이다.

사기가 높을 턱이 없다. 사원들이 자신들은 뻔히 희생자가 된다고 내다보고 있다. 성공하는 경우라고 하더라도 회사에서는 단지 운이 좋아서 그런 것이라고 자신들의 공을 인정해 주지 않을 것이기 때문이다.

3. 섬기는 경영 실제 Tip 16

　－리더는 고결한 인격을 가짐으로써 지도력을 발휘하여 많은 사람의 모범이 된다. 인격은 마음 좋은 것으로 용이하게 획득할 수는 없다. 그리고 직무에 임할 때 이미 좋은 마음을 갖지 않으면 일은 결코 달성할 수 없다. 또 인격은 속임수가 통하지 않는 것이므로 함께 일하는 동료, 특히 부하는 그 사람이 고결한 인격의 소유자인가 아닌가를 바로 알게 된다. 그들은 그 사람의 능력이나 지식의 부족, 믿음직하지 못함, 방정치 못한 것 등을 관대하게 보아 주기는 하나 경영 현장에서 인격의 부족만은 결코 용서치 않는다. 항시 리더는 자신의 자존감을 먼저 챙기고 구성원의 인격을 존중하는 섬기는 경영에 우선을 두어야 한다.－피터 드러커

(1) 고용보장

　고용보장은 회사가 장기적인 안목으로 종업원을 대하고 있음을 알려주는 신호다. 상호 호혜규범에 따라 종업원들은 열심히 일해 이에 보답하는 경향이 있다. 반대로 만약 경영자가 종업원은 없어도 되는

존재라는 식의 언행을 보인다면 직원에게서 애사심을 기대할 수 없을 것이다. 또 고용보장은 경영자와 종업원 모두에게 교육훈련의 동기를 부여한다.

(2) 신중한 인력 선발

고용을 보장하고 인적 사원을 통해 경쟁우위를 확보하기 위해서는 적합한 사람을 적절한 자리에 고용하도록 인력 선발에 신중해야 한다. 엄격한 채용심사를 하는 것은 그 기업에 적합한 인력을 선발한다는 것 외에 선발된 사람에게도 자부심을 주게 될 것이다. 따라서 자신의 작업성과에 대한 기대가 높다는 것을 느끼며 결국 사람을 중요하게 여긴다는 메시지를 받게 되는 것이다.

(3) 고임금

우수한 인재를 확보하고자 한다면 보다 많은 임금을 제시하는 편이 유리하다. 고임금을 지불한다는 사실은 회사가 종업원들을 높이 평가한다는 메시지를 담고 있기도 하다. 기업은 임금이 적을수록 노동비용을 감소시킬 수 있다고 생각한다. 그러나 노동비용이 높다 할지라도 이로 인해 오히려 향상된 서비스와 기술력 및 품질혁신 등을 초래 기업 전체의 이익을 향상시킬 수 있다는 점을 중시해야 한다.

(4) 인센티브 제도

다른 사람들로부터 인정받고 고용이 보장되며 공정한 대우를 받는 것이 돈보다 더 성취동기를 자극하는 요인이 되기도 한다. 만약 종업원의 뛰어난 능력과 노력을 통해 얻어진 회사의 득이 최고 경영자와 주주에게만 돌아간다면 종업원은 불평과 의욕상실 때문에 더 이상 회사를 위해 노력하지 않으려 할 것이다. 이익분배제도는 전체적인 업무성과 향상에 대해 조직 구성원에게 보답하는 제도이다.

(5) 종업원 지주제

종업원 지주제에는 두 가지 이점이 있다. 첫째, 종업원들이 근로자인 동시에 회사에 대한 소유권을 갖게 되므로 노사 갈등을 덜 느끼게 된다. 둘째, 종업원 지주제는 기업운영체계나 설비투자 등 회사에 대해 보다 장기적인 견해를 가지며 주식매입, 차입금에 의존한 적대적 기업 매수 등을 방어할 수 있다는 점이다.

(6) 정보공유

이익분배제도를 적용하다 보면 정보공유의 필요성을 절감하게 되며 기업 내의 보다 많은 사람들에게 정보를 공개하게 된다. 종업원들이 회사 소유자로서 권한을 가지고 있고, 또 그렇게 대우받기를 원하기 때문이다. 정보 공유는 이익분배 및 인력을 통한 경쟁력 확보를 위해 필수 불가결한 요인이다. 회사에 대해 종업원들이 일체감을 갖도록 비용과 관계, 업무성과와 앞으로의 전망 등을 밝혀야 한다.

(7) 경영참여와 권한 부여

종업원들의 경영참여는 이들의 만족감과 생산성을 모두 향상시킨다. 종업원들에게 권한을 부여하는 자율성은 기존위계적 통제체제에서 각 업무 활동의 조화를 이룰 수 있는 체제로의 전환을 수반한다. 즉 직위가 낮더라도 유용한 정보를 많이 갖고 업무 성과를 향상시킬 수 있는 종업원들에게 창의성을 발휘할 수 있도록 조직체계를 바꾸는 것을 의미한다.

(8) 팀과 작업 재편성

팀제는 감시와 감독의 위계기능 발휘와 자율경영을 동시에 추구할 수 있는 대안이다. 집단의 노력에 대한 보상이 주어지고 그 집단이 작업환경에 대한 자율성 및 통제권을 가지고 신중히 운영된다면 긍정적인 결과를 얻을 수도 있다.

(9) 교육훈련과 기술개발

자율경영, 팀제 그리고 고임금의 경영정책이 성공적으로 실행되기 위해서는 제품과 생산공정을 변화시키고 개선시킬 권한뿐만 아니라 그런 개선을 가능케 하는 기술을 가진 인력이 있어야 한다. 결론적으로 새로운 제도를 정착시키기 위해서는 교육훈련과 기술개발이 필요하다. 또한 이러한 기술은 교육훈련을 받은 근로자가 그 기술을 활용할 수 있어야만 효력을 발휘한다는 것을 명심해야 한다.

(10) 다기능화를 위한 순환근무와 교육훈련

기업에 다양한 업무처리 능력을 가진 인력이 있으면 좋은 점이 많다. 우선, 다양한 업무를 함으로써 보다 흥미롭게 일을 할 수 있다. 또한 업무의 다양성은 사람들의 업무에 대한 태도에 영향을 미치는 중요한 요소이다.

(11) 상징적 평등주의

성공적인 기업경영을 위해 의사결정의 분산, 팀제의 활용, 종업원의 적극적인 경영 참여 등을 실행하는 데 있어 큰 장애물 중 하나는 바로 종업원들에게 소외감을 느끼게 하는 상징들이다. 인적 자원을 통해 경쟁우위를 확보한 기업들을 살펴보면 구성원들이 평등하다는 인상을 주는 다양한 형태의 상징적 평등주의 자취를 찾을 수 있다.

(12) 임금격차의 축소

팀워크는 공동운명체라는 의식에 의해 조성되며 공동운명체라는 의식은 구성원들이 적절한 보상을 받았을 때 향상된다. 흔히 임금격차의 축소를 계층 간의 문제로 생각하지만(특히 CEO와 다른 계층 간의 축소) 여기에는 수평적인 측면도 있다. 이러한 임금격차의 축소는 기업의 효율성을 증대시키는 데 큰 도움이 될 수 있다.

(13) 내부 승진

내부승진은 지금까지 언급된 모든 경영정책을 실행하는 데 아주 도움이 되는 제도이다. 내부승진의 가능성은 종업원과 고용주를 서로 묶어주기 때문에 교육훈련과 기술개발을 촉진한다. 또한 계층 간의 신뢰를 촉진시키기 때문에 의사결정의 분산, 종업원의 경영참여와 권한부여 등을 손쉽게 할 수 있게 된다.

(14) 장기적인 안목

인적 자원을 통한 경쟁력 재고방안의 단점은 시간이 많이 걸린다
는 점이다. 반면 새로운 종류의 설비를 도입하는 데는 많은 시간이
필요하지 않다. 새로운 제품기술도 라이선스 협정만 되면 쉽게 얻을
수 있다. 그리고 자본도 협상만 성공한다면 금방 확보할 수 있다.
하지만 인적 자원을 통해 확보된 경쟁력은 다른 방법에 의해 제고된
경쟁력보다 오래 유지되고 경쟁업체가 모방하기가 쉽지 않다. 따라
서 이러한 경영정책을 실행하고 효과를 얻기 위해서는 보다 장기적
인 안목이 필요하다.

(15) 경영정책의 측정

경영을 하는 데 있어서나 직원관리에 있어서나 측정은 매우 중요
한 요소이다. 측정에는 몇 가지 기능이 있다. 첫째, 기업이 다양한
정책들을 얼마나 잘 실행하고 있는지에 대한 피드백을 제공한다. 두
번째로, 측정은 정책의 효과를 알리는 데 도움을 준다. 사람에게 적
용되는 '눈에서 멀어지면 마음도 멀어진다'는 원리가 기업의 목표와
정책에서도 마찬가지로 적용된다.

(16) 경영정책을 관장하는 경영철학

마지막으로 언급하고자 하는 것은 이제까지 언급한 경영정책을 포
괄할 수 있는 경영철학을 가져야 한다는 것이다. 이러한 철학은 개
별 경영정책을 연결하여 하나로 만드는 역할을 하며 당장 이런 정책
이 제대로 진척되지 않더라도 직원들이 인내심을 가지고 계속 시도

하도록 한다. 또한 회사가 하는 일을 설명하고 타당성을 부여하여 대내외의 협조를 구할 수 있게 한다. 한마디로 말하자면, 어디로 가고 있는지를 모르면 목표를 달성하기 어렵다는 것이다. 어떤 기업에 투자해야 많은 이익을 낼까?

Chapter 4

섬기는 경영
명상록

사람을 변화시키는 것은 머리가 아니라 가슴이라고 했다. 많은 사람들이 오늘날 똑똑한 사람은 많은데 인간적인 사람, 그리고 쓸 만한 사람은 드물다고들 한다. 멘토링은 먼저 인성(Humanity)적으로 된사람 그다음에는 적성(Aptitude)에 맞게 제대로 마음과 지식을 갖춘 든사람 그리고 나중에 전문지식이나 첨단기술(Hightech)을 갖춘 난사람 순서로 인재가 개발되기를 기대한다. 여기에 특히 정서적인 지원을 바탕으로 12가지 주제를 선정하여 섬기는 경영에 촉진재료 활용할 수 있도록 명상록을 소개하였다.

주제1. 경　영

－피터 드러커(Peter F. Drucker 1909~2006 오스트리아)

경영의 거장들은 누구의 아이디어에 귀를 기울일까? 하바드 비지니스 리뷰(HBR)는 12월호에서 '대가들이 뽑은 대가(gurus' gurus)' 1위에 피터 드러커가 선정됐다고 보도했다.

HBR은 인터넷 검색엔진의 검색 순위, 서적, 미디어 등에서 인용된 순위 등을 계량화해서 200명의 '경영의 대가'들의 순위를 매긴 후, 이들에게 다시 '누구를 대가라고 생각하는가?'라는 설문을 통해 '대가들이 뽑은 대가'를 선정했다.

200명 중 60여 명이 응답한 가운데 피터 드러커가 8표로 1위를 차지했다. 피터 드러커는 원래 대가 순위에서 4위에 올랐다. 현대 경영학의 창시자라고 불리는 피터 드러커는 오스트리아 태생이지만 1937년 미국으로 건너가 그의 최초의 저서인 '경제인의 종말'을 출간한 이후 지금까지 '자기경영노트', '미래경영' 등 30여 권에 이르는 경영전문서를 냈다. 그는 2006년 작고하기까지 자신의 이름을 딴 드러커 경영대학원(구클레어먼트대 경영대학원)의 석좌교수를 맡고 있었다.

Tip1 경영이란?(피터 드러커)

기업은 이윤 추구라는 기업 목적 달성하기 위하여 기술적 조직을 갖게 되는데 이것을 경영이라고 한다.

기업이 경제적이라면 경영은 기술적인 것이라고 할 수 있다. 따라서 양자는 별개의 것이며 그 범위도 다르다. 소규모 기업에서는 경영의 조직 범위가 기업의 조직 범위와 일치하고 있지만 대규모 기업에서는 기업은 몇 개의 경영 단위를 포함할 수 있다.

경영은 사회적 구성체이므로 반드시 일정한 목적과 직무를 수행하게 된다. 이러한 경영체는 자본과 경영의 분리에 따라 성립된 것이다.

현대의 경제사회는 너무나도 복잡하고 다양하여 전체적으로 파악하기 어렵다. 그러므로 경영 역시 기술면, 사회면, 경제면, 자본면 등의 분야에서 각각의 경영 이념이 성립하게 된다. 경영의 개념은 크게 다음과 같이 구분할 수 있다.

Tip2 경영자의 미래 청사진(피터 드러커)

◀ 경영자는 항상 장래의 목표로서 사업상 의사결정을 행하는 것이다.(경영의 실제)

◀ 장래를 설계하는 데는 용기가 필요하다. 그러나 신념도 필요한 것이다.(결실 있는 경영)

◀ 장래에 관한 구상에서 틀림없이 실패하는 것은 명확히 '확실한 것', '위험이 없는 것', '실패하는 일은 없다'는 구상이다. 미래 기업이 이룩되는 토대가 되는 구상이란 것은 불확실한 것이

될 것이다.(결실 있는 경영)

◀ 미래를 설계하는 작업의 목적으로 내일 무엇을 해야 하는가를 결정하는 것이 아니라, 미래로 가기 위해서는 오늘 무엇을 해야 하는가를 결정하는 것이다.(결실 있는 경영)

◀ 경영자는 그 기업의 장래에 대해서도 더욱 시간과 사색을 할애해야 하며 그밖에도 많은 일에 대하여, 예를 들면, 경영자의 사회적 책임이라든가 지역사회의 책임에 대해서도 더욱 시간과 사색을 할애해야 한다. 그러한 일이 없다면 경영자도 그 기업도 함께 매운 벌을 받게 될 것이다.

◀ 경영자는 항상 현재와 먼 장래라는 두 개의 시간을 고려하지 않으면 안 된다. 눈앞의 이익만을 추구하는 것과 장기적으로 보아서 회사의 이익내지는 그 존속조차 희생된다면 경영의 문제는 결코 해결되지 않는다.(경영의 실제)

◀ 석공이 "당신은 무엇을 하고 있습니까?"라고 질문을 받았을 때의 이야기가 있다. 첫째 남자는 이 질문에 대해 "나는 이것으로 생계를 유지하고 있습니다"라고 대답했다. 둘째 남자는 망치를 휘두르며 "나라에서 제일가는 석공 일을 하고 있습니다"라고 대답했다. 셋째 남자는 환상적인 눈초리로 먼 하늘을 바라보며 "나는 이곳에 훌륭한 사원을 세우고 있습니다."라고 대답했다. 이 비유에서 진실로 경영자라고 할 수 있는 사람은 셋째 남자이다.(경영의 실제)

1) 기술적 경영개념－경영을 기술론적 입장에서 접근하는 방법으로 분업 조직체설, 경영관리설, 지배관계설 등을 말한다.

2) 경제적 경영개념－경영을 경제적인 면에서 접근하는 방법으로

생산단위설, 가치관계설, 자본운동설 등이 여기에 속한다.
3) 사회적 경영개념-경영이라는 사회적 구성체인 인간의 접촉관
   계를 접근시키는 방법으로 인간관계, 노사관계 등이 여기에 포
   함된다.

Tip3 목표달성에 투철하라(피터 드러커)

- 이익을 올리는 책임은 절대적인 것이며 경영자는 그 책임을
  회피할 수 없다.
- 경영의질을 판단하는 것은 결국 산업체이다. 백 가지 지식보다
  도 실제로 달성된 성과야말로 중요한 기준일 뿐 아니라 우수
  한 업적의 달성이 사업경영의 목적이기도 하다. 따라서 경영이
  란 과학도 전문직업도 아니다.
- 경영자는 어떤 결정, 어떠한 행동의 경우도 사업의 경제적 성
  과를 우선적으로 생각하지 않으면 안 된다. 결국 경영자는 자
  신의 사업에서 경제적인 성과를 달성함으로써 비로소 그 존재
  와 권위를 인정받을 수 있는 것이다. 사업 활동에는 종업원의
  행복과 사회의 복지, 문화의 공헌이란 비경제적인 성과도 물론
  있다. 그러나 사업이 경제적인 상과를 달성할 수 없으면 그것
  은 경영자에게는 치명적인 것이다. 예를 들면, 소비자가 납득
  할 만한 가격으로 상품이나 서비스를 제공할 수 없으면 그 사
  업의 경영자는 낙제다. 이익을 올림으로써 기업을 유지 내지
  발전시킬 수 없는 사업경영자도 마찬가지다.
- 기업체의 한 기관으로서의 경영자층은 그 기업체에 한해서 또

그 기업의 경영성과에 대해서만 책임을 지게 되는 것으로 그 이외의 모든 것에 대해서 또는 그 이외의 그 누구에게도 책임을 질 수 없는 것이다.

- 경영자의 임무는 어디까지나 경제적인 성과를 올리는 데 있으며 그 임무를 이루기 위해 필요로 하는 이외에 권한 행사는 용서받지 못한다. 이 한계를 넘어서 시민 내지 시민의 문제에 간섭을 하는 것은 경영자로서 권한 남용이다.

주제2. 교 육

Tip1 가장 유능한 사람은 -괴테-

평범한 사람은 가르쳐 줘야 배우지만 지혜로운 사람은 책을 통해서 배움의 기회를 넓혀 갑니다.

그러나 정말 대단한 사람은 모든 상황을 배움의 기회로 만듭니다.

실패하고, 좌절하고 낙심할 때 "왜 이런 상황이 왔을까" 하고 스스로 의문을 던집니다.

남이 성공해서 보통사람들이 시기 질투할 때 "어떻게 해서 성공했을까" 하고 연구하기 시작합니다.

도무지 풀릴 것 같지 않은 삶의 숙제를 만났을 때 보통사람 같으면 삶의 뭉둥이에 주눅 들어 의기소침할 때 그럴 때도 정말 대단한 사람은 배움의 기회로 만들어 버립니다. 그것은 사색의 힘이고 지성의 능력이며 인생을 살아가는 실력입니다.

괴테는 가장 유능한 사람을 배우는 사람이라고 했습니다.

이 말에 주석이 필요하다면 가장 유능한 사람은 모든 상황을 배

168

움의 기회로 만드는 사람이 아닐까요?

Tip2 빅토르 위고(Victor Hugo) 어린 시절 칭찬

그의 어린 시절은 부모의 비정상적인 생활로 인하여 방황의 연속이었다. 그러던 그가 13살 때 학교 백일장에서 우수상을 받았다. 그것을 계기로 그는 서사시, 희곡, 그리고 소설 등을 써냈는데 그때마다 선생님들은 '탁월한 소년'이라며 칭찬을 아끼지 않았다. 이에 힘입어 계속 노력한 결과 그는 불후의 명작 '레미제라블'을 남겼다. 선생님의 칭찬 한마디가 자신감을 갖게 하였고 명작을 탄생시키는 힘이 되었다.

Tip3 인간(야곱 베헤맨)

사람들은 때때로 늑대와 같습니다. 그래서 잔인하고 무자비합니다. 피에 목말라 있습니다.

사람들은 때때로 개와 같습니다. 그래서 물려고 덤벼들고 뼈 하나를 가지고 으르렁대며 다툽니다.

사람들은 때로는 여우와 깉습니다. 그래서 간사하고 음흉합니나.

사람들은 때로는 곰과 같습니다. 그래서 미련하고 추하기도 합니다.

사람들은 때로는 표범과도 같습니다. 그래서 잡을 수 없이 빠르고 계산적입니다.

사람들은 때로는 벌과 같습니다. 그래서 날쌔고 교활합니다.

Tip4 용기 있는 사람

최상의 용기는 분별력이다.(셰익스피어)
용기 있는 곳에는 희망이 있다.(타키루스)
용기는 당면한 문제를 해결하는 데 있다.(에머슨)
절제 없는 용기는 나쁜 방향으로 몰고 간다.(에머슨)
용기에 약한 자가 교황에는 강하다.(블레이크)

Tip5 인권교육

교사의 93.6%가 인권교육이 필요하다고 생각하는 것으로 조사됐다.
국가인권위원회는 21일 한기철 서울대교육연구소 책임연구원에 의뢰해 전국 초·중·고 77개 학교 910명의 교사를 대상으로 설문조사를 실시한 결과 이같이 나타났다고 밝혔다.

인권교육에 대해 교사의 93.6%가 필요하다고 답한 반면 '필요 없다'는 응답은 1%에 그쳐 교사 대부분이 인권교육의 필요성에 공감했다.

우리나라 인권문제에 대해서는 14.6%는 매우 심각하다고 답했고 56.2%는 비교적 심각한 편이라고 말해 70%가 인권현실을 심각한 수준으로 파악하고 있었다.

반면 양호한 편(3.4%), 매우 양호(0.2%)는 소수에 그쳤다.

인권교육 독립교과목 편성 여부와 관련해서는 78.9%가 '필요하지 않다', 21.1%가 '필요하다'고 답했고, 인권관련 내용의 편성방법에 대해서는 64.6%가 '기존단원에 통합편성해야 한다', 33.4%가 '독립

단원으로 구성해야 한다'고 응답했다.

교사들은 또 인권교육 시작 시점으로 유치원(60.8%), 초등학교 4학년(11.5%), 초등학교 1학년(7.9%) 등을 꼽았고, 현재 실시 중인 인권관련 수업횟수는 1~5회가 64.1%, 6~10회가 19.7%로 대부분 10회 이하라고 답했다.

한편 교사들은 인권교육에서 다뤄야 할 핵심개념으로 인간으로서의 존엄과 가치, 인간다운 생활권, 차별받지 않은 권리 등을 꼽았고 인권교육을 통해 학생들이 타인존중, 공동체의식, 관용적 태도, 자기존중 등을 갖출 수 있을 것으로 기대했다.

교사들은 또 인권교육을 저해하는 요소로 지나친 입시경쟁, 과밀학급, 교직사회의 권위주의적 분위기를 지적했고 인권교육을 위한 환경으로 교사·학생 간의 신뢰형성, 학생들의 건전한 문화, 건전한 대중매체 활용 등을 꼽았다.

(서울＝연합뉴스) 정윤섭 기자 jamin74@yna.co.kr

주제3. 사　랑

Tip1 - 하나님의 눈물 - 노영욱의 시

주님.
제가 첫사랑의 설레는 마음으로 주님께 무릎을 꿇게 인도하소서.
상처를 그대로 드러내놓고 아픈 대로 눈물 나는 대로
울게 하옵소서.
저는 지금 끊임없이 눈물을 흘리고 있습니다.
저의 기도는 하나님의 눈물입니다.
제가 목이 메어 기도드리다가 멈추고……
또 기도드리다가 멈출 때마다
하나님께서는 손수건을 꺼내 함께 눈물을 흘리시며
제 눈물을 닦아주시니 감사를 드립니다.
* 아내의 눈물은 헛되지 않습니다.
기도하면서 흘리는 아내의 눈물은 더욱 헛되지 않습니다.
그 눈물은 단 한 방울도 새지 않고 남편의, 아들과 딸들의

영혼의 우물에 그대로 고여, 힘들고 외롭고 아플 때마다
씻어주고 닦아주고 일으켜 세워줍니다.
기쁨의 눈물, 사랑의 눈물입니다.

Tip2 고향집 어머니 - 권영분의 시 ≪어머니≫(전문)에서 -

어머니는 언제나 하늘을 이고 긴 밭고랑 김을 메시며 기도를 한다.
　급행열차도 서지 않는 산골마을 토담집에서 도시로 나간 큰 자식,
둘째, 셋째, 넷째, 다섯째 여전히 어머니 안에 살고 있는 어린 아이
로 금방이라도 들릴 것 같은 웃음소리에 기다림의 행복으로 살고 계
신다.

　곡식이 익어 가는 계절의 소리 해질녘 돌아오는 작은 발소리 흙
냄새 베어 있는 어머니 모습
　깊은 물소리 없이 흐르듯 어머니 깊은 마음은 자연만큼 편안하다.
　* 어머니……
　생각만 해도 가슴이 뭉클해집니다. 제 아무리 나이가 들어도 어머니
품속에서만큼은 언제나 어린아이입니다. 고향집 어귀에 들어설 때면
언제나 맨발로 달려 나와 두꺼워진 손으로 얼굴을 쓰다듬어 주시는 내
어머니. 어머니 계신 곳이 내 고향이고, 영원한 마음의 안식처입니다.

Tip3 다이아몬드보다 값진 선물

세상에서 가장 값진 선물이 무엇이냐 물으면 우리들은 대개 '다이

아몬드'라고 답을 합니다. 옳습니다. 무엇으로도 깰 수 없는 절대가치와 무엇과도 비교할 수 없는 아름다움이 있기에 다이아몬드는 지상 최고의 선물입니다.

그렇기에, 연인들은 평생 간직할 사랑의 정표로 다이아몬드 반지나 목걸이를 원하고, 많은 신혼부부들이 그런 선물을 주고받습니다.

그러나 그 아름다운 선물은 오래도록 사랑받지 못합니다. 언제나 꺼내두고 보기도 어렵고, 몸에 지니고 다니기도 쉽지 않습니다. 아름답고 귀한 만큼 부담스럽기 때문입니다. 자랑스럽지만 잃을까 두렵기 때문입니다.

"한 번 선물하면, 받은 사람이 영원히 지니고 다닐 그런 선물을 해본 적이 있습니까?"

미국적십자가 '헌혈'을 권하는 광고입니다. 아, 선물 받은 사람이 평생을 몸에 간직하고 다닐 선물! 세상에! 우리 몸속에 그렇게 귀한 선물이 있다니! 그렇습니다. 다이아몬드보다 위대한 선물. 자, 그런 선물 한번 해보고 싶지 않으십니까?

Tip4 오헨리 단편 중-크리스마스 선물-

'1달러 87센트 그것이 전부였다'

저 유명한 오헨리의 명작 단편 '크리스마스 선물'의 첫 문장이다. 여주인공 델러가 남편 짐에게 선물을 사주려고 모은 돈은 겨우 1달러 87센트였다는 시작부분에서 이미 독자들은 가느다란 한숨을 내뿜게 된다. 머리를 잘라서 시곗줄을 산 가난한 아내, 시계를 팔아 머리빗을 산 남편의 기막힌 성탄해후가 지난 100년 동안 독자들의 가숨을 흔들어 놓곤 했다.

Tip5 사랑과 시간 [틱낫한의 <힘> 중에서]

당신이 너무 바빠서 아이들, 아내를 위해 시간을 낼 수 없다면 당신은 그들을 사랑한다고 말할 수 없다.

사랑은 원할 때 곁에 있어주는 것이며 그를 위해 온전히 자신의 시간을 내주는 것이기 때문이다.

당신이 거기 존재하지 않는데 도대체 어떻게 그들을 사랑할 수 있겠는가?

* 사랑은 시간이라는 묶음으로 발목을 묶고 함께 달리는 경주와 같습니다.

서로 시간을 할애하여 발을 맞추지 않으면 이내 넘어지고 맙니다.

지금 시간을 내십시오. 사랑의 시간을……

사랑NO 2 사랑은 미루는 것이 아닙니다.

이런 약속을 지켜보신 적이 있으십니까?

언제 한번 저녁이나 함께합시다.

언제 한번 술이나 한 잔합시다.

언제 한번 차나 한 잔합시다.

언제 한번 만납시다.

언제 한번 모시겠습니다.

언제 한번 찾아뵙겠습니다.

언제 한번 다시 오겠습니다.

언제 한번 연락드리겠습니다.

언제 한번은 오지 않습니다.
'오늘 저녁' 약속이 있느냐고 물어보십시오.
'이번 주말'이 한가한지 알아보십시오.
아니, '지금' 만날 수 없겠냐고 말해보십시오.
'사랑'과 '진심'이 담긴 인사라면,
'언제 한번'이라고 말하지 않습니다.
사랑은 미루는 것이 아닙니다.

Tip6 사랑하면 보여요.

존재하지 않더라도 사랑하면 보여요.
상대의 마음도 보이고요, 이웃의 아픔도 보이고요.
그냥 보아서 보는 것은 아름다운 게 아니에요.
마음으로 보이는 것, 사랑으로 인해 보는 것이
진정한 아름다움이랍니다.
정말이랍니다.
모든 만물을 예쁜 사랑으로 본다면
세상에는 무서울 것이 없으리라 믿습니다.
용서하고 북돋우어주고 이끌어주고 밀어주고 한다면
누구든 자신 있게 세상을 잘살 것입니다.

주제4. 신　앙

Tip1 하나님이 싫어하시는 것 7가지

1. 교만한 눈이다.(롬12장)
2. 거짓된 혀이다.(히6:18, 행5:1~11)
3. 잔인한 손이다.(창9:6)
4. 사악한 마음이다.
5. 악을 향한 발걸음이다.(잠6:18)
6. 거짓증언이다.(시27:12 마26:59~61 행25:7~8)
7. 이간하는 마음이다.

Tip2 천국과 지옥-최일도 목사

- 천국은
우리가 찾아가는 곳이 아니라
마음을 돌려 다가오게 만드는 곳이다.

죽은 뒤에 펼쳐지는 낙원이 아니라
바로 지금, 바로 여기, 내 마음에서부터
천국이 시작된다.

* 내가 머물러 선 바로 지금, 바로 여기!
천국일 수도 있고 지옥일 수도 있습니다.
천국과 지옥은 다 자기 마음 안에서 창조되는 것이니,
사랑과 기쁨, 감사, 희망의 재료들로 자기 안에
지옥이 아닌 천국을 만들어 보면 어떨까요.

Tip3 또 하나의 열매를 바라시며

감사해요 깨닫지 못했었는데 내가 얼마나 소중한 존재라는 걸
태초부터 지금까지 하나님의 사랑은 항상 날 향하고 있었다는 걸
고마워요 그 사랑을 가르쳐준 당신께 주께서 허락하신 당신께
그리스도의 사랑으로 더욱 섬기며 이제 나도 세상에 전하리라.
삼상25:32
오늘날 너를 보내어 나를 영접케 하신 이스라엘의 하나님 여호와
찬송할지로다.

Tip4 처음 믿는 사람의 열심을 보며(Holytoon.com)

무언가 잃어버린 것 같습니다.
아무것도 없어도 하나님 한 분만으로 만족하던 그 행복함과

그리고 너무나 행복했던 구원의 기쁨과

밤새워 눈물 흘리며 기도하던 그 열정과

열심히 줄을 쳐가며 성경을 읽던 열심도 제 마음속에 잘 보이지 않습니다.

하지만 무척이나 그립습니다.

하나님!

시51 : 12

주의 구원의 즐거움을 내게 회복시키시고 자원하는 심령을 주사 나를 붙드소서.

Tip5 12월 주님의 시간에……

지금 이 시간 어느 곳에서는 새 생명이 태어나고,

또 다른 어느 곳에서는 하나님의 부르심을 받는 우리의 이웃이 있습니다.

우리가 생각지도 못하게 어느새 하루가 일 년이 지나갔네요.

지금의 시간에 충실한 우리가 되길 기도드립니다. 12월 주님의 시간에……

눅12:45~46

만일 그 종이 마음에 생각하기를 주인이 더디 오리라 하여 노예를 때리고 먹고 마시고 취하게 되면 생각지 않는 날 알지 못하는 시간에 이 종(鐘)의 주인이 이르러 엄히 때리고 신실치 아니한 자의 받는 율(律)에 처하리니……

주제5. 탈무드

Tip1 일곱 가지 단계

<탈무드>에 의하면 남자의 생애는 7단계로 나눈다.

1) 한 살은 임금님 — 모두가 모여서 왕을 모시듯이 달래거나 어르거나 비위를 맞춘다.

2) 두 살은 돼지 — 흙탕 속을 뛰어다닌다.

3) 열 살은 양 — 웃고 떠들고 뛰어다닌다.

4) 열여덟 살은 말 — 크게 자라서 자기의 힘을 남에게 과시해 보려고 한다.

5) 결혼하면 당나귀 — 가정이라는 무거운 짐을 지고 터벅터벅 걸어가지 않으면 안 된다.

6) 중년은 개 — 가족을 살리기 위해 사람들의 호의를 구걸하지 않으면 안 된다.

7) 노년은 원숭이 — 어린이로 되돌아가지만 아무도 관심을 기울여주지 않는다.

Tip2 술의 기원

이 세상에서 최초의 인간이 포도를 재배하고 있었다. 거기에 악마가 찾아와서 물었다. "무엇을 하고 있는가?" "멋진 식물을 심고 있지!" "이런 식물은 본 일이 없는데……"

인간은 악마에게 말했다. "여기는 아주 달콤하고 맛있는 열매가 열려서 그 즙을 마시면 당신은 행복하게 될 것이다." 악마는 그렇다면 자기도 꼭 한몫 끼워 달라고 말하면서 양과 사자와 돼지와 원숭이를 데리고 오더니 이 네 마리를 죽여서 그 피를 비료로 쏟아 부었다 한다. 이것이 포도주가 생긴 유래이다. 술은 처음 마시기 시작할 때 양처럼 순하고 그보다 더 마시면 돼지처럼 더럽게 된다. 너무 지나치게 마시면 원숭이처럼 춤추거나 노래 부르거나 한다. 이것이 악마가 인간에게 준 선물인 것이다.

Tip3 나무열매

어떤 노인이 뜰에서 묘목을 심고 있었다. 그곳을 지나가던 한 나그네가 그것을 보고 노인에게 물었다. "당신은 그 나무에서 열리는 것이 언제쯤이라고 예상합니까?" "아마 70년 정도 지나면 열매가 열릴 것이오." "그러면 당신은 그토록 오래 살게 됩니까?" "아니오! 그렇지 않습니다. 내개 태어났을 때 과수원에는 풍부하게 열매가 맺어 있었습니다. 그것은 내가 태어나기 전에 아버지가 나를 위하여 묘목을 심어 주셨기 때문이었습니다. 그와 마찬가지일 뿐입니다."

Tip4 포도원 여우

어느 날 한 마리 여우가 포도원 옆에 서서, 어떻게든지 그 속에 들어가려고 벼르고 있었다. 그러나 울타리가 있어서 기어 들어갈 수가 없었다. 여우는 사흘 동안 단식하여 몸을 가늘게 만들어서 간신히 울타리 틈을 빠져 침입하는 데 성공했다. 포도원에 들어간 여우는 포도를 실컷 먹은 다음 포도원을 빠져 나가려고 했지만 이제는 배가 불러 울타리의 틈을 빠져나갈 수가 없었다. 그래서 할 수 없이 다시 3일간 단식하여 몸을 가늘게 만들어서야 겨우 빠져나올 수가 있었다. 이때 여우가 탄식하며 말했다.

"결국 뱃속은 들어갈 때와 나갈 때가 같구나!"

인생도 그와 마찬가지다. 발가숭이로 태어나고 죽을 때도 역시 발가숭이로 가지 않으면 안 된다. 사람은 죽어서 가죽과 부귀와 선행의 세 가지를 이 세상에 남긴다. 그러나 선행 이외는 과히 대단한 것이 못 된다.

Tip5 유대인의 지혜로운 가치관은?

가장 현명한 사람은? ─ 많은 사람으로부터 배우려고 하는 사람이다.
가장 부유한 사람은? ─ 자기가 가지고 있는 것에 만족할 줄 아는 사람이다.
가장 강한 사람은? ─ 자기와 싸워 이기는 사람이다.

주제6. 파스칼 팡세

Tip1 생각하는 갈대

- 생각하는 갈대, 내가 나의 존엄성을 구하려는 것은 공간에서가 아니라, 내 사고의 규제에서이다. 내가 아무리 많은 영토를 소유하더라도 그 이상의 것을 손에 넣었다고 할 수는 없다. 우주는 공간으로써 나를 포용하고, 하나의 점인 양 나를 삼켜버린다. 그러나 나는 사고로써 우주를 포용할 수 있다.

Tip2 인간의 존엄성

- 인간은 하나의 연약한 갈대에 지나지 않는다. 모든 자연 중 가장 약한 존재이다. 그러나 그것은 생각하는 갈대이다. 그를 무찌르기 위해 전 우주가 무장할 필요는 없다. 한 줄기의 증기, 한 방울의 물만으로도 그를 죽이기에 충분하다. 그러나 우주가 그를 무찌른다 해도 인간은 자기를 죽이는 자보다 더 고귀하다. 왜냐하면 인간은 자

기가 반드시 죽어야만 한다는 사실과 우주가 자기보다 강하다는 사실을 알지만, 우주는 그것을 전혀 모르고 있기 때문이다.

그러므로 인간의 존엄성은 그의 사고에 있는 것이다. 우리는 사고에 의해서 스스로를 높여야 한다. 우리가 모두 채울 수 없는 공간이나 시간에 의해서가 아니다. 그러므로 인간은 잘 사고하기에 힘써야 한다. 이것이 바로 도덕의 근본이다.

Tip3 두 종류의 사람

파스칼 팡세 중 제2부 신과 인간 중의 한 대목입니다. 세상에는 두 종류 사람밖에 없다.

— 하나는 자신을 죄인이라고 생각하는 의인(義人)이며,

— 다른 하나는 자신을 의인이라고 생각하는 죄인(罪人)이다.

어쩌면 이렇게도 간결하게, 그리고 똑떨어지게 표현할 수 있었을까?

당신은 파스칼이 말한 두 종류의 사람 중 어느 쪽에 속합니까?

속사람에게 조용히 물어보는 묵상의 시간을 갖는 일에도 유익이 있습니다.

주제7. 명 시

Tip1 꽃(김춘수 시인)

내가 그의 이름을 불러 주기 전에는
그대는 다만 하나의 몸짓에 지나지 않았다.
내가 그의 이름을 불러 주었을 때
그는 나에게로 와서 꽃이 되었다.
내가 그의 이름을 불러 준 것처럼
나의 이 빛깔과 향기에 알맞는
누가 나의 이름을 불러다오
그에게로 가서 나도 꽃이 되고 싶다.
우리들은 모두 무엇이 되고 싶다
너는 나에게 나는 너에게
잊혀지지 않는 하나의 눈짓이 되고 싶다.

Tip2 초원의 빛(윌리엄 워즈워즈 영 계관 시인)

여기 적힌 먹빛이 희미해짐을 따라 그대 사랑하는 마음 희미해진다면 여기 적힌 먹빛이 마름해 버리는 날 나 그대를 잊을 수 있을 것입니다.

그렇게도 찬란한 빛이었건만

이제는 영원히 사라져 버린

초원의 빛이여! 꽃의 영광이여!

그것이 돌아오지 않음은 서러워 말아라. 그 속에 간직된 오묘한 힘을 찾을지라.

초원의 빛이여! 그 빛이 빛날 때 그때 영광 찬란한 빛을 얻으소서.

Tip3 인생찬가

(롱펠로우(Longfellow1807~1882) 교수-하버드대 현대시)

1938년 작품으로 <Voices of the Night 1939>에 발표되었다. 이 <인생찬가>는 젊은 사람들을 위해 쓴 작품으로 널리 애창되고 있다. 롱펠로우는 낙천적 경향을 지니고 있는바 이상주의적인 경향을 보여주고 있다. 감상적인 면을 주저함 없이 표현한 시도 많이 있고 더구나 사상도 명확하지 못하나 대중에게 사랑을 받았다.

슬픈 사연으로 내게 말하지 말아라. 인생은 헛된 꿈에 불과하다고!
잠자는 영혼은 죽은 것이어니 만물의 외양의 모습 그대로가 아니다.
인생은 진실이다! 인생은 진지하다. 무덤이 그 종말이 될 수는 없다.

186

"너는 흙이니 흙으로 돌아가라." 이 말은 영혼에 대해 한 말은 아니다.
우리가 가야 할 곳, 또한 가는 길은 향락도 아니요 슬픔도 아니다.
저마다 내일이 오늘보다 낫도록 행동하는 그것이 목적이요 길이다.
예술은 길고 세월은 빨리 간다. 우리의 심장은 튼튼하고 용감하나
싸맨 북소리처럼 둔탁하게 무덤향한 장송곡을 치고 있느니,
이 세상 넓고 넓은 싸움터에서 인생의 노영 안에서
발 없이 쫓기는 짐승처럼 되지 말고 싸움에 이기는 영웅이 되라.
아무리 즐거워도 미래를 믿지 말자 죽은 과거는 죽은 채 매장하라!
활동하라, 살아 있는 현재에 활동하라! 안에는 마음이, 위에는 하나님
이 있다.
위인들의 생애는 우리를 깨우치느니, 우리도 장엄한 삶을 이룰 수 있고,
우리가 떠나간 시간의 모래 위에 발자취를 남길 수가 있느니라.

그 발자취는 뒷날에 다른 사람이, 장엄한 인생의 바다를 건너가다가
파선되어 버려진 형제가 보고 다시금 용기를 얻게 될지니,
우리 모두 일어나 일하지 않으려나,어떤 운명인들 이겨낼 용기를 지니고,
끊임없이 성취하고 계속 추구하면서 일하며 기다림을 배우지 않으려나.

주제8. 철학

철학 NO 7 극복해야 할 여섯 가지 결점

로마의 철학자이자 정치가였던 키케로는 인간이 극복해야 할 여섯 가지 결점에 대해 다음과 같이 지적했다.

1. 자기의 이익을 위해서라면 남을 희생시켜도 된다는 식으로 생각하는 것.
2. 변화나 수정이 불가능하다고 고집하고 걱정만 하는 것.
3. 어떤 일에 대해 도저히 성취할 수 없다고 생각하고 움직이지 않는 것.
4. 사소한 애착이나 기호를 끊지 못하는 것.
5. 수양이나 개발을 게을리 하고 독서와 연구 습관을 갖지 않는 것
6. 자기의 사고방식이나 행동 양식을 남들에게 강요하는 것

고통 속에 아파하다 죽어가는 사람을 보면 대부분 커다란 병 하나 때문입니다.

작은 암세포 하나 때문에, 보잘것없는 바이러스 하나 때문에 쓰러집니다.

보잘것없어 보이는 작은 결점 하나 때문에 삶이 무너질지도 모릅

니다.

그러나 불행하게도 자신의 결점을 자신은 모르고 남이 알 때가 더 많습니다.

나의 결정적인 결점이 무엇인지 아는 사람은 이미 결점을 극복하기 시작한 사람입니다.

철학 NO 6 좌절을 경험한 사람

좌절을 경험한 사람은 자신만의 역사를 갖게 된다

그리고 인생을 통찰할 수 있는 지혜를 얻는 길로 들어선다

강을 거슬러 헤엄치는 사람만이 물결의 세기를 알 수 있다

　　　　　　　　　　　　　－쇼펜하우어의 <희망에 대하여> 중에서－

좌절을 경험한 사람은 실패한 사람이 아닙니다.

좌절을 경험하고 있는 사람도 실패하고 있는 사람이 아닙니다.

좌절 속에 그대로 머물러 있으려 하지만 않다면

좌절은 나를 강하게 만들고 지혜롭게 만들고 겸손하게 만듭니다.

Tip1 플라톤의 3가지 감사조건

그리스 철학자 플라톤 (Platon: BC428~348)은 평생 3가지 것에 감사한다는 글을 남겼다. 아래 내용들은 어찌 보면 아주 평범하고 소박한 것 같기도 하고 또 한편으로는 강한 자존감을 나타내는 내용인 듯도 하다.

첫째는 동물로 태어나지 않고 사람으로 태어난 것에 감사한다.

둘째는 이방인으로 태어나지 않고 희랍인으로 태어난 것에 감사한다.

셋째는 타 학문이 아니라 철학자로 태어난 것에 감사한다.

Tip2 어느 묘비명 앞에서

당신이 지금 웃으며 그곳에 서 있듯이 나도 한때는 웃으며 그곳에 서 있었소

내가 지금 누워 이곳에 잠들어 있듯이 당신도 언젠가는 이런 곳에 잠들 것이오

어서 돌아가서 나를 따를 준비나 하시오.

Tip3 플라톤의 부족의 행복

행복하기 위한 조건으로 플라톤은 다섯 가지를 꼽았습니다.

첫째, 먹고 입고 살기에 조금은 부족한 듯한 재산.

둘째, 모든 사람이 칭찬하기엔 약간 부족한 외모.

셋째, 자신이 생각하는 것보다 절반밖에는 인정받지 못하는 명예.

넷째, 남과 겨루었을 때 한 사람에게는 이기고 두 사람에게는 질 정도의 체력.

다섯째, 연설을 했을 때 듣는 사람의 절반 정도만 박수를 보내는 말솜씨.

플라톤이 제시한 행복의 조건 다섯 가지의 공통점은 바로 "부족함"입니다.

Tip4 도(道)덕경

높은 사람이 도(道)를 들으면 성실하게 도를 알아보려고 하고

중간 사람이 도를 들으면 아는 듯 마는 듯하고
낮은 사람이 도를 들으면 큰 소리로 웃을 것이다.
만일 이들이 웃지 않는다면 이것은 도가 될 수 없으리라.

Tip5 변화될 수 있는 인간 본성(버트런드 러셀)

인간의 본성은 무한히 순응적이지만 인간은 그들이 어떻게 취급받았는가에 따라 완전히 다르게 변할 수 있다. 따라서 나는 인간의 본성은 변화시킬 수 없다는 당신의 생각은 어리석은 것이라고 생각한다.

주제9. 여성

Tip1 여성의 향기-피천득 <인연> 중에서-

아무리 아름다운 여성도 청춘의 정기를 잃으면 시들어 버리는 것이다.

솔직하게 말하여 나는 사십이 넘은 여인의 아름다운 얼굴을 드물게 본다.

'원숙하다' 또는 '곱게 늙어간다'라는 말은 안타까운 체념이다. 슬픈 억지다.

여성의 미를 한결같이 유지하는 약방문은 없는가 보다.

다만 착하게 살아온 과거, 진실한 마음씨, 소박한 생활 그리고 아직도 가지고 있는 희망,

그런 것들이 미의 퇴화를 상당히 막아낼 수는 있을 것이다.

Tip2 여성을 칭찬할 때 쓰는 말 10가지

1. 마음씨가 참 곱군요.
2. 분위기가 참 우아하고 멋있습니다.
3. 미소가 참 밝습니다.
4. 미모가 뛰어나시네요.
5. 머리 모양이 세련되었네요.
6. 맡겨진 일을 잘하시는 모습이 보기에 좋습니다.
7. 책임감이 있으시네요.
8. 목소리가 아름답습니다.
9. 재치가 넘치네요.
10. 유머 감각이 풍부하시네요.

Tip3 아내의 지혜

한 젊은이가 조그마한 회사에 다니고 있었다. 쥐꼬리만 한 봉급을 받는 자신의 신세를 비관하며 늘 아내에게 미안한 생각을 가졌다. 그러던 어느 날 사장에게 봉급에 대해 항의하기로 마음먹고 아내에게 그 사실을 알린 후 출근했다. 그러니 회사일이 너무 바빠 말도 못하고 맥없이 돌아왔다. 집에 돌아온 젊은이는 탁자 위에서 두 장의 카드를 발견했다. 한 장의 카드는 '여보, 봉급 인상을 축하해요'라고 적혀 있었고, 다른 카드에는 '봉급 인상은 안 됐지만 최선을 다하는 당신이 자랑스러워요. 난 당신의 능력을 믿어요.'라고 적혀 있었다. 오래지 않는 시간이 흐른 뒤, 젊은 남편은 아내의 격려와 칭찬으로 그 회사의 사장이 되었다.

Tip4 노동인구인 여성(미국)

- 오늘날 16세 이상의 여성 6,500만 명가량이 일하고 있으며, 이는 60%의 노동 참여율이다.
- 노동인구 39%가 어머니다.
- 일하는 어머니 중 72.2%가 18세 이하의 어린이를 키우고 있으며, 약 64.8%가 6세 이하의 어린이를 키우고 있다.
- 결혼한 커플 중 60%가 맞벌이를 한다.
- 미국 노동력의 45%를 맞벌이 가정이 구성한다.
- 맞벌이 부부인 남성의 56%가, 여성의 65%가 배우자가 일하는 것이 직장생활에 긍정적인 효과를 미친다고 말했다.
- 맞벌이 부부인 남성과 여성의 67%가 두 사람이 벌기 때문에 직장이 만족스럽지 않을 때 자유롭게 퇴직할 수 있다고 말했다.
- 맞벌이 부부인 남성이 69%와 여성의 67%가 재정적인 필요가 없어도 직장생활을 계속하겠다고 말했다.

주제10. 리더십

Tip1 진정한 리더십

진정한 리더십이란 무엇일까? 리더는 단지 효율적으로 일 처리하는 사람이 아니다. 리더는 '올바른 일'을 하는 사람이다. 리더는 목표달성을 위해 수단과 방법을 가리지 않는 사람이 아니라, 올바른 가치관에 따라 움직이는 사람이다. 리더는 자기의 장단점을 정확히 알고 자기의 약점을 극복하기 위해 노력하는 사람이다.

－게리 맥킨토시, 새무얼 리마의 ≪리더십의 그림자≫중에서－

Tip2 존경받는 지혜로운 리더십

1. 처음 만나는 사람의 이름을 잘 기억하라.
2. 함께 있는 사람이 긴장감을 갖지 않도록 노력하라.
3. 화를 내지 말고 어떤 일에도 관용을 베풀고 여유로운 마음을 갖도록 노력하라.

4. 이기적이 되어서는 안 된다.

5. 조잡하고 옹졸한 성격은 뜯어 고쳐라.

6. 사소한 일이라도 남에게 관심을 갖는 습관을 가져라.

7. 마음속에 자리잡고 있는 고민을 남에게 나타내지 말라.

8. 모든 사람을 진심으로 사랑하라.

9. 친구의 성공에 대하여 축하하는 데 인색하지 말라.

10. 모든 사람에게 강한 인간이 되고 도움을 줄 수 있도록 힘써라.

Tip3 리더의 인격(George Patton)

전쟁은 무기를 가지고 싸우지만 전쟁을 이기는 것은 무기가 아니라 사람이다. 리더를 따르는 부하들과 부하들을 이끄는 리더의 정신이 전쟁에서 승리를 거두는 것이다.

Tip4 인격을 갖춘 리더(Col. Larry Donnithorne)

리더십은 선하지도 악하지도 않다. 그것을 어떻게 발휘하느냐에 따라 선과 악이 구분된다. 그래서 인격을 갖춘 리더는 공익(共益)을 위해 자신의 능력을 최대한 발휘한다.

Tip5 도덕성 리더십(James Lincin)

만약에 근로자들이 비효율적이라고 비난하는 리더가 있다면, 그의 위치를 근로자와 바꾸어 보라. 그들도 아마 똑같이 행동할 것이다.

근로자들은 별종이 아니다. 그도 리더가 요구하고 바라는 것과 같은 것을 요구하고 바란다. 어느 누구도 자신을 처벌하는 프로그램에는 관여하고 싶어 하지 않는다. 어느 리더가 그러한 것을 원할 것인가?

주제11. CEO

NO 10 페덱스의 1 : 10:100 법칙 [C학점의 천재가 만든 경영신화 中]
서비스 부문에서 말콤 브리지 상을 수상한 페덱스는 1 : 10:100의 법칙이라는 것이 있다. 불량이 생길 경우 즉각적으로 고치는 데에는 1의 원가가 들지만, 책임소재나 문책 등의 이유로 이를 숨기고 그대로 기업의 문을 나서면 10의 원가가 들며, 이것이 고객의 손에 들어가 클레임으로 되면, 100의 원가가 든다는 법칙이다.

NO 9 인재를 어떻게 구할 것인가
Q. 세종의 질문-인재를 어떻게 구할 것인가 『책문』 중에서
"임금님께서 다음과 같이 말씀하셨다. 인재는 세상 모든 나라의 가장 중요한 보배이다. 인재의 근원은 마음의 기질에서 나오고, 마음의 기질은 정치적 교화로 양성된다. 이처럼 마음의 기질과 정치적 교화는 상호 변화함으로써, 현명한 사람과 어리석은 사람이 나뉜다. 지금은 임금과 신하가 함께 경계하면서, 날마다 조심하고 근심하며 부지런히 노력할 때이다. 인재를 등용하고, 인재를 양성하며, 인재를

분멸하는 방법은 무엇인가?"

A. 강희맹의 답변 – 장점을 취하고 단점을 보완해 쓰소서

"세상에 완전한 재능을 갖춘 사람은 없지만, 적합한 자리에 기용한다면 누구라도 재능을 발휘할 수 있습니다. 모든 일을 다 해낼 수 있는 사람은 없으니, 일을 잘 처리하는 사람이 유능한 사람입니다. 단점을 버리고 장점을 취하면, 탐욕스런 사람이나 청렴한 사람이나 모두 부릴 수 있습니다. 하지만 결점만 지적하고 허물만 적발한다면, 현명하고 유능한 사람이라도 벗어날 수 없습니다. 그러니 어떤 사람은 쓸 수 있고, 어떤 사람은 쓸 수 없다고 할 수 있겠습니까? 재능있는 사람만 찾아서는 안 됩니다. 장점을 취하면 누구라도 쓸 수가 있습니다. 아주 어리석은 사람을 완전히 뜯어고칠 수는 없습니다. 하지만 단점만 보완하면 누구라도 쓸 수가 있습니다."

NO 8 타고난 보스(데일 도튼)

진정한 만남은 모든 제도, 모든 형식, 모든 환경을 초월해서 위대한 작업을 성취한다. 좀 거창하게 말하자면, 유비가 제갈량을 만났듯이, 예수가 바울을 만났듯이, 부처가 가섭을 만났듯이 위대한 보스는 위내한 동지를 만나야 한다. '타고난' 보스들은 애인을 고르듯, 아니 평생의 동반자를 고르듯, 항상 깨인 눈으로 주변을 바라보고 있다.

* '타고난 보스'는 따로 없습니다.

눈과 귀가 늘 열려 있는 사람이 타고난 보스입니다.

아랫사람의 말, 표정, 눈빛의 겉뜻과 속뜻을 읽을 줄 알아야 평생

을 함께할 좋은 동반자를 만날 수 있습니다. 윗사람은 아랫사람을, 아랫사람은 윗사람을 잘 만나는 것이 곧 행운이고 행복입니다.

Tip1 철강왕 카네기

미국의 철강왕 카네기는 13세 때 이민을 가서 32세 때 철강왕이 된 입지전적 인물이다. 그는 철강으로 쌓아올린 재력을 뉴욕에 카네기 홀을 지어 기증했으며 카네기재단을 사회에 환원했다. 그의 묘지에는 이런 글이 쓰여 있다. "여기 자신보다 영리한 사람들을 곁에 둘 줄 알았던 한 인간이 잠들어 있다."라고 말이다. 100년이 지난 지금 묘지에 새긴 그 구절을 우리가 기업체 CEO들이 마음에 새겨야 할 때가 아닐까?

Tip2 단원들의 선물

연습 때 단원들이 잘못하면 성질을 참지 못하고 아무거나 집어 던지는 못된 성격을 가진 오케스트라 지휘자가 있었다. 어느 연습시간, 그 지휘자의 귀에 거슬리는 소리가 들렸다. 순간적으로 그 지휘자는 옆에 풀어 놓은 자기의 시계를 바닥에 던져 버렸다. 아차! 했지만, 그 시계는 수리할 수도 없을 정도로 산산 조각이 났다. 며칠 후, 그 지휘자는 오케스트라 단원들에게 선물을 받았다. 상자 속에는 두 개의 시계가 있었다. 하나는 금시계였고 다른 하나는 아주 싸구려 시계였다. 그리고 이런 메모가 적혀 있었다. '선생님은 정말 훌륭한 지휘자이십니다. 우리 모두는 우리 오케스트라가 세계 최고가 되리라고 확신합니다. 금시계를 존경의 마음으로 드립니다. 다른 시계는 연습할 때만 사용하세요' 단원들의 인상적인 선물 이후 더욱 멋진 화음을 낸 것은 물론이다.

Tip3 CEO의 정당한 권위

가족으로부터 자연스럽게 인정받는 ―― 아버지의 권위
사원들로부터 자연스럽게 인정받는 ―― 경영자의 권위
학생들로부터 자연스럽게 인정받는 ―― 교육자의 권위
교인들로부터 자연스럽게 인정받는 ―― 목회자의 권위
국민들로부터 자연스럽게 인정받는 ―― 대통령의 권위

Tip4 상도경영이 주는 교훈-최인호

지금 한국기업은 기업경영에 높은 수준의 윤리적 기준과 책임을 도입해야 하는 전환기에 처해 있다. 새로운 발상과 패러다임이 요구되는 시점이다. 윤리경영으로 전환하는 과정에서 가장 먼저 부딪치는 문제는 '윤리란 무엇이며, 그것이 기업 활동에 왜 필요한가?'를 이해하는 일이다. 그것이 21세기 기업의 생존을 좌우하는 윤리경영의 출발점이기 때문이다. "장사는 돈을 남기는 것이 아니라 사람을 남긴다는 나의 소신이 틀리지 않았어. 조선 천지에 나보다 더 큰 부자는 없을 거야." 만상도방 홍득주가 임상옥에게 도방 자리를 물려주면서 한 이 말은 오늘의 기업들도 경영 신조로 삼을 만한 명언이다. 드라마 상도는 곳곳에서 기업의 윤리 원칙을 알리는 대목을 발견할 수 있었다.

Tip5 CEO 인재중시 7대 성공전략

미국에서 가장 존경받는 기업 1위는 제너럴 일렉트릭(GE)이다. 2위는 사우스웨스트항공. 이는 최근 포천지가 선정한 순위. 그런데 GE가 1위로 뽑힌 것은 쉽게 납득이 가지만 사우스항공이 2위에 올랐다는 것은 얼른 이해가 가지 않는다. 그다지 크지 않은 항공사가 마이크로소프 월마트 인텔 등을 제치고 2위에 올랐다는 것은 정말 의외다. 더욱이 9·11테러 등 여파로 초대형 항공사인 유나이티드 항공이 파산보호 신청을 하는 등 항공업계가 몸살을 앓고 있는데도 이 회사는 오히려 존경받는 기업 2위를 차지한 것이다. 거기에다. 지난 30년간 줄기차게 흑자를 기록해왔다. 그렇다면 이 회사의 경영 비밀은 무엇일까? 내용을 자세히 캐보면 이 회사의 경영방식은 참으로 혁신적이다. 아래 CEO 인재중시 7대 성공전략에서 그 의미를 찾아보도록 하자.

1. 일하고 싶은 회사를 만든다.
2. 즐거운 마음으로 고객을 감동시킨다.
3. 어려워도 인력 감축을 하지 않는다.
4. 펀(Fun) 경영을 한다.
5. 똑똑해도 사풍에 적응하지 못하면 탈락시킨다.
6. 사내 결혼을 장려한다.
7. 창의적으로 기술을 혁신한다.

Tip6 CEO지도력

해양 경계 임무를 수행하고 있던 한 젊은이가 위험한 임무에 참가하게 되었다. 배 한 척이 거대한 폭풍우로 인해 조난당했다는 신호를 보내온 것이다. 조난당한 배를 구조하기 위해서 큰 배를 움직이기 시작했을 때 그 젊은이는 미친 듯 몰아붙이는 폭풍우에 놀라 선장에게 말했다. '우리는 다시 돌아오지 못할지도 모릅니다.' 이 말을 들은 선장이 대답했다. '지금 우리에게 중요한 것은 돌아오는 것이 아니라 나아가는 것이다.'

주제12. 세계명언

1월 사랑이 그대 곁에 머물 때

- 사랑이란 두 개의 고독한 영혼이 서로 지키고, 접촉하고, 기쁨을 나누는 데 있다.-릴케
- 인간의 사랑은 인간의 위대한 영혼을 더욱 위대한 것으로 만든다.-쉴러
- 가장 완성된 사람은 모든 사람을 사랑하는 사람이다. 그 사람들이 좋건 나쁘건 가리는 일 없이 모든 사람에게 착한 일을 하는 사람이다.-마호메트

2월 고통 속에 행복 있다

- 행복한 생활이란 대체로 고요한 생활이어야 한다. 왜냐하면 고요하다는 그 분위기 속에서만이 참다운 환희가 살아날 수 있기 때문이다.-러셀
- 불안한 마음으로 풍부하게 사느니보다도 나는 두려움과 걱정 없이 부족한 생활을 하는 것이 오히려 행복하다.-에픽테토스

- 고뇌를 거치지 않고는 행복을 파악할 수가 없습니다. 황금이 불만 정제되는 것처럼 이상도 고뇌를 거침으로써 순화되는 겁니다. 천상의 왕국은 노력에 의해 얻어지는 것입니다. - 도스토예프스키

3월 한밤에도 빛은 존재한다.
- 아무리 적은 것도 이를 만들지 않으면 깨닫지 못한다. 노력과 배움, 이것이 없이는 인생을 밝힐 수 없다. - 맹자
- 진리도 때로는 우리를 다치게 할 때가 있다. 그러나 그것은 멀지 않아 치료를 받을 수 있는 가벼운 상처다. - 앙드레 지드
- 진리는 인간이 보존하는 최고의 것이다. - 초오서

4월 또 다른 인생을 꿈꾸는 시간에
- 인생은 고독, 그것이다. 왜냐하면 인생은 남을 잘 모르기 때문이다. - 헤세
- 앞으로 다가올지 모르는 불행을 미리 근심하는 것보다 눈앞의 불행을 이겨내려는 마음을 갖는 것이 더 현명한 것이다. - 라 로슈코프
- 인생은 한 권의 책과 같다. 바보들은 아무렇게니 책장을 넘기지만 현명한 사람은 공들여 읽는다. 왜냐하면 그들은 단 한 번밖에 그것을 읽지 못함을 알고 있기 때문이다. - 장 파울

5월 삶의 등불을 밝히고
- 진리는 거대한 횃불이다. 그런 까닭에 모두들 눈을 가늘게 뜨

고 그 곁을 지나치려 한다. 화상이라도 입을까 조심하면서.-
괴테
- 가장 깊은 진리는 가장 깊은 사랑에 의해서만 열린다.-하이네
- 시간은 금이다. 그러나 한 푼의 가치도 없는 일 년이 있는가
하면, 수만금을 쌓아도 마음대로 할 수 없는 반 시간이 있다.
시간에도 여러 가지 시간이 있는 법이다.-톨스토이

6월 사랑한다는 것만으로
- 사랑은 자기희생 없이 생각할 수 없는 것이다.-도스토예프스키
- 사랑은 신뢰의 행위다. 신이 존재하느냐 않느냐는 아무래도 좋
다. 믿으니까 믿는 것이다. 사랑하니까 사랑하는 것이다. 대단
한 이유는 없다.-로망 롤랑
- 사랑은 어떤 점에선 짐승을 인간으로 만들고, 또 다른 점에선
인간을 짐승으로 만든다.-셰익스피어

7월 하늘을 보라
- 생활이란 생각하는 것이 그 본질이다. 인간의 존엄성은 오로지
사고에 있다. 인간의 내부에 모순되는 두 요소, 즉 천사의 일
면과 짐승의 일면 어느 쪽이 나를 지배하는가는 나의 사고에
달려 있다-파스칼.
- 인생은 활동하는 가운데 존재하며, 무기력한 휴식은 죽음을 뜻
한다.-볼테르
- 나는 존재한다. 그러나 나는 그 존재 이유를 발견하고 싶다.
왜 내가 살고 있는가를 알고 싶은 것이다.-앙드레 지드

8월 내가 가야 할 먼 길
- 시간은 모든 것을 데리고 가버린다. 뿐만 아니라 시간은 사람의 마음마저 가져가 버린다.-베르길리우스
- 오늘 할 수 있는 일은 내일로 미루지 말라. 자기가 할 수 있는 일은 남에게 미루지 말라. 싸다고 해서 필요치 않는 물건을 사지 마라. 지나치지 않고 알맞게 행동하면 후회하는 일이 없다. -제퍼어슨
- 당신이 생명을 사랑한다면 시간을 낭비하지 말라. 시간이야말로 생명을 만드는 재료다.-벤자민 프랭클린

9월 아! 삶이여
- 인생의 커다란 비결은 결코 낡지 않은 인간으로서 끝까지 사는 것이다.-시바이쩌
- 인생은 교향악입니다. 인생의 각각 순간들이 합창으로 노래하고 있습니다.-로망 롤랑
- 나는 이 세상을 이 세상으로 생각할 뿐이다. 여기서 각자가 한 가지 역할을 해내며, 나는 슬픈 역을 연출하는 무대다.-셰익스피어

10월 내 가난한 소망을 향하여
- 생명이 있는 한 희망이 있다. 희망은 만사가 용이하다고 가르치고, 실망은 만사가 곤란하다고 가르친다.-J. 워어트
- 마음이 맑고 깨끗한 사람은 온 세계가 맑고 깨끗하게 보이고, 마음이 잡된 사람은 온 세계가 또한 잡되고 더럽게 보인다.-

에머슨

- 힘은 희망을 가진 사람들에게 주어지고, 용기는 가슴속의 의지에서 일어나는 것이다. - 펄벅

11월 사랑아 너를 알고 싶다

- 애정에는 한 가지 법칙밖에 없다. 그것은 사랑하는 사람을 행복하게 만드는 것이다. - 스탕달
- 상대가 눈앞에 없으면 보통사랑은 멀어지고, 큰 사랑은 가중된다. 바람이 불면 촛불은 꺼지고 화재는 더 불길이 센 것처럼. - 라 로슈코프
- 참다운 사랑은 결코 맹목이 아니다. 오히려 보통 사람들의 눈에는 보이지 않는 심안에 새로운 빛이 더 하는 것이다. - P. 케어리

12월 내가 삶의 진실을 가르쳐 준

- 모든 덕 가운데서 가장 강하고 고결하고 자랑스러운 것은 진정한 용기다. - 몽테뉴
- 사람은 누군가 그가 하는 말에 의해서 자기 자신을 비판한다. 원하든 원하지 않던 간에 말 한 마디 여하가 남 앞에 자기의 초상을 그려 놓는 셈이다. - 에머슨
- 불은 금을 시험하고, 역경은 강한 사람을 시험한다. - 세네카

Chapter 5

멘토링 Trio
성공전략

구슬이 서 말이라도 꿰어야 보배라는 말이 있다. 오늘날 인재개발의 화두가 멘토링이라고 하지만 성공까지 이르기에는 더 많은 노력이 필요할 것 같다.

조직 내 관리자그룹, 멘토그룹, 경영자그룹 등 3그룹이 트리오(Trio)가 되어 3가지 악기로 아름다운 화음을 이뤄 내듯이 멘토링에 관한 공동 관심을 갖고 각기 맡은 역할을 제대로 실행한다면 성공의 지름길이 될 것이다.

멘토링 트리오(Trio) 그룹별로 명확히 먼저 구성인원을 배정하고 그룹별로 멘토/멘제의 현장 활동 지원 역할을 분명이 제시하여 공동 관심사와 책임 있게 추진할수록 했다.

아울러 성공전략을 구체화하여 각 그룹별로 먼저 자기 그룹에서 실행하여야 할 프로그램을 제시하였고 그리고 그룹별로 어떤 교육과정을 수강해야 할지와 추천도서를 소개하였다.

그룹1 – 멘토그룹 성공전략 개요
1) 구성인원 – 멘토, 멘제, 모니터
2) 현장역할 – 멘토링 현장 활동 및 관찰
3) 프로그램 실행 – 멘토링 6 Step 활동전략
4) 교육과정 안내 – 멘토링 현장교육(Workshop) 수강안내
5) 추천도서
－ Mentoring Skill(총서2권)
－ Mentoring Handbook 130p

그룹2 – 관리자그룹 성공전략 개요

1) 구성인원 – 멘토링 전문관리자, 추진팀, 위원장. 기타 멘토링 관심 있는 임직원
2) 현장역할 – 멘토링 프로그램 관리 및 시스템운영
3) 프로그램 관리 – 멘토링 시스템 운영전략
4) 교육과정 안내 – 멘토링 전문교육 수강안내
5) 추전도서
 － Mentoring Tool, Manual(총서5권, 9권)
 － Mentoring 운영 매뉴얼 130p

그룹3 – 경영자그룹 성공전략 개요

1) 구성인원 – 간부급, 임원, CEO
2) 현장역할 – 물심양면 지원으로 동기부여
3) 프로그램 제공 – 멘토링 동기부여 경영전략
4) 교육과정 안내 – 멘토링 리더교육 수강안내
5) 추전도서
 － Mentoring 경영리더십(130p)

1. 멘토링 6Step 활동전략

멘토와 멘제가 도입과정(Setting Process)에 들어서서 실제적인 활동에서는 준비, 협정, 실행, 피드백 제공, 장애물 제거, 마무리 등의 6단계(6Step)를 거치게 된다.

멘토와 멘제는 이러한 단계들을 거치면서 각자 맡은 역할을 수행하게 된다. 이 가운데 만약 어느 한 단계라도 소홀히 취급되거나 생략된다면, 그 멘토링은 멘토와 멘제 모두에게 지극히 만족스러운 것이 되기 어려울 것이다. 이제부터 앞에서 언급한 멘토링의 6단계에 대해 좀 더 구체적으로 살펴보기로 하겠다.

Step 1 준비단계:

멘토가 할 일－개인목표로 인격개발을 목표로 삼고 멘제를 최종적으로 멘토로 재생산(Reproducting)하는 것이다.
관리자가 할 일－조직목표로 성과개발을 목표로 삼고 12목표 중에

서 실정에 맞게 설정하고 도입에 필요한 **5**가지 선행조건을 작성한다.

멘토는 자신의 의무를 실행하는 데 있어서 현실적이어야 한다. 멘토링은 누구의 이력서가 이익을 줄 것인지를 평가하는 것이 아니라, 누가 멘제의 욕구에 적합한 투자를 할 수 있는지를 평가할 기회가 되어야 한다. 멘토는 자신이 멘토가 될 능력이 있는지를 점검해야 하며, 동시에 활동과 자기 발전의 기회를 모색해야 한다. 멘토와 멘제 모두 앞으로 멘토링의 결과를 어떻게 실천에 옮길 수 있는지 점검해야 한다.

준비 단계에서 멘토는 멘제가 스스로의 장점과 연구하고 싶은 분야를 확인할 수 있도록, 스스로를 평가해 볼 것을 부탁할 수 있다. 또한 멘제의 장단기 목표를 조사해 두어야 한다. 이는 '협정 단계'를 현실적으로 만드는 데 큰 도움이 될 것이다.

'준비 단계'에서 멘토는 또한 자신이 기대하는 바를 스스로 명확히 긍정할 수 있어야 한다. 멘토 스스로가 멘토링 관계에 대한 개인적 목표가 없다면, '마무리 단계'에 이르기까지 필요한 관심과 에너지를 유지하기가 어려울 것이다. 멘토링은 상호적이어야 하며, 비록 멘제의 활동욕구에 중점을 두고 있긴 하지만 두 파트너 모두 이익을 얻어야 한다. 두 파트너 모두 '준비 단계' 중에 각자가 기대하는 바에 대해 솔직하게 토론할 준비를 해야 한다. 그렇지 않으면 멘토링 관계의 나중 어느 시점에서 실망과 비난을 감수해야 할지도 모른다.

모든 멘토는 멘토링을 시작하기 전에 자신의 열정과 의지, 열망이 현실적 평가와 균형을 이루는지를 확인해야 한다. 멘토는 적합성이 있는지 확인하기 위해 장차 멘제가 될 사람의 배경(Needs 및 가치관 등)과 그 외의 관련정보를 고려해야 하며, 멘토링에는 멘제의 목표와 욕구에 따른 시간투자가 필요하다는 것을 확실히 인식해야 한다.

Step 2 협정단계:

멘토가 할 일-선서문, 서약서, 상호간 약정서 작성과 미팅프러스 전략과 미팅시간 시나리오 숙지한다.

이 단계에서 멘토와 멘제는 관계의 유지에 필요한 계약 조건을 수립한다. 두 파트너는 목표를 세우고, 멘토링 관계의 내용과 형식에 동의를 할 수 있어야 한다. 이 단계에서 멘토와 멘제는 자신의 생각, 기대, 목표, 욕구에 대한 상호 이해를 목표로 해야 한다. 또한 기밀유지, 한계와 같은 문제도 다루어야 한다. 만약 이러한 문제를 불편해하거나 무시해서 다루지 않는다면, 멘토링 관계에서 절대로 목표를 달성할 수 없으며, 결국은 두 파트너 모두 실망하게 될 것이다.

협정 단계에서 멘토와 멘제는 대부분 상호 인재개발에 초점을 두게 된다. 멘토는 단기 트레이닝과 장기 발전 목표를 세우기 위해 멘제가 자신의 장점과 약점을 확인하도록 도움을 준다. 멘토의 목표는 멘제의 장기적 목표 성취와 관련해 멘제가 객관적으로 자기 분석을 할 수 있도록 보조하는 것이다. 멘토가 이 인재개발 과정 중에 도움을 줄 수 있는 방법은 다음과 같다.

* 인재개발을 위한 멘토의 역할
- 멘제가 스스로의 장점과 약점을 평가하도록 요구한다.

- 멘제의 장단기 목표를 분명하게 한다.
- 멘토링 관계에 대한 멘제의 기대를 공유한다.
- 멘토링 관계에 대한 상호간의 기대를 솔직하게 토론한다.
- 파트너십을 위한 세부 계획을 세운다.

멘토링 파트너들이 '협정 단계'에서 합의한 서면 동의나 계약은 장래의 관계에 도움이 될 수 있다. 그렇다고 계약의 내용이 멘토링 진행과정 내내 절대불변이어야 하는 것은 아니다. 어쨌든 협정의 내용에는 다음과 같은 요소들이 포함되어야 한다.

협정 단계에서 멘토는 멘제가 멘토링 관계의 핵심에 다가갈 수 있도록 도와야 한다. 이 단계에서 멘토는 실행 단계를 특징짓게 될 행동의 본보기를 보이게 된다.

* **멘토링 협정의 주요 항목**
- 멘토링 관계의 장단기 목표
- 멘제의 활동목표
- 양측의 멘토링 관계에 대한 기대
- 양측이 멘토링 관계에서 기여해야 하는 부분
- 정기적인 미팅 스케줄
- 비공식적 접촉을 관리하기 위한 절차
- 첫 번째 계획한 미팅을 위한 주제
- 기밀 사항에 대한 협정
- 경영자나 상급 관리자로서가 아닌 멘토로서의 역할 조항

Step 3 실행단계

멘토가 할 일-개인활동을 주관하여 멘토/멘제 개인 정기미팅 활동-실천카드작성 및 친목활동 한다.
관리자가 할 일-그룹활동을 주관하여 전체 쌍 계간 그룹활동-친목 활동 교육수강 중간평가를 시행한다.

이는 실제적이고 구체적인 멘토링의 본론 단계로, 참가자는 대부분의 시간을 이 단계에서 소비하게 된다. 이 단계는 앞서 수립한 상호간의 이해를 바탕으로 이루어진다. 이 단계에서 참가자들은 멘제의 활동 욕구에 초점을 맞춘다. 멘토는 개방적이고 긍정적인 활동 분위기를 조성하고, 사려 깊고 시기적절하며 솔직하고 건설적인 피드백을 제공함으로써 멘제의 활동을 장려한다. 두 파트너 모두 멘제의 활동목표를 확인하며, 이 목표들이 충족되고 있는지 확인한다.

* 목표설정 브레인 게임(**Brain Gam**)실천카드작성에 유의사항
  (**S M A R T**)
1) 구체성(Specific)
2) 측정 가능성(Measurable)
3) 활동 결과 지향적(Action Oricntcd)
4) 현실성(Realistic)
5) 기한설정(Timely)

이 단계에서는 멘토의 동맹자(Partnership)・촉매제(Facilitator)・전략가(Strategist)로서의 2차적 역할이 더욱 분명하게 드러난다.
동맹자로서 멘토의 역할은 신뢰 쌓기를 의미한다. 신뢰는 멘토링

관계에서 가장 중요한 부분으로 특히 시작 단계에서 필수적이다. 신뢰와 믿음이 없는 상태에서는 멘제가 내면 깊숙한 곳에 잠재된 욕구, 불안, 꿈을 털어놓으려 하지 않을 것이다.

촉매자로서의 멘토는 멘제를 새로운 영역(새로운 사람, 상황, 도전)으로 이끌며, 이때 어떠한 일이 발생하는지를 관찰하게 된다. 새롭고 예기치 않은 상황에 멘제를 던져놓으면, 멘제가 스스로의 능력을 되짚어보고 발전 목표를 향해 나아가는 데 도움이 된다.

월트 휘트먼(Walt Whitman)은 이렇게 말한 적이 있다. "내 안에는 군중이 있다." 멘토는 우리 안에 있는 군중을 교육해야 한다.

코치 또는 전략가로서의 멘토는, 멘제가 성장과 활동을 위한 경험을 선택하고 구성하는 데 도움을 준다. 두 파트너는 장기 발전 목표에 대해 토론하고, 그러한 목표를 이루기 위한 업무나 경험을 고려하며, 발전 상황을 살펴보아야 한다. 멘토는 새로운 발전을 용이하게 하고, 최고를 추구하며, 멘제가 스스로의 한계를 뛰어넘을 수 있도록 도움을 주어야 한다. '재커리'는 '실행 단계'에서 멘제를 지원하기 위한 방법을 다음과 같이 목록으로 만들었다.

* 실행 단계에 있는 멘토의 역할

- 정기적으로 멘제를 만난다.
- 멘토링관계가 발전하려면 시간이 걸린다는 사실을 예상해 본다.
- 꾸준한 참여를 보인다.
- 때때로 멘토링 관계에 참가한 모든 사람들의 기대를 재검토해 본다.
- 목적 지향적인지 확인하기 위해 멘토링 관계를 모니터한다.
- 중간 궤도수정의 가능성을 예상해 둔다.

218

- 주기적으로 활동목표에 따른 관계를 평가한다.
- 활동기회에 대해 개방적 자세를 유지한다.
- 멘토링 관계에 일정한 거리를 둔다.
- 멘토링 파트너에게 정기적인 피드백을 제공한다.

이러한 단계는 멘토링 관계의 핵심이며, 멘제의 활동목표가 달성될 때까지 지속된다. 실행단계의 일환으로 멘토는 멘제의 자기개발을 자극하고 동기를 부여한다. 이는 멘토가 질문을 던지고, 적극적으로 멘제의 애기를 들어주며, 멘제의 생각에 도전하고 격려하며, 멘제를 대신한 생각이나 의사결정을 자제하는 것으로 이루어진다.

멘토의 질문은 멘제가 당면한 실질적 문제에 관심의 초점을 맞출 수 있도록 도움을 준다. 문제점을 확인하고 나면 멘토와 멘제는 문제에 대한 감정을 함께 검토하고, 장애물을 제거할 해결책을 이끌어내도록 한다.

이 단계 중에서 멘토는 멘제의 활동과정에도 동등하게 중점을 두어야 한다. '실행 단계'에서 멘토는 멘제가 활동 기회를 얻고, 조직 안팎의 자원과 접촉할 수 있도록 보조한다. 멘토는 이러한 과정 중에 자신의 영향력이나 연줄에 집중해서는 안 되며, 멘제의 성공이나 발전에 대한 공로를 주장해서도 안 된다.

멘토는 이 단계에서 멘제가 스스로의 문제점이나 활동목표를 실천하도록 격려한다. 멘제가 문제점과 잠재성 있는 선택을 확인하고 나면, 멘토는 멘제가 책임을 지고 문제해결을 위해 행동하도록 격려해야 한다.

멘토링의 이러한 성격과 역할에 대해 안티오크 대학의 국제사회학

담당 교수인 제임스 킨(James Keen)은 이렇게 요약한다.

"우리 모두의 내면에는 자신만의 목소리가 있다. 우리는 모두 진정한 자신만의 목소리를 탄생시킬 능력을 가지고 있으며, 그 목소리는 우리의 직업에서 적용하게 된다. 멘토는 그러한 목소리를 이끌어 내는 데 도움이 될 수 있다. 이는 앵무새처럼 남의 목소리를 흉내 내는 것이 아니며, 사회적 재생산도 아니다."

멘토의 임무는 멘제의 성장과 발전을 지원하고, 문제해결 능력을 향상시키는 것이다. 일반적으로 멘토는 멘제가 던지는 모든 질문에 답변을 해 주거나 조언을 해 주는 것을 자제해야 한다. 멘토가 이러한 것을 자제하면 멘제는 스스로 문제에 적절하게 대처할 능력을 개선시킬 수 있다. 멘토의 임무는 조사·발견·질문을 통해 멘제가 자신의 앞에 놓인 문제를 분명하게 파악하도록 돕는 것이다.

멘제의 활동 여정의 일부분으로써, 멘토는 멘제를 다른 상급 관리자에게 소개해 줄 수 있다. 이는 멘제의 경력 시야를 넓혀주는 동시에 다른 상급 관리자에게는 새로운 인재를 소개할 수 있는 방법이다.

Step 4 피드백 단계

멘토가 할 일 – 멘제의 질문과 상담을 경청한 후 멘토의 학습권으로 답변과 교육 그리고 피드백을 제공하고 상호간 미팅소재 14가지를 토론(Free Talking) 전개한다.

피드백을 하는 것은 멘제의 발전과 실행단계의 성공에 필수적인 요소이며, 멘토의 섬세함을 필요로 하는 역할 중 하나이다. 피드백의

220

적절성 여부는 효과적인 질문하기와 듣기 기술에 달려 있으며, 멘제에게는 멘토가 말한 것, 암시한 것, 활동의 방향, 활동과 실천의 조화를 보여줄 수 있는 기회이다.

피드백은 멘토가 멘제에게 줄 수 있는 가장 귀중한 선물 가운데 하나이다. 피드백은 교정과 확인의 형태를 띨 수 있으며, 항상 솔직해야 한다. 솔직하고 건설적인 피드백은 멘제가 능력과 자신감을 키우고 활동의 질을 높을 수 있도록 격려해 준다. 피드백은 멘토링 파트너들이 활동의 장애물을 극복할 수 있도록 도와주며, 실행단계에 필수적인 요소다.

* **피드백 제공 시 유의사항**
1. 멘제에게 주는 피드백은 솔직하고 긍정적이어야 한다.
2. 피드백을 받는 것 또한 멘토가 개발해야 할 기술이다.
3. 솔직한 피드백은 멘제에게 도움이 되는 것이 분명하지만, 때때로 멘토는 멘제의 저항이나 부정적인 태도를 각오해야 하는 경우도 있다.
4. 피드백의 궁극적인 목적은 멘제의 행동과 활동방향을 조정하는 데 있다.

피드백을 주고받는 것은 핵심적인 멘토링 기술로 볼 수 있다. 멘토링 관계에서는 멘토의 견해가 특별한 영향을 미칠 수 있으므로 피드백이 특히 중요하다. 멘토가 가지는 지위와 전문적 기술 또는 공평한 관찰자로서의 위치 때문이다. 따라서 멘제가 피드백을 받는 정도가 아니라 환영할 수 있는 방법으로 피드백을 제공할 줄 아는 능력이 멘토에겐 필수적이다.

멘제에게 주는 피드백은 솔직하고 긍정적이어야 한다. 멘토는 사실이 아닌 것은 절대 말하지 말아야 한다. 멘토는 멘제의 약점보다는 먼저 장점에 중점을 두고 강조해야 한다. 또한 약점을 다룰 때는 멘제가 이러한 약점에 어떻게 대처할 수 있는지, 자신은 어떤 역할을 할 수 있는지를 연구하는 것이 중요하다. 이것이 바로 약점을 다루기 위한 긍정적인 피드백의 방법이라 할 수 있다.

피드백을 받는 것 또한 멘토가 개발해야 할 기술이다. 멘토의 관점에서 보면 이는 두 가지 면에서 중요하다. 먼저 멘제로부터 긍정적인 피드백을 받는 것은 멘토링 관계를 향상시키며, 두 번째는 그 결과 역할 모델로서의 멘토는 피드백을 받는 대로 멘제를 더 능숙하게 지도할 수 있게 된다.

솔직한 피드백은 멘제에게 도움이 되는 것이 분명하지만, 때때로 멘토는 멘제의 저항이나 부정적인 태도를 각오해야 하는 경우도 있다. 부정적인 태도를 보이는 멘제는 대개 멘토의 피드백에 놀라고, 심하게는 충격을 받는 모습을 보인다. 멘토는 과거의 대화와 현재의 문제점을 연결시켜주는 정보를 제공함으로써 멘제가 피드백에 대한 저항과 부정적인 태도를 가지지 않도록 유도할 수 있다.

피드백에 저항하는 멘제는 스스로의 능력을 의심하거나 상처를 받고, 자신의 문제를 남을 탓하기도 한다. 멘제에게 제안을 하기 전에 배출구를 열어주고, 미팅 사이에 잠시 냉각기를 두는 것이 도움이 될 수 있다.

그러나 피드백이 분명하고 솔직하며 시기적절할 경우, 멘제는 새로운 에너지를 얻을 수 있다. 피드백을 받으면 끝없는 에너지를 얻는 사람도 있다. 멘토는 피드백을 한 다음 멘제가 우선순위 결정에 초점을 맞추어 새로운 행동 코스를 확인하고, 새로운 가능성을 고려해 볼 수 있도록 도움을 준다.

피드백의 궁극적인 목적은 멘제의 행동과 활동 방향을 조정하는 데 있다. 피드백은 멘제가 앞으로 나아가 새로운 도전에 대응할 수 있도록 도움을 줄 수 있다. 이는 스스로의 행동에 대해 재고해 볼 기회를 제공하며, 멘제가 행동 계획을 수립하고 사후 점검과 책임 메커니즘에 익숙해지는 데 도움이 되기도 한다.

* 피드백에 관한 실무기술-공정성과 객관성과 경청의 범위 안에서
1. 구체적으로 한다.
2. 간결하게 한다.
3. 사소한 것도 한다.
4. 결과뿐 아니라 과정에 대해서도 한다.
5. 남이나 제3자에게도 한다.

멘토는 피드백을 할 때 지나치게 비판적인 태도를 자제함으로써 멘제의 자긍심과 자존심을 건드리지 않도록 주의를 기울여야 한다. 일방적인 충고가 아니라 상호 존중의 분위기 속에서 이루어지는 내화가 도움이 될 수 있다. 멘토는 멘제에게 자기평가를 요구하고, 멘제의 자기평가에 반응하기 전에, 주의 깊게 들음으로써 발견과정으로서의 피드백에 접근할 수 있다.

멘토는 피드백을 할 때 명확해야 할 뿐 아니라 활동을 강조하고 행동의 대안 코스에 대해 토론할 준비를 하며, 적절한 도움을 주어야 한다는 것을 항상 기억한다.

Step 5 장애물 제거 단계

멘토의 문제점 – 바쁜 업무, 장기출장, 능력부족, 성격충돌 등의 장애문제를 대응한다.

멘제의 문제점 – 주의산만, 예의결례, 관계소홀, 부당요구 등의 장애문제를 대응한다.

모니터 관여 – 상호간 해결되지 않을 시 모니터가 설문도구나 상담으로 문제를 대응한다.

실행 단계에서 멘토는 수많은 장애물에 부딪힐 수밖에 없다. 모든 파트너십은 어느 순간에는 장애물에 직면하게 된다. 이러한 장애물은 멘제의 경험, 신념체계, 편견 등과 관련된 개인적인 것일 수 있고, 또는 멘제의 업무 상황, 업무 이해도, 커리어 계획과 관련된 조직적인 것일 수도 있다. 이러한 장애에 부딪히더라도 멘토는 멘제의 성장과 발전을 순조롭게 하기 위한 지원과 도전 제안을 아끼지 말아야 한다. 멘토는 멘토링 관계에 나타난 장애물의 등장이나 그 힘을 과소평가해서는 안 되며, 생산적인 관계를 훼손할 수 있는 문제점을 미연에 방지하기 위해 노력해야 한다.

원인1 – 장애물 중 일부는 멘제에게서 비롯되기도 한다.

제거방법 – 멘토는 이러한 문제를 드러내는 멘제에게는 행동으로 인한 결과를 확인으로써 멘제에게 도전하고, 멘제를 격려해 줄 준비가 되어 있어야 한다.

원인2 – 멘제가 멘토에게 과도하게 의지하거나, 멘토가 모든 문제에 대한 답을 주거나 활동 전략을 책임질 것을 기대하는 경우도 있을 수 있다.

제거방법 – 이런 경우 멘토는 멘제를 구해 주거나 멘제의 문제점을 해결해 주어서는 안 된다. 반대로 멘제의 행동을 주목하고 이를 이슈화하여 검토하고 생각해 보아야 한다. 또는 멘토가 그와 비슷한 자신의 경험담을 들려주어 멘제가 그 경험담을 통해 교훈을 얻을 수 있도록 하는 방법도 있다.

원인3 – 다른 장애물로는 멘제가 아니라 멘토로 인해 발생하는 것들이 있다.

제거방법 – 멘토는 멘제와의 미팅을 기록해 놓은 것과 미팅 중 자신의 언행에 대해 재고해 봄으로써 스스로에게 피드백을 주어야 한다. 또한 멘제의 피드백을 진지하게 받아들여야 한다.

원인4 – 한편, 질투는 멘토와 멘제 모두에게 장애물이 될 수 있다.

제거방법 – 보통 이러한 장애물은 개방적이고 솔직한 피드백, 두 파트너가 스스로의 활동목표를 결정한다는 인식을 통해 극복할 수 있다. 둘이서 장애물을 극복하지 못하는 경우에는 멘토링 모니터에게 조언을 구할 수 있으며 혹은 그러한 장애물이 멘토링 관계를 마무리 지어야 한다는 징조일 수도 있다.

Step 6 마무리 단계

멘토가 할 일—멘토링 관계를 보고 서로 마무리하고 개인 간 지속 여부는 자유의사로 결정한다.

관리자가 할 일—최종평가로 정성 및 정량 평가와 멘토 인증서를 작성하고 종료식을 주관한다.

모든 멘토링 관계에서는 끝이 있게 마련이다. 마지막을 계획하고, 그 이후의 잠재적 영향력을 이해한다면 두 파트너 모두에게 도움이 될 것이다. 마무리 단계에서는 멘제의 성취와 멘토링 관계를 통한 양측의 이익을 확인하고 축하하게 된다.

마무리는 협정 단계, 즉 멘토링 파트너들이 파트너십 협정에 멘토링 스케줄을 수립하는 단계에서부터 미리 예상해 둘 수 있다. 마무리는 짧고 명확한 과정으로, 멘토링 관계가 기대를 충족시키지 못했더라도 성장과 재고의 기회를 제공한다. 마무리 단계에 가까워지면 여러 가지 이유로 멘토링 파트너들에게 도전과제가 발생하게 된다.

첫째, 멘토링관계가 협정에서 예상했던 것보다 더 일찍 혹은 더 늦게 끝날 수 있다. 때로는 활동목표를 성취했음에도 불구하고 안정감과 확신을 주는 멘토링 관계를 끝내길 주저하는 사람도 있다.

둘째, 마무리는 언제나 파트너들의 감정적 반응을 불러일으킨다. 불쾌, 불안, 두려움, 실망, 안도, 기쁨 등의 감정은 모두 건강한 관계의 일부이긴 하지만, 이러한 감정을 처리하는 데는 대다수의 멘토와 멘제에게 예상보다 많은 시간이 필요하다.

멘토와 멘제 모두 긴밀한 관계를 마무리 지은 경험이 없다면 당황할 수도 있다. 둘은 우정을 나누게 되어 멘토링의 마무리가 우정을 훼손하게 될 것이라는 두려움을 갖게 될 수 있다. 하지만 마무리를 짓지 않으면 두 파트너 모두에게 도움이 되지 않는다.

사전 계획이 있었음에도 불구하고 마무리 지을 시기를 아는 것이 어려울 수도 있다. 대개는 활동목표의 성공적인 성취 같은, 마무리를 알리는 확실한 신호가 나타난다. 하지만 때로는 두 파트너 모두 힘겨운 감정 문제를 겪길 원하지 않으며, 마무리에 수반될 수 있는 개인적 유대감의 상실을 원하지 않아 멘토링 관계가 지속되기도 한다. 때로는 무력감이나 안정감으로 인해 끝나야 할 멘토링 관계가 더 오래 지속되기도 한다.

계획적인 멘토링 프로그램의 경우에는 프로그램의 주기에 따른 이러한 신호가 불분명할 때도 있다.

반복되는 설명이지만 마무리할 시기가 가까워지면 멘토링 파트너 모두 문제에 부딪히게 된다. 멘토링 관계의 마무리는 불안, 분노, 경악과 같은 감정을 유발하며, 이러한 감정은 멘토와 멘제 모두의 긍정적인 성취에 먹구름을 드리울 수 있다. 명확한 마무리 일자가 관계의 끝을 지시한다. 그 결과 활동목표가 성취되었음에도 불구하고 멘토링 관계를 지속해야 하거나, 활동목표를 성취하지 못했음에도 명시된 날짜에 끝내야 하는 경우가 생긴다.

멘토와 멘제는 파트너십 협정을 맺을 때 가장 먼저 마무리 시기를 정해 두어야 한다. 마무리 일자는 유동성 있게 하고, 활동목표의 성취 여부에 따라 판단하도록 한다. 이렇게 하면 두 파트너 모두 목표를 향한 발전과정을 주시하고, 서로 적절한 마무리의 시기를 인식할 책임을 지게 된다. 마무리가 없다면 멘토와 멘제 모두 멘토링 관계를 통해 배운 것을 숙고해 보고, 구체화하며, 통합해 볼 기회를 얻지 못한다. 마무리는 멘토가 멘제에게 활동결과를 평가하고, 그러한 활동을 최대화할 수 있는 방법을 확인하도록 도울 수 있는 마지막 기획이다.

  마무리 단계에서 두 파트너는 계획된 정식 파티를 열어야 한다. 멘토와 멘제가 서로 성취와 그들의 미래에 있어 멘토링이 미칠 영향에 대해 토론할 수 있는 오찬을 여는 것도 좋다. 성공적인 관계의 마무리는 멘토-멘제 관계의 끝이 아닐 수도 있다. 멘제는 멘토를 신뢰할 수 있는 친구로 여기고, 앞으로의 직장생활에서 자신의 발전과정에 대해 보고할 수도 있다. 이와 같이 비공식적인 멘토링 관계를 유지하기 위해서 멘토는 공식적인 멘토링 관계가 끝난 후에도 멘제에게 지속적이고 긍정적인 피드백을 제공할 각오가 되어 있어야 한다.

2. 멘토링 시스템 운영전략

1. 멘토링 시스템 운영 방법

(1) 멘토링 시스템의 필요성

오늘날 멘토링에서 체계적인 시스템의 필요성은 1) 전통적인 멘토 링에서는 리더십을 제대로 갖춘 멘토 선정에 별로 어렵지 않다고 본다. 그러나 조직에서는 늘 상대하는 구성원 간에서 제대로 갖춘 멘토를 선발하는 데 어려움이 많다. 2) 또한 현대사회에서 멘제급의 신입사원이 멘토 대상인 기존 사원보다 지식력, 정보력 등에서 앞설수 있다. 3) 한국적인 상황에서 멘토링을 겪지 못한 사람이 대부분이기 때문에 멘토가 되는 것이 업무적으로 심리적으로 부담을 느끼게 된다. 이러한 상황을 감안하여 조직에서 의도적으로 체계적인 시스템을 갖춰 멘토/멘제를 일정 조건하에 선정하여 관찰하고 지원하는 시스템이 필요하게 됨으로 멘토링시스템 구축과 아울러 모니터링 역할이 필요로 한 것이다.

멘토링 제도를 실행하기 위하여 다음과 같은 3가지 형태의 틀을 갖추게 되면 운영상 효과를 거둘 수 있으며 특히 목표제와 평가제에 의한 생산성 효과도 보장할 수 있게 된다.

형태1 조직(Organization)

－멘토링제도를 도입함에 있어 정규조직에 상응하는 멘토링 조직이 구축되어야 한다. 예를 들면 '멘토링운영위원회' '멘토링아카데미' '멘토링TFTeam' '멘토풀센타' 등으로 명칭하면 된다.

형태2 사람(People)

－ 조직을 운영하는 데 필요한 사람을 세운다. 예를 들면 '운영위원장' '추진팀장(TFTeam), 프로그램 매니저, 모니터 등이다.
－ 멘토링 운영위원회－위원장
－ 멘토링 추진팀－추진팀원, 프로그램매니저, 모니터
－ 멘토 / 멘제

형태3 운영 프로그램(Program)

－ 조직과 사람을 갖추었다고 볼 때 그다음 중요한 것이 체계적인 프로그램을 개발하든지 그렇지 못하면 외부에서 채택하는 일이다. 지금까지 국내 조직에서 의욕만 앞섰지 제대로 프로그램을 갖추지 못한 것이 바로 실패의 원인이라고 볼 수 있다. 참고로 멘토링

230

코리아에서 개발된 프로그램으로 멘토링 전문인력을 양성하는 20시간~80시간 정규교육과정과 멘토링 제도 도입 4개 과정(4Process) 컨설팅 매뉴얼이 있다.

(2) 모니터링 시스템 의미

멘토링에서 모니터링 시스템의 개념정리가 우선 되어야 한다. 광의의 시스템으로 운영위원장, 멘토링 TFTeam, 모니터그룹 등을 통틀어 말할 수 있다. 그리고 협의의 시스템은 단지 모니터 그룹에서 전담하는 업무로 국한하는 것을 말한다.

모니터링 시스템은 멘토/멘제의 활동 중 부정적인 면과 경영진들의 우려 사항을 사전에 모니터를 세워 긍정적이면서도 성공 확률을 높이기 위한 방편으로 조직에서 멘토링 시스템을 운영할 때 필수적인 프로그램이다.

(1) 멘토 문제점 사전 보완

멘토링에서 멘토의 역할은 절대적이라고 볼 수 있다. 그러한 제도에서 멘토링 활동을 방치하게 되면 멘토의 파벌짓기, 멘제의 사유화, 혈연 지연 학연의 피해 등 부정적인 상황 전개를 방지할 길이 없다.

특히 조직 운영의 파워게임에서 멘토링 활동을 이용한다 볼 때 — 예를 들어 노조와 편가르기, 경영권 강화하기, 특정 임원의 영향력 보완하는 등—

이러한 문제점을 사전에 보완할 수 있는 시스템이 모니터링 제도라고 볼 수 있다.

(2) 모니터의 주어진 책임

모니터는 광의 역할을 제하고는 단지 멘토의 멘토 역할과 멘제를 포함하여 관찰하고 지원하는 역할이 주 업무라고 볼 수 있다. 멘토 / 멘제의 상급자에게 멘토링 정보를 정기적으로 제공하는 일과 멘토 / 멘제와 운영위원장의 중간에서 코디네이터의 역할을 감당하기도 한다.

특히 멘토 / 멘제의 관계가 원할지 않을 때 즉시 설문을 도구를 이용하여 자의적으로 처리할지 위원장에 보고해야 할지를 신속히 결정도 해야 한다.

2. 12개월 운영 프로그램

(1) 프로그램 12개월 개요

오늘날 조직에 적용하는 멘토링의 특징은 도입을 원하는 조직에서 12개월 등 일정 기간을 필요로 하는 프로젝트(Project)개념에서 활동 목표에 따라 프로그램 필요하게 된다.

왜냐하면 조직에 적용하는 멘토링은 조직의 특성상 투자의 개념과 성과 측정 차원에서 평가가 뒤따르는 것이 필수적이기 때문에 체계적인 시스템으로 접근이 필요하기 때문이다.

조직 개발용으로 체계적인 프로그램을 제도적 멘토링(Systematic Mentoring)이라 부르며 구체적으로 12개월 동안 준비과정, 도입과정, 활동과정, 평가과정에 적용하는 프로그램을 말한다.

특히 다음에 소개하는 4개 과정에 적용하는 4프로그램과 10-Point, 그리고 컨설팅 15도구(Tool)는 멘토링 활동을 시스템 차원에서 운영하여 성공적으로 이끄는 전략이다.

미팅활동 12개월 의미(Meaning)

12개월은 우리 인생의 삶의 기본 단위로 멘토/멘제가 12개월 활동하는 것은 아주 자연스러운 기간이다. 12개월은 법인 조직에서 업무를 정리하고 평가하는 한 회계 기간으로 멘토링 활동도 조직경영의 틀 안에서 이뤄짐으로 타당한 기간이다. 12개월은 회사에 지원 기간으로 특히 신입사원의 이직률이 1년 내 가장 많은 것도 함께 고려한 기간이다. 12개월은 미팅 활동 최소 기간으로 회사 제도적 멘토링 프로그램으로 관리하고 기간이 종료하면 그 후 자유롭게 전통적 방식의 멘토링으로 전환하여 평생까지 가능하다. 12개월 동안에 멘토가 멘제를 성숙시켜 자신과 같은 멘토로 재생산하여 다음 기회의 멘토링에서 멘토로 함께 활동하는 것이 최상의 성공 멘토링이다. 일반 사회 결혼도 사전에 철저히 준비해서 독립 가정을 이루게 하듯이 멘토/멘제도 12개월 기간에 관리그룹과 경영그룹에서 책임 있게 지원하여 차후 성숙된 멘토링으로 유도하도록 한다.

3. Process별 운영 Agenda

멘토링은 일회성 교육이벤트가 아니고 일정 기간 특수업무 차원에서 프로젝트 개념으로 활동이 진행된다. 특별히 정규업무와 긴밀한 협조 아래 TFTeam에 의해 Process별로 준비한 프로그램을 적용한다. 우선 12개월 기간을 모델로 하여 아래 4개 과정(Process)의 일정표를 소개한다.

인간에 의해 자연스럽게 이뤄지는 전통적인 멘토링과는 달리 학교, 기업, 교회, 군대, 공공기관 등 조직에 적용하는 멘토링은 조직의 특성상 투자의 개념과 성과 측정 차원에서 평가가 뒤따르는 것이 필수적이기 때문에 체계적인 시스템 도입이 필요하게 된다.

이와 같이 조직 개발용으로 적용되는 4개 과정(4-Process)에 적용되는 관리부문, 교육부문, 활동부문, 평가부문으로 구분하여 구체적으로 운영계획에 의한 현장에서 프로그램이 실행되어야 한다.

컨설팅과정	컨설팅 주제	실행 프로그램
Process1 준비과정	과정설계	관리프로그램
Process2 도입과정	Orientation	교육프로그램
Process3 활동과정	멘토 / 멘제 활동	활동프로그램
Process4 평가과정	평 가	평가프로그램

Process 1. 준비과정 운영 Agenda

멘토링 도입을 원하는 업체는 최소 3개월 준비 기간이 필요하다. 그 기간 동안에 자료도 수집하고 필요한 전문교육도 받고 멘토링 전문가와 대화를 통하여 자사 멘토링 추진 팀을 구성하고 12개월 추진 계획을 수립하는 단계다. 특별히 어떤 목표로 멘토링을 진행할 것인가를 염두에 두고 조직의 환경분석을 먼저 시행해야 한다.

Theme	Program	Contents
설계 컨설팅 Design	관리프로그램	1 12개월 운영안 작성-조직 예산 등 2 멘토링 활동 목표 설정
	교육프로그램	1 전문교육과정 설계-추진관리자 수강 2 간부특강교육과정 설계-간부 수강 3 도입Workshop과정 설계-멘토/제 4 보수교육과정 설계-멘토/제
	활동 프로그램	1 멘토/제 개인 활동 설계 2 멘토/제 그룹 활동 설계
	평가프로그램	1 개인별/그룹별 평가 설계 2 정량별/정성별 평가 설계
컨설팅 Tool 적용	Tool 1-멘토풀 센터 운영-6p Tool 2-시스템구축 방법-7p Tool 3-인간존중지수측정법-7p Tool 4-목표설정 방법-9p Tool 5-동기부여 방법-6p Tool 6-행정양식 작성법-8p	

Process 2. 도입과정 운영 Agenda

도입과정은 준비과정에서 설계한 내용대로 활동 직전에 오리엔테이션으로 진행한다. 도입교육(Workshop)을 시작으로 멘토/티 상견례 그리고 30분~1시간 정도 CEO 참석하에 결연식 순서를 진행하고 마지막으로 이벤트식 만찬에 멘토/티를 초대한다.

특히 멘토링 교육부문은 먼저 추진 팀원을 멘토링 전문가로 양성하고 특히 멘토/멘제가 멘토링 활동 기간에 자생력을 발휘할 수 있도록 사전 충분히 Workshop으로 진행하는 교육 프로그램이다. 아울러 임직원의 멘토링 마인드 조성을 위해 특강 프로그램이 준비되어 있고 활동 촉진을 위해 보수 교육과 이벤트 식으로 참여자를 북돋아 주는 프로그램도 실행한다.

Theme	Program	Contents
오리엔 테이션 컨설팅 Orient ation	도입 Workshop 8/4시간용	멘토링 원리이해 활동지침 역할 Skill 상견례 Game 리더십 사례연구 등
	인간존중 진단설문작성	멘토에 의하여 회사 인간존중경영 지수 진단 설문 작성
	결연식	1 진행 순서-촬영 기념품 선물 2 멘토/제 선서 서약서 약정서 등 실행 3 동기부여 이벤트식 만찬제공
컨설팅 Tool 적용	Tool 7-멘토/멘제 활동 6단계-9p Tool 8-멘토링 교육 과정-6p Tool 9-멘토/제 결연식-10p Tool 10-멘제 인재개발 5DB-7p	

Process 3. 활동과정 운영 Agenda

멘토링 활동부문은 멘토/멘제가 12개월 동안 조직의 지원하에 자유롭게 프로그램을 진행하는 자율활동을 말한다. 여기에서 개인 활동은 정기미팅 등 멘토/멘제 두 사람만이 갖는 프로그램을 말하고 그룹 활동은 전체 쌍이 야외 활동을 하는 등 합동으로 활동하는 것을 말한다. 활동 촉진을 위하여 주간별 서비스, 월간서비스, 계간서비스, 마지막 종료 서비스를 제공한다.

Theme	Program	Contents
활동 컨설팅 Doing	멘토/제 개인활동	1 멘토/제가 개인적으로 주1회 미팅한다. 2 미팅소재개발 프로그램을 제공한다.
	멘토/제 그룹활동	1 멘토/제 전원이 특별행사를 갖는다 2 1차-도입Workshop과정 2차-등산 　3차-체험 4차-이웃돕기 등
	주간서비스	1 멘토/제에게 주간별 온라인 학습지 제공 2 내용-주간명상록,행동지침서,사례,학습지
	월간서비스	1 월간 정기 현장 컨설팅 서비스 제공한다 2 내용-시스템운영점검 멘토보고서,모니터 　설문, 관리자진행자료 검토후 피드백제공
컨설팅 Tool 적용	Tool 11-멘토링 주간학습 온라인-4p Tool 12-멘토/제 미팅소재 개발-7p Tool 13-멘토/제 6단계 활동 프로그램-6p	

Process 4. 평가과정 운영 Agenda

멘토링 평가부문은 조직마다 멘토링 시스템을 도입하기 위해서는
사람, 시산, 자금 투자를 해야 함으로 투자에 대한 성과확보 측면에
서 아래 3가지 차원에서 평가가 이뤄져야 한다.

평가과정은 멘토링 참가자들에게 책임감과 자부심을 갖게 하는
프로그램으로 활동 개시 후 중간 / 최종평가, 개인 / 그룹 평가, 정량 /
정성평가 등으로 구분하여 실행하고 종료 후에 멘토 인증서를 제공

한다.

　*평가 기간: 분기별을 기준하여 중간평가와 활동을 종료하고 최종 평가

　*평가대상: 멘토 / 멘제 개인별 평가와 전체 쌍을 평가하는 그룹
　　　　　　(조직)별 평가

　*평가방법: 숫자를 반영하는 정량(경제성)평가와 기타 설문 중심의
　　　　　　정성평가

Theme	Program	Contents
평가 컨설팅 Evalu ation	개인/그룹 평가	1 개인-멘토/제의 인격지수, 자생력개발점수 2 그룹-유지율, 정착율, 숙달율 회수율 등
	정량/정성 평가	1 정량-유지율 정착율 숙달율 회수율 　　　-인격점수, 자생력점수 상승율 2 정성-멘토/제의 4대 만족도 설문평가 3 만족도-교육, 활동,인간관계, 조직충성도
	중간/최종 평가	1 중간-계간으로 정량/정성으로 평가한다. 2 최종-활동 종료시 종합 평가한다. 3 종료식-진행순서,평가발표,포상,만찬제공
	멘토 인증서제공	1 멘토 활동 장려를 위한 인증서 제공 2 점검내용-멘토 교육, 활동, 평가 점수 반영
컨설팅 Tool 적용	Tool 14-멘토링 활동종합 평가-23p Tool 15-멘토 활동 인증제도-4p	

3. 멘토링 12개월 동기부여 전략

멘토링 동기부여 필요성:

1) 정규업무를 다루면서 멘토링 특수 활동을 하게 됨으로 2) 특히 멘토는 CEO를 대신해서 질(質)관리 인재개발을 책임짐으로 3) 사람은 칭찬을 통하여 잠재역량개발을 촉진하게 됨으로 필요하다.

동기부여 방법:

1) 물질적(物質的) 동기부여 – 교육비 활동비 상금 등 물적 지원한다.

2) 정신적(精神的) 동기부여 – 인사고과, 진급, 보직 등에 반영한다.

3) 인정적(認定的) 동기부여 – 작은 사장(Small CEO)의 위치로 인징해 주고 멘토링 데이를 선포하여 활동을 양성화하고 종료 시 멘토 인증서를 수여한다.

1) 제도적 차원에서 동기부여

(1) 멘토풀센터(Mentor Pool Center)제도

멘토는 멘토링에 관한 상당 수준의 지식을 가지고 있어야 하며 특히 남다른 사명감이 필요로 한다. 그러므로 멘토를 1회용 소모품의 개념으로 다룰 것이 아니라 조직에서 투자의 개념으로 지원해 주어야 한다. 멘토풀(Mentor Pool)이라는 전담기구를 통하여 멘토를 선발하고 양성하고 지원하고 재충전하고 사후관리 등을 체계적으로 해 주는 것이다. 그로 인하여 멘토를 조직 내 인재 개발 전문인력, 부하육성의 필수요원, 그리고 핵심인재개발 대상으로 업그레이드함으로 멘토링 활동에 열정을 갖고 멘제를 멘토로 재생산하는 데 최선의 노력을 경주할 것이다.

(2) 멘토링 활동 평가제도

멘토링 활동에서 평가 제도는 필수적이다. 이 평가제도를 통하여 멘토는 자부심과 함께 책임감도 느끼게 됨으로 멘토링 활동에 남다른 몰입도를 가질 수 있다.

(3) 멘토링 주간 이메일링 서비스제 시행

멘토링 도입 Workshop과정에서 상당히 멘토링 활동에 적극성을 갖다가 3개월 지나면 대부분 열기가 식는다. 이를 사전에 방지하는 것이 주간 멘토링 명상록 서비스다. 명상록을 통하여 심리적으로 격려가 되고 부수적으로 멘토링 학습, 기법, 사례, Q&A 등의 자료를 주간으로 접하게 됨으로 계속 멘토링 활동이 활성화된다.

(4) Cyber Mentoring System

멘토링 활동은 멘토와 멘제의 공동체다. 그러므로 상호 활동 상항에 관하여 궁금하게 생각하고 서로가 잘한 점에 대하여 본받기를 기대한다. 멘토링 홈페이지나 카페는 이러한 공동체의 분위기를 지원하면서 쌍별로 모범 사례를 공개하여 선의의 경쟁을 유발하도록 지원하면 효과적이다. 특히 월간 계간에 필요한 보고서와 점검사항을 카페를 통해 접수하는 한편 월등히 잘하는 멘토나 멘토링 쌍은 공개적으로 시상하는 것이 효과적이다

2) 업무적 동기부여 지원

(1) 조직의 분명한 활동목표 설정 제시

멘토에게 조직에서 활동목표를 설정하는 것이 우선순위다. 왜냐하면 멘토를 비롯한 멘토링 참여자에게 분명한 책임의식과 목표의식을 심어주기 위한 것이며 아울러 조직에서 멘토링을 추진하기 위해서는 투자에 상응하는 생산성 측정을 염두에 두고 목표관리를 반드시 해야 하기 때문이다.

어떤 방법으로 목표를 설정할 것인가? 우선 조직 내 환경분석을 실시한 후 취약한 부문, 문제부문을 염두에 두면 된다. 예를 들어 이직률이 심하다면 '신입사원 정착멘토링', 경력부문이 취약하다면 '경력개발 멘토링', 노사 간 문제는 '노사화합 멘토링' 등으로 설정한다.

그러한 후에 활동 목표별로 미팅이 이뤄지도록 지원하며 지속적으로 일정 기간 예를 들어 12개월 등에서 과정별로 주간 월간 계간에 활

동 촉진 프로그램을 적용하는 것이다.

(2) 도입 선행 5가지 조건 제시

멘토링은 조직의 정규업무와 별개의 특수업무로 볼 수 있다. 가장 좋은 운영 시스템은 TFTeam이다. 특히 멘토링 활동은 멘토의 자생력으로 진행이 바람직스럽기 때문에 조직에서는 분명한 방향 설정을 제시하고 그 후로 멘토와 멘제가 상호간 협력해서 진행하면 된다. 멘토링 활동 전에 멘토에게 아래 사례와 같은 5가지 도입 선행조건을 필히 제시하는 것이 바람직스럽다.

[5가지 선행조건 모델]
- ○ 활동목표: 신입사원 멘토링(또는 노사화합, 경력개발 등),
- ○ 활동 기간: 12개월
- ○ 활동始終: 2008. 1. 1.~2008. 12. 31.
- ○ 멘제 그룹기준: 신입사원 30명(또는 신입 6개월 미만인 자 등)
- ○ 멘토 그룹기준: 선배사원 30명(또는2~5년 차 선배사원)

(3) 결연식 / 종료식 격식차려 지원

멘토 / 멘제의 결연식은 멘토링도입 Workshop 기본교육을 마치고 별도의 시간으로 단위 조직에서 주관하여 진행한다.

쉽게 생각하면 남, 여 결혼식을 염두에 두고 격식을 갖춰 격려차원에서 진행한다고 생각하면 된다. 가능한 CEO가 참석해야 하나 그렇지 못할 경우 반드시 임원 정도에서 격려사를 하는 순서를 진행하도록 한다.

종료식은 멘토링 활동 기간 종료시점에서 그동안 활동에 참여자들에게 격려와 포상 차원에서 진행한다.

[결연식 순서 모델]

1	개 회 사	사회자
2	멘토/멘제 선서	사회자 CEO
3	격려사	CEO
4	사진촬영(CEO와 함께)	사회자 CEO
5	만찬	사회자

3) 인사체계에 반영 동기부여

멘토링 동기부여 중에서 가장 매력을 느끼는 부문이 인사체계와 연결하는 것이다. 이 부문은 조직의 CEO의 멘토링에 관한 관심도를 엿볼 수 있는 대목이다.

국내 멘토링에서는 과거 멘제 시절의 경험이 없는 멘토의 입장은 대부분 첫 출발할 때 선발된 의식보다는 시간적인 면에서 피해의식과 업무 면에서 이중부담의 염려를 가지고 있다.

이러한 상황에서 뚜렷한 동기부여 없이 멘토링을 진행하게 되면 상당 기간 동안 약간의 거부의식에서 멘제와 미팅이 이뤄지고 멘토링에 몰두가 지장을 받게 된다.

그러므로 조직에서는 멘토링에 참여하는 멘토가 첫 출발부터 망설이지 않도록 멘토링 참여하지 않는 동료 직원과 인사체계상에서 분명한 차별 대우를 해 줌으로 명분 있게 멘토링에 전념할 수 있는 계기를 만들어 주어야 한다.

(1) 인사고가 평가 시 가점 반영

멘토링에 참여하는 멘토를 활동 기간, 전문교육수강, 우수멘토수상 등을 고려하여 전기적인 인사 고과 평가 시 일정한 점수를 가점하여 동기부여를 해 주는 제도다

(2) 연봉 책정 시 상향 조정 반영

멘토는 정규업무와 멘토링이라는 두 가지 면에서 조직에 기여하는 것이다. 이러한 상황을 참작하여 연봉 협상 시 일정금액을 가산하여 동기부여해 주는 것이다.

(3) 진급심사 평가 시 가점 반영

멘토로의 활동은 조직에서 자연스럽게 중간 지도자로서 역할을 수행할 기회를 갖게 되고 특별히 부하육성이라는 리더십을 인정받게 된다. 조직 입장에서는 이기주의가 팽배한 조직문화에서 타인을 배려해 주는 멘토를 긍정적으로 평가해 주어야 한다.

이러한 인재개발에 앞장서는 멘토를 어느 직원보다도 진급 심사 시 가점을 주어 동기부여를 해 주어야 한다.

244

참고로 GE그룹에서는 1999년 진급자의 80%가 멘토의 도움을 받았다. 멘토의 공로를 인정해 주어야 할 당위성이다.

4) 멘토링 활동 중에 동기부여

(1) 교육수강 지원

멘토가 멘제를 일정 기간 동안 인재개발의 책임을 맡고 활동하게 될 때 제일 우려하는 점이 멘토링에 관한 올바른 이해와 멘토로서 어떤 역할을 할 것인가다. 그다음으로 염려가 되는 것이 미팅 시 어느 소재를 가지고 의논할까.

이러한 의문과 염려를 풀어 주는 것이 멘토에 관한 교육수강 지원이다. 사실 멘토에게는 아마추어보다는 멘토링 전문가로서 교육수강이 필요하고 단순히 멘제 한 사람을 담당한 차원에서 머무를 것이 아니라 회사 중간 지도자를 양성하는 차원과 핵심인재로 개발한다는 적극적인 인재전략 차원에서 검토하는 것이 효과적이다.

(2) 월 활동비 지급

멘토링을 조직에서 인재개발 차원에서 정식으로 도입이 이뤄질 때 반드시 고려해야 할 점이 경비부문이다. 멘토링 활동이 공식적인 조직의 활동으로 인정을 받을 때 멘토/멘제의 활동비 지급은 공금으로 해야 하는 것이 당연하다. 혹자는 멘토링은 상호 협약으로 무료 봉사를 주장하는 사람도 있다. 사회 멘토링에서는 비영리 재단에서 기부금으로 운영하는 상황에서 멘토의 무료 봉사나 또는 멘토가 일정 경비를 부담하는 경우도 있다.

그러나 조직의 필요에 의해 멘토/멘제를 선발하고 조직의 고유업무인 인재개발이라는 분명한 목표로 멘토링 활동이 진행된다고 볼 때 투자의 개념에서 일정 경비를 지원하고 최종 평가를 통하여 회수와 생산성에 관한 점검이 이루어져야 한다고 생각한다.

특히 멘토 멘제의 월(月) 활동비 지원 기준은 먼저 미팅 주기를 주간, 월간 등 몇 회로 할 것인가가 기준이 된다. 주1회를 미팅 주기로 볼 때는 멘토링 쌍당 100,000원 이상은 되어야 한다고 본다.

(3) 멘토링 데이(Mentoring Day) 공시

멘토링이 아직은 국내에서 생소한 인재개발 기법으로 인식됨으로 먼저 도입한 조직에서 상당한 비토 세력에 의해 어려움을 겪고 있는 실정이다. 모처럼 멘토링을 도입하여 이러한 분위기가 도를 넘을 때 멘토/멘제의 활동은 위축되어 효과가 반감된다. 그러므로 멘토링 도입 전에 간부급들에게 기본 특강으로 긍정적 분위기를 유도하는 것이 필요하다. 특별히 멘토/멘제 개인 활동을 양성화하기 위하여 CEO결재를 얻어 주1회 특정 요일을 멘토링 데이로 선포하여 미팅을 공개하는 것이 활성화 계기가 된다.

(4) 그랜드 미팅(Grand Meeting) 시행

멘토링은 멘토/멘제의 자발성이 무엇보다도 중요하다. 멘토링 활동 기간 중 분기별로 멘토링 전체 쌍, 즉 그룹 활동 차원에서 보수교육, 토론회, 격려회식, 야유회 등으로 자발성을 고취하는 기회를 갖게 한다. 이때는 CEO의 동참이 가장 큰 효과적이다.

5) 활동진흥대회 개최

멘토링 활동 기간 중 중간지점이나 최종 종료 시에 멘토링 활동에 우수한 자나 기타 공로자에게 시상을 하여 격려하고 차기 멘토링에 기대를 갖게 하는 동기부여 제도다. 먼저 진흥대회는 활동 중 우수 멘토를 선발하여 실제 발표토록 하고 멘토링 쌍 중에 우수 쌍을 선발하여 역시 발표토록 하여 멘토링 열정에 관심을 높이는 계기를 삼게 한다. 특별히 활동 기간 중에 멘토링에 관하여 느낀 점이나 미팅 사례 등을 수기로 남길 수 있도록 하여 차기에 참고자료로 활용하면 효과적이다. 이러한 행사를 진행하면서 우수한 자에게 차등으로 포상금이나 포상휴가 포상해외 여행 등으로 지원하면 마지막 마무리를 인상 깊게 해 주고 차기 멘토링 활동에 기대를 갖게 할 수 있다.

* 멘토링 활동 진흥대회
1. 우수 멘토 활동 선발 진흥대회
2. 우수 멘토링 쌍 활동 선발 진흥대회
3. 멘토링 활동 멘토 / 멘제 우수 수기선발 진흥대회
* 멘토링에서 우수 활동자 선정 포상
1. 우수 멘토 시상금－1, 2, 3등 선발(월 계간 활동결과)
2. 우수 멘토링쌍 시상금－1, 2, 3등 선발
3. 우수 수기 당첨자－1, 2, 3등 선발

6) 멘토 인증제도(Mentor Certificate System)

멘토를 동기부여 하는데 쉽게 물적 및 자금적 지원을 생각하게 된다. 당연히 생각해야 할 사항이다. 그러나 그것에 머무른다면 잘못 낮은 차원의 지원에 머물러 잘못 오해의 여지도 생길 수 있다. 멘토 인증제는 특히 차원 높게 정신적 부문에 동기부여를 제공하는 것이다. 멘토로서 조직 내에서 리더십으로 인정받으면서 인성 분야의 평가자료로 활용하면 멘토가 크게 고무되는 상황이 될 것이다.

[멘토인증 기준표]

인증부문	배 점 기 준	인증점수	기대점수	비 고
교육수강	*정규교육 시간당-1점 Silver Course-20시간 Gold Course-40시간 Diamond Course-60시간 주간 이메일학습 6월-6점 성적우수자 1회-5점		70	4~60시간 선택가능
멘토활동	*미팅회수월당-4점 *활동유지월당-4점 친목활동　경조활동 학습활동　봉사활동 체력단련　문화활동		100	12개월 기준
활동평가	*종합평가 내역-최종 위원장 평가 자기 진단도구 작성점검-1점 Star Game 작성 점검-1점 우수 멘토선정-2점 우수 멘토링 쌍 선정-2점 모니터 및 매니저 설문 평가-2점 멘제의 설문 평가-5		30	12개월 기준
종합인증			200	

Chapter 6

CEO를 위한
멘토링

일류기업이 되기 위한 요건으로 많은 사람들이 지목하는 것 중의 하나가 바로 경영자의 탁월한 리더십이다. 기업이 나아갈 방향을 설정하고 조직과 사람을 관리·리드함에 있어서 핵심이 되는 요소가 바로 '경영자'이기 때문이다. 그러나 오늘날처럼 핵심인재 확보를 위한 경쟁이 치열할 경우 뛰어난 리더십을 갖춘 경쟁력 있는 경영자를 확보한다는 것이 그리 쉽지 않다.

각종 연구기관의 의견을 종합해 보면 이러한 인재확보 경쟁은 앞으로 더욱 치열해질 것이라고 한다. 실제로 글로벌 경영 컨설팅업체인 AT커니에서 인재확보 실태와 관련하여 실시한 조사결과에 의하면 현재 외부인재를 획득하는 것이 매우 어렵다는 응답이 80%로 나타났으며 앞으로 더욱 어려워질 것이라는 응답 역시 46%로 나타났다. 반면 앞으로 인재확보가 쉬워질 것이라는 응답은 21% 수준에 불과했다.

그런데 이러한 결과보다 더욱 비관적인 현실은 이처럼 우수한 경영자의 확보가 어려워지고 있음에도 불구하고 기업 자체적으로 인재육성을 위한 노력을 게을리 하고 있다는 것이다.

국내기업으로 눈을 돌려보면 상황이 더욱 심각하다는 사실을 알 수 있다. 작년 대한상공회의소가 200여 개 제조기업을 대상으로 실시한 설문조사 결과에 의하면 조사 대상 기업 중 약 70% 이상이 핵심인재를 확보하지 못하고 있는 것으로 드러났다.

이처럼 어려운 현실을 감안할 때 향후 기업을 성공적으로 이끌기 위해서는 반드시 핵심 경영자 육성에 대한 지속적인 노력을 기울여야 한다. 즉 외부인재 확보에는 분명한 한계가 있기 때문에 반드시 조직 내부에서 이러한 인재를 양성할 수 있도록 체계적인 노력을 가

속화해야 한다는 것이다. 이러한 경영자 육성수단으로써 현재 선진 기업들을 중심으로 활발히 운영되고 있는 것이 바로 '경영진 멘토링'제도이다.

1. CEO 멘토링 프로그램

경영진 멘토링이란 경영진들에게 1 : 1 전담 멘토를 배정하여 그들이 직면하고 있는 여러 문제들을 상담, 조언, 해결해 주도록 하는 제도를 말한다. 이러한 점에서 결국 경영진 멘토링도 멘토링의 한 유형이라고 볼 수 있다.

사실 조직에서 경영진만큼 힘들고 외로운 사람도 드물 것이다. 자신의 고민을 털어놓을 만한 사람도 없고, 중요한 의사결정을 할 때 조언을 구할 곳도 마땅치 않기 때문이다. 이러한 경영진에게 심리적 안정감을 제공하고 전문성과 역량을 키울 수 있도록 조언하고 도와주는 것이 바로 경영진 멘토링의 핵심기능이다.

해외 선진기업에서는 이러한 중요성을 인식하여 현재 점차 경영진 멘토링에 대한 활용도를 증가시키고 있는 추세다.

멘토링 서비스를 전문적으로 제공하는 국제멘토링연합의 사장인 미쉬는 "아직까지 경영진 멘토링은 우리 회사 전체 교육 프로그램의 10% 정도에 불과하지만 앞으로는 매우 큰 폭으로 증가할 것이다"라고 말하며, 향후 경영진 멘토링의 수요가 크게 증가할 것이라고 예측했다. 이를 증명하듯 해외 선진기업들의 인사 관리자 중 90% 이상이 향후 경영진 멘토링의 활용이 크게 활성화될 것이라고 예측하고 있다.

HR 컨설팅 회사인 맨체스터의 조사결과에 의하면 조사 대상 기업의 59%가 현재 경영진을 대상으로 한 멘토링과 카운슬링 제도를 실시하고 있다고 응답했으며 미국의 컨설팅업체인 하이그룹(Hay Group)에서 실시한 조사결과에서도 포춘지 선정 500대 기업 중 25~40%(IBM, Motorola, HP 등)가 경영진 멘토링을 활용하고 있다고 응답했다. 이러한 추세에 비추어 볼 때, 향후 경영자 육성 수단으로서의 '멘토링'의 비중은 점차 증가할 것으로 전망된다.

아직까지 대부분의 회사들은 임원급 이상의 인재를 육성하는 수단으로 각종 교육기관에 보내거나 단발적인 교육 프로그램에 참여하게 하는 방법을 선호하고 있다. 그러나 경영진 멘토링을 활용할 경우 이러한 전통적인 교육·훈련에 비해 상당히 많은 이점을 얻을 수 있다.

첫째, 1명의 경영진을 1명의 멘토가 전담하여 조언하고 지도해 줌으로써 교육의 깊이와 강도를 높일 수 있다.

둘째, 단기적인 교육이 아니라, 몇 달에서 1년 정도로 장기간에 걸쳐 교육이 진행되므로 경영자가 바람직한 역량을 갖출 때까지 지속적인 멘토가 가능하다. 특히, 경영진들의 경우에는 대부분 전문지식이나 기술은 풍부하기 때문에 경영진 멘토링의 개발 역점은 주로 그들의 '행동'에 맞추고 있다. 이처럼 장기간 교육을 시행할 경우 경영진의 행동을 변화시키는 데 큰 효과를 볼 수 있다.

셋째, 실제 업무현장에서 멘토가 경영진과 동참하며 교육을 진행하기 때문에, 경영진 입장에서는 자신의 업무현장을 떠나지 않고 발생하는 사안별로 조언과 지도를 받을 수 있다는 장점이 있다. 사실,

254

회사업무로 바쁜 경영진이 외부에서 1~2주 동안 진행되는 교육에 참석하는 것은 상당한 부담일 수밖에 없으며 그만큼 교육의 효과도 떨어지게 마련이다. 그러나 경영진 멘토링은 일선 업무현장에서 실시간으로 진행되기 때문에 바쁜 업무 때문에 자리를 비우기 힘든 경영진에게 시간적으로 많은 이점을 제공해 줄 수 있다.

넷째, 경영진 개개인의 교육 니즈를 충분히 고려하기 힘든 교육·훈련과는 달리, 경영진 멘토링은 개개인별로 도움이 필요한 분야나 역량을 중점적으로 개발할 수 있다는 이점이 있다. 극히 대중적인 주제를 중심으로 진행되는 일방적인 강의방식의 교육은 학습한 지식과 기술을 실제 작업현장에 적용하는 데 한계가 있다. 예를 들어 미국의 기업들은 연간 총 1,000억 달러를 교육·훈련비용으로 투자하고 있으나, 실제 기업실무에 활용되는 가치는 투자금액의 10%도 채 안된다고 한다. 그런데 경영진 멘토링의 경우 멘토가 경영진들에게 실제 업무수행 과정에서 필요로 하는 기술과 노하우를 직접 전수해 주기 때문에 학습한 내용을 현업에 바로 적용할 수가 있는 것이다.

* 경영진 멘토링의 이점

· 직속상사와의 업무 개선
· 동료와의 업무관계 개선
· 대인 · 부문 간 팀워크 촉진
· 직무 만족 증가
· 대인 관계에 의한 갈등 해소
· 다양한 경험을 가지고 있는 멘토가 풍부한 직관과 통찰력을 제공함으로써 의사결정의 질 향상
· 자신의 강·약점에 대한 정확한 파악을 통해 자기 이해도 증가
· 회사가 필요로 하는 리더십 역량·역할을 확보하는 데 기여

---

2. 회사의 발전, CEO의 발전

　경영진 멘토링은 다음 도표와 같이 회사의 성과 향상은 물론 경영진 자신의 역량개발에 있어서도 탁월한 개선효과가 있다.

　미국의 컨설팅업체인 퍼스널 디시전이 1999년에 실시한 조사결과에 의하면 멘토링을 받은 경영진의 50% 이상이 업무성과 및 생산성 향상 효과를 보았으며 60% 이상은 상사·동료와의 관계가 개선되고 직무 만족도가 높아졌다고 응답했다. 또 다른 연구결과에 의하면 경영진 멘토링의 투자수익률은 일반적인 교육·훈련보다 5.7배 높게 나타났다고 한다.

　IBM에서 임원 육성을 담당하는 탄야 클레몬스 부사장은 다음과 같은 이야기를 통해 경영진 멘토링의 우수성을 주장했다.

　"300여 명의 경영진에게 경영진 멘토링을 제공한 후 경영진의 조직 몰입도가 크게 증가했으며, 이러한 결과들은 IBM의 경쟁우위를 창출하는 원천이 되고 있다.

☆경영진 멘토링의 효과

(복수응답비율)

회사차원의 효과	비율(%)
생산성 향상	53
품질 향상	48
조직 역량 강화	48
고객서비스 강화	39
고객불만감소	34
핵심경영진유지	32
비용절감	23
하부 사업단위 수익성 개선	22
직속상사와의 관계 개선	77
동료와의 관계 개선	71
팀워크 강화	67
직무 만족	61
갈등 해결	52
조직 몰입도 향상	44
고객관계 개선	37

3. 멘토링이 꼭 필요한 CEO

경영진 멘토링의 일차적 대상은 회사가 요구하는 수준의 성과를 내지 못하는 사람이다. 그러나 이 외에도 멘토가 필요한 경영진이 있다.

첫째, 경영진으로 갓 승진한 사람이 우선 대상이 된다. 일반적으로 관리자들은 자신이 많은 업무를 중심으로 일하는 과정에서 전문적 지식을 발휘하여 높은 성과를 창출함으로써 경영진으로 승진하게 된다. 그런데 막상 경영진에 편입하게 되면 관리의 폭도 넓어지고 전략적 사안의 결정이나 조직 및 인력관리 등 이전에 경험하지 못했던 과제로 인해 많은 어려움에 직면하게 된다. 이러한 신임 경영진에게 선임 경영진이나 외부 전문가에 의한 멘토링을 시행함으로써 새롭게 바뀐 역할과 직무를 성공적으로 수행하고 빠른 기간 내에 경영진으로서의 실력과 자세를 확보할 수 있도록 하는 것이다.

둘째, 높은 성과를 내고 있는 소위 스타급 경영진도 멘토의 대상이 될 수 있다. 현재 조직에서 인정받고 있는 경영진이라고 해서 자기개발을 소홀히 할 경우 자신의 강·약점에 대한 파악이 불가능해져서 현실에 안주해 버릴 위험이 높기 때문이다.

셋째, 심리적으로 안정이 필요한 사람에게도 멘토링이 필요하다. 오늘날 경영자들은 대외적으로는 복잡하고 급변하는 환경에서 경쟁력을 확보할 수 있는 비전·전략을 수립해야 하고 또한 내부적으로는 조직관리, 구성원 동기부여 등에도 신경 써야 하기 때문에 항상 극심한 스트레스에 시달릴 수밖에 없다. 이러한 경영진들에게 멘토링을 통해 안정감을 줌으로써 이들의 업무 생산성을 높일 수 있는 것이다.

4. CEO 멘토의 선택 기준

경영진 멘토링을 시행할 경우 우선 다음 도표에 나타낸 결정요인을 통해 멘토를 외부에서 선발할 것인지 내부에서 활용할 것인지를 결정해야 한다. 이러한 과정을 통해 멘토와 경영진을 적절히 연결하지 못할 경우, 경영진 멘토링에 의한 성과를 충분히 얻을 수 없다.

☆ 내·외부 멘토 선택의 기준과 장·단점

결정 요인

- 경영진 육성 목적
- 회사문화
- 가용자원(예산 등)
- 멘토 확보의 용이성
- 경영진의 선호도

외부멘토 활용	내부멘토 활용
· 익명성, 비밀 유지 · 다양한 사업에 대한 경험 보유 · 조직 내부의 정치적 문제에 휘말릴 가능성이 적음 · 풍부한 아이디어 · 객관성 · 공정성 확보 가능 · 신뢰를 형성하기가 쉽지 않음	· 회사의 내부상황(문화, 전략 등)에 익숙함 · 회사 내부의 정치적 문제를 잘 알고 있음 · 멘토 확보가 상대적으로 용이 · 신뢰관계 형성이 용이

먼저 외부 멘토를 활용할 경우, 폭넓은 멘토링 경험과 해박한 지식을 바탕으로 경영진을 멘토할 수 있으며, 또한 비밀보장이 가능하다는 장점이 있다. 한편, 내부 멘토에 의한 멘토링이란 현 조직의 시스템과 조직문화 내에서 동료나 직속상사에 의해 경영진 멘토링이 진행되는 것을 의미한다. 이러한 방법들에는 앞의 도표와 같이 각각의 장·단점이 있기 때문에 회사의 분위기나 경영진의 선호도를 충분히 고려하여 신중하게 결정해야 한다.

이때 무엇보다 중요한 사항은 외부인사든 내부인력이든 상관없이 적절한 멘토링능력을 보유한 사람을 선발해야 한다는 것이다. 경영진을 멘토링한다는 것은 생각만큼 쉽지 않기 때문에 이론과 실무에 밝아야 하며 멘토링기술 면에서도 탁월한 능력을 겸비하고 있어야 한다. 이러한 자질이 부족한 멘토링의 유형을 살펴보면 다음과 같다.

첫째, 해당 회사의 산업에 대한 지식이나 경험이 없는 사람이다. 이런 멘토는 이론적으로는 완벽한 지식을 가지고 있지만 현실적인 대안을 제시하는 데에는 한계가 있을 수밖에 없다.

둘째, 자기가 선호하는 방식만을 고집하는 사람이다. 사람을 리드하고 조언하는 방법에는 여러 가지가 있을 수 있다. 예를 들어 묵묵히 옆에서 지켜보기만 하는 사람이 있는가 하면, 직접 진두지휘하며 세세한 부분까지 지시하는 사람도 있다. 그러나 오로지 자신의 방식만을 고집하는 사람은 결코 바람직한 멘토라고 할 수 없다. 따라서 경영진의 업무방식이나 선호도를 적절히 고려하여 유연하게 멘토링 기법을 활용할 수 있는 멘토를 선임해야 한다.

경영진 멘토링에 있어서 멘토는 지시자가 아니라, 다양한 정보를 제공하고 조언해 주는 파트너로서의 역할을 수행해야 한다는 점을 잊어서는 안 된다. 계층 관계상 결코 멘토는 경영진보다 상위에 있는 사람이 아니기 때문에, 이들에게 일방적으로 문제점을 질책하고 개선하도록 지시해서는 곤란하다. 멘토는 경영진 주변에 있는 다양한 사람(상사, 동료, 부하 등)들로부터 최대한 많은 정보를 얻어 현재 경영진이 직면하고 있는 문제점이나 개선방향에 대해 조언 또는 자문하는 역할을 해야 한다.

경영진 멘토링에 있어서 멘토의 궁극적인 역할은 문제의 해답을 알려주는 것이 아니라 경영진에게 끊임없이 질문하고 지원해 줌으로써, 경영진 스스로 자신에게 불안감을 제공하는 문제의 원인이 어디에 있는지를 스스로 찾을 수 있도록 도와주는 데 있다.

* CEO 멘토가 갖추어야 할 10가지 요점

· 경영진 멘토링 분야에서 명성 확보한 자
· 인적 자본의 중요성에 대한 확고한 가치를 보유한 자
· 리더의 역할을 명확히 파악한 자
· 리더십 개발 관련 분야에 대한 해박한 지식을 가진 자
· 조직 내 복잡한 제도 및 시스템에 관한 이해력을 갖춘 자
· 커뮤니케이션 능력이 있는 자
· 멘토링 기술의 역량을 갖춘 자
· 창의성과 혁신성을 확보한 자
· 전략적 질문과 핵심 과제를 이끌어 낼 수 있는 능력이 있는 자
· 높은 수준의 개인적 · 직업적 윤리 의식을 갖춘 자

5. 멘토와 CEO 신뢰 형성

멘토는 해당 경영진에게 신뢰감을 심어주어야 한다. 경영진과 멘토 간에 신뢰는 상호 솔직한 대화를 촉진할 수 있는 기본 토양이 되기 때문이다. 이를 위해서는 경영자가 담당하는 사업 및 업무를 충분히 이해하고 있는 사람을 멘토로 선발해야 한다. 그래야만 경영자가 자신의 문제나 고민거리를 멘토에게 솔직히 얘기할 수 있으며, 멘토도 문제해결 및 실력개발에 대한 대안을 구체적으로 제시해 줄 수 있기 때문이다. 즉 멘토는 경영진의 심리상태를 정확히 간파하고, 그와 동일한 시각에서 현상을 바라볼 수 있어야 한다.

대부분의 경영진들은 외부의 멘토를 신뢰하지 않는 경향이 있다. '저 사람이 정말 내가 하는 일을 이해할 수 있을까?' 또는 '해보지도 않았으면서 어떻게 나의 고민을 이해한다는 말이야?' 등의 의구심을 갖기 때문이다. 경영진들이 이러한 의구심을 갖고 있을 경우, 멘토에게 자신의 마음 깊숙이 내재해 있는 문제를 털어놓기보다는 단순히 현상적인 스트레스에 대해서만 이야기할 가능성이 많다. 이로 인해 멘토가 경영진의 근본적인 문제를 알지 못할 경우, '수박 겉핥기'식의 멘토링이 진행될 수밖에 없다.

미국계 은행인 뱅크보스턴은 외부 멘토를 활용한 경영진 멘토링을 효과적으로 시행하고 있는 대표적인 회사이다. 이 회사에서는 상당히 엄격한 심사과정을 거쳐 외부 멘토를 기용한다고 한다. 또한 기용한 멘토에 대해서는 회사에 대해 소개하는 시간을 마련함으로써, 이들이 회사 내부상황에 대해 정확히 알고 멘토링활동을 시작할 수 있도록 유도하고 있다. 이 회사에서 시행하고 있는 멘토에 대한 사전 교육의 주요 내용은 다음과 같다.

· 회사의 철학, 역사, 미션, 비전에 대한 소개(1일)
· 기술 및 경험에 대한 설문조사를 통해 멘토의 자질 평가
· 교육약정지침을 통해 회사의 사업에 대한 이해도 제고
· 멘토링 윤리 및 실행조약을 통해 멘토의 비밀유지에 대한 약속 확보
· 멘토링 수행 점검사항을 통한 멘토링 프로세스의 숙지

뱅크보스턴은 이처럼 엄격한 선발기준 및 교육을 통해 멘토를 선언함으로써, 외부 멘토에 대한 경영진의 신뢰도를 크게 높일 수 있었다고 한다.

6. CEO 멘토링 프로세스

경영진 멘토링은 다음 도표와 같이 크게 5단계 과정으로 이루어진다.

첫째, 멘토와 경영진이 처음 만나는 '접촉단계'이다. 이 단계에서는 서로 서먹할 수 있는 관계를 부드럽게 만들고, 경영진이 멘토와 허심탄회하게 대화할 수 있도록 신뢰관계를 형성하는 것이 매우 중요하다.

둘째, 경영진이 갖고 있는 문제점이나 핵심 개발과제를 찾아내는 '평가단계'이다. 이 단계에서 멘토는 다면평가나 인터뷰 등을 통해 심층적으로 경영진이 가지고 있는 문제의 원인을 찾아내고, 실천 가능한 해결방안을 모색해야 한다. 이때 경영진 개개인의 성격이나 성향을 판단하는 것도 좋은 방법이다. 개인의 성격은 대인관계나 행동방식을 결정하는 주요 요인인 만큼, 이를 정확히 판단할 경우 문제의 원인을 찾아내는 데 큰 도움이 되기 때문이다.

셋째, 진단결과 나타난 경영진의 문제점을 구체적으로 설명하고 경영진을 이해시키는 '피드백 단계'이다. 이때 피드백의 대상이 되는 주요내용은 다음과 같다.

- 전략적 의사결정에 대한 조언
- 리더십 역할을 수행함에 있어서 반드시 필요한 역량과 지식
- 창의적인 문제해결 방법
- 외부 제3자의 입장에서 보는 경영진의 역할 수행 정도
- 경영진의 강·약점에 대한 정보

넷째, 해결방안을 실제 업무에 적용하면서 부족한 점을 개선해 나가는 '실행단계'이다.

다섯째, 멘토링이 끝난 후 일정 시점에 실제로 경영진의 실력이나 마인드 및 태도가 성공적으로 개선되었는지를 점검하는 '사후 관리단계'이다.

☆ 경영진 멘토링의 5단계 프로세스

접촉단계	· 솔직한 대화를 통해 경영진의 내적 문제를 이끌어 낼 수 있는 신뢰 관계 형성 · 멘토링에 거는 경영진의 기대를 명확히 제시 · 멘토링의 목적에 대한 소개 · 현재 경영진의 강·약점 파악 · 멘토링 과정에서 멘토, 인사부서, 경영진의 역할과 책임을 명확히 설정

평가단계	· 현 임원의 능력, 스타일, 장·단점을 실제 평가하는 단계(360°평가, 1:1 인터뷰 등) · 구체적인 문제점 파악, 양적·질적 피드백 제공

피드백 단계	· 임원이 피드백 결과를 듣고 스스로 이해하고 개선할 수 있도록 구체적이고 풍부한 피드백 자료 제공. 이때 워크숍 등 회사를 벗어나 편안한 분위기 속에서 피드백 하는 것도 좋은 방법임 · 향후 개발할 부분에 대한 세부 계획을 수립한 후, 주요 이해 관계자들과 공유하면서 실행

↓

실행단계	· ceo 멘토는 경영진 육성을 위해 지도하는 역할을 수행 (액션 러닝, 롤 플레이, 사례 연구, 비디오 시청 등) · 월별 · 분기별 미팅을 통해 사후 활동 실시 · 지속적으로 대화를 하면서 조직과 임원의 발전 중요성을 부각

↓

사후관리 · 모니터링	· 멘토링활동이 종결된 후, 일정 시간이 경과하면서 성과를 재 확인 · 최종성과를 보고서로 작성하여 경영진, 인사부서 등과 공유

7. 국내기업에서 CEO멘토링

지금까지 살펴본 것처럼 경영진 멘토링에는 많은 이점이 있음에도 불구하고 아직까지 국내기업에서 이를 도입할 가능성은 그리 크지 않아 보인다. 여기에는 물론 여러 가지 이유가 있겠지만 가장 큰 이유는 무엇보다 경영진의 의식에 있다. 즉 경영진의 위치에 있는 사람들은 일반적으로 산업이나 사업에 대해 어느 정도 완벽하다고 자부하고 있기 때문에, 다른 사람이 자신을 멘토링하려는 것에 대해 강한 거부감을 표시한다.

또 아직 국내에는 경영진을 전문적으로 멘토할 만한 인재나 기관이 부족하다는 점을 들 수 있다. 이러한 이유로 국내기업에서 근무하는 경영진들은 대부분 자신에게 필요한 지식이나 정보를 저명한 외부 인사들과의 개인적 교류 등을 통해 얻고 있다.

이러한 여러 가지 여건을 고려해 볼 때, 국내기업에서의 경영진 멘토링 제도의 활성화는 좀 더 시간이 걸릴 것으로 전망된다.

경영진 멘토링은 단지 눈앞에 놓인 문제 해결에만 급급해하는 경영진의 심리적 부담감을 덜어주기 위해 실행하는 것이 아니다. 즉 경영진 멘토링의 궁극적인 목적은 경영진의 실력을 강화하고 기업이 필요로 하는 마인드와 행동양식을 주입시키는 데 있다.

따라서 경영진 멘토링에 활용할 멘토는 경영자 육성이라는 큰 맥락에서 기용해야 하며, 멘토링의 활용을 가시적 사업성과로 연결하기 위해서는 제반 인재육성 제도와 전략적으로 연계해야 함으로 명심해야 한다.

또한 멘토링의 목적을 약점 및 부족한 점의 개선에만 두어서는 안 되며, 향후 잘만 활용하면 더욱 빛을 볼 수 있는 잠재적 역량을 개발하는 데에도 관심을 기울여야 한다.

8. 사례 – GE그룹 CEO멘토링

[CEO와 멘토링리더십 접근]

멘토링리더십(Mentorship)이란? 현명한 조언자로서 남을 1 : 1로 도와주는 자, 즉 멘토(Mentor)의 역할을 의미한다. 여기에서 CEO 멘토십이란? 1 : 1 전담 멘토를 통해 경영진들이 직면하고 있는 여러 고민과 문제를 해결하고 실력을 개발하는 활동이다. 그러므로 CEO는 경영리더인 동시에 한 사람의 멘토가 되는 것이 바람직하다.

일류 기업이 되기 위한 요건으로 많은 사람들이 지목하는 것 중의 하나가 경영자의 탁월한 리더십이다. 의사결정의 최고책임자로서 기업의 나아갈 방향을 설정하고 조직과 사람을 관리, 리드함에 있어서 그 핵심 축이 바로 경영자이기 때문이다. 이처럼, 리더십이 기업 경쟁력을 결정하는 중요한 원천으로 부각되면서, 경영자 빛 핵심인재 육성 수단으로 선진 기업들을 중심으로 활발히 운영되고 있는 제도가 CEO 멘토링리더십(CEO Mentorship)이다.

CEO 멘토십이란 경영진들이 직면하고 있는 여러 문제들을 해결하기 위해 1 : 1 전담 멘토를 두고 문제를 상담, 조언, 해결하는 제도이다. 사실, 조직에서 경영진만큼 힘들고 외로운 사람도 드물 것이다. 자신의 고민을 누구에게 애기할 수도 없고, 중요한 의사결정을 할 때 조언을 구할 곳도 마땅치 않기 때문이다. 이러한 경영진에게 심리적 안정감을 제공하고 전문성과 역량을 키울 수 있도록 조언하고 도와주는 것이 경영진 멘토십의 핵심 기능이다. 즉 경영자에게 현명한 조언자를 연결해 주는 제도이다. 경영진 멘토십은 몇 주 또는 몇 월의 일시적 교육 차원이 아닌, 몇 년 이상에 걸쳐 장기간에 걸쳐 이루어지기 때문에, 경영진들이 바람직한 태도나 행동을 습득하는 데 효과적이다. 특히, 멘토는 일선 업무 현장에서 실시간으로 지도해 주기 때문에, 바쁜 업무 때문에 자리를 비우기 힘든 경영진에게 시간적으로도 많은 이점을 제공해 줄 수 있다.

그러면 회사에서 누가 현명한 멘토를 필요로 하는가? 경영진 멘토십의 일차적 대상은 회사가 요구하는 수준의 성과를 내지 못하는 사람이다. 그러나 이 외에도 멘토가 필요한 경영진이 있다. 바로 회사에서 말하는 핵심인재다.

첫째, 경영진 위치로 막 승진한 사람이다. 경영진 대열에 들어선 사람은 이전에 경험하지 못했던 전략적 사안이나 조직 및 인력 관리 등 많은 복잡한 과제에 직면하게 되면서, 업무적으로나 심적으로 불안감을 느낄 가능성이 높다. 이들 신임 경영진이 새로운 직무에 빨리 적응하고, 성공적으로 업무를 수행할 수 있는 실력을 확보하기 위해서는 멘토가 반드시 필요하다.

둘째, 높은 성과를 내고 있는 소위 스타(Star)급 경영진도 멘토의 대상이 될 수 있다. 현재 조직에서 인정받고 있다고 해서 자기 계발을 소홀히 할 경우, 자신의 강 / 약점을 제대로 파악하지 못하여 현실에 안주해 버릴 수 있는 가능성이 높기 때문이다. 전문성과 신뢰성을 갖춘 멘토 확보를 위한 경영진 멘토십에 있어서 적절한 멘토의 선발은 특히 중요하다. 일반적으로 멘토는 외부의 전문가(예를 들어, 산업 전문가, 전략 전문가, 심리 전문가 등)나 내부의 성공한 선임경영진 등이 될 수 있다. 이때 멘토는 경영진이 담당하고 있는 사업 및 업무에 대한 전문성을 갖추어 신뢰감을 줄 수 있어야 한다. 그래야 경영진도 자신의 고민거리를 멘토에게 솔직히 얘기할 수 있으며, 멘토도 문제 해결 대안을 구체적으로 제시해 줄 수 있기 때문이다.

파트너로서의 멘토는 먼저 인간적인 배려를 통하여 업무촉진이라는 기본적인 기능을 간과해서는 안 된다. 그러므로 다양한 정보를 제공하고 조언해 주는 파트너로서의 역할을 수행해야 한다. 멘토는 말 그대로 조언하고 도와주는 사람이기 때문에, 경영진에게 일방적으로 문제점을 제시하고 개선하도록 강요해서는 곤란하다. 멘토는 경영진 주변에 있는 다양한 사람(상사, 동료, 부하 등)들로부터 여러 정보를 얻어 경영진이 안고 있는 문제점을 심층 파악하고, 개선 방향에 대해 조언 / 자문하는 역할을 해야 한다. 이러한 멘토십을 통해, 경영진이 자신의 문제점을 자각(自覺)하고 적극적으로 개선해 가는 자세를 갖도록 유도해야 한다.

또한 경영진 멘토십은 단지 코앞에 놓인 문제에 답답해하는 경영진의 심리적 고통을 덜어주기 위한 것만이 목적은 아니다. 궁극적으로 경영진의 경영 능력과 리더십을 강화하는 것이 진정한 멘토십의 목적이다. 따라서 기업은 경영진 멘토십을 CEO경영자 및 핵심인재 육성 차원이라는 큰 맥락에서 바라보고, 제반 인재 육성 제도와 전략적으로 연계하여 활용해야 할 것이다. 다음은 선구적인 인재개발 기법으로 핵심인재개발 멘토링을 여러 분야에 적용하여 성공한 GE

의 사례 중 3가지를 간추려 소개하고자 한다.

[GE는 어떤 회사인가?]

2001년 9월 GE 前 잭 웰치 회장은 천 3백억 불의 미국의 최고기업으로 이끌었던 CEO 자리에서 물러났다.

그가 CEO자리를 맡았던 1981년 시절, GE는 25억 불의 회사였다. 같은 기간 동안 자본시장도 13억 불에서 4천억 불로 성장하였다. 웰치 회장 시절의 GE는 셀 수 없을 정도의 많은 합병과 인수 등 사업을 늘리고 경영리더의 역량을 키워 나가는 일에 혼신을 다했다.

어떤 경우에서든, 성공적인 비즈니스는 임직원들에게는 희망이자 꿈을 실어 준다. 따라서 조직의 리더들은 매혹의 대상이 되곤 한다. 하지만 잭 웰치처럼 언론의 조명을 받은 리더는 드물다. 물론 잭 웰치의 골프친구들인 빌 게이츠와 워렌 버핏도 많은 언론의 관심 대상이었지만 그들은 잭 웰치처럼 타고난 경영자는 아니다. 빌 게이츠는 기술자이며 사업가이고 워렌 버핏은 주식 등 증권 투자가이다.

하지만 잭 웰치는 미국 경영의 최고의 경쟁력과 결과에 집착을 하며 사업을 번창시키는 것에 피곤을 느끼지 못하는 그렇기 때문에 남들의 두려운 대상이 되기도 하는 세계적으로 유명세를 타고 있는 경영자이다. 현재 전 세계의 서점에는 잭 웰치에 관한 도서들로 북새통을 치르고 있을 정도로 그는 리더십, 경영방식, 6시그마, 그리고 자서전에 이르기까지 많은 메시지를 남겼다. 미국의 Financial Time 이라는 신문사에서는 그를 세계에서 가장 존경받는 인물로 4년 연속 커버스토리로 싣고 있다.

[GE 멘토링 현장 사례 3가지]

1. 우수사원개발 멘토링 - 우수사원 후보를 멘제로 선발하여 우수사원 멘토와 연결하여 멘토링함으로 진급자의 80%가 멘토링을 받는 자 중에서 나왔다.

2. 자신을 멘제로서 IT멘토링사례 - 간부사원 600여 명을 멘제로 하고, 젊은 사원을 멘토로 IT 분야 기술을 전수받았다. 잭 웰치 자신도 멘제가 되어 37세 프라스틱 부서장한테 멘토링을 통하여 IT기술을 전수 받았다.

3. 이멜트와 멘토링 - 후계자인 멘제 이멜트를 위해 1년 여간 잭 웰치는 멘토로서 자신의 모든 노하우를 전이(轉移)하는 데 최선을 다하는 멘토링 관계를 유지했다.

사례1 - 우수인재 양성 멘토링

북미 지역에서 멘토링은 20여 년 전부터 체계 있는 프로그램으로 서서히 채택되면서 오늘날은 기업, 학교, 교회, 군대, 공공기관 등 모든 조직에서 일상적인 일로 받아들여지고 있다. 최근에 국내에서 베스트셀러가 되고 있는 GE의 선 CEO 색 웰치의 자서전에서도 그의 인사관리기법으로 멘토링이 활용되고 있는데 그 내용을 저자가 요약해서 소개하고자 한다.

GE의 CEO였던 잭 웰치(Jack Weltch)는 **"최고의 인재를 뽑을 수 있고, 최고의 인재로 키울 수 있다면 기업은 성공할 것이다"**라고 인재중시의 경영을 외치면서 업무의 70% 이상을 인사관리에 집중해왔다. 그는 특별한 인사관리기법으로 개발한 활력곡선(Vitality Curve)을 이용하여 A급 사원으로 20%, B급 사원으로 70%, C급 사원으로 10%를 선정하여 A급 사원은 파격적인 대우를, B급 사원은 보통으로 대우를, C급 사원은 퇴출대상으로 몰아붙였다.

특히 그는 멘토링(Mentoring)프로그램을 B급 사원을 A급 사원으로 승급시키는 데 적용하였고 A급이나 B급 사원을 진급시키는데도 필수적으로 적용시켰다. 아래 글은 그의 자서전에서 일부 발췌한 내용이다.

[잭 웰치의 멘토링 – 자서전에서 발췌]

지난 몇 년 동안 우리는 같이 점심 식사를 하면서 엄청난 잠재력을 가진 직원들을 많이 만나게 되었다. 그들은 최고 경영진으로부터 각자 한 사람씩 멘토(Mentor)를 배정 받았다. 나는 이러한 멘토링(Mentoring)프로그램이 실질적인 혜택과는 전혀 무관한 것임을 강조해 왔다.

인재개발 방법에 관해 논의하던 중에 제품을 개발할 때 사용하는 것과 똑같은 방법을 적용하기로 결론을 내렸다. 이 경우 엄청난 잠재력을 가진 멘제(Mengrer)들은 제품에 해당했다. 그들의 지도자들인 최고 경영진의 스태프들은 이러한 제품을 개발하는 책임을 지고 있었다. 그것은 그들의 지도대상자들을 A등급 수준으로 끌어올리든지 아니면 새로운 멘제(Menger)를 찾아야 한다는 것을 의미했다.

점심을 먹으며 이러한 멘토링(Mentoring)프로그램의 진행 과정에 대해서 자발적인 토의를 했다. 멘토(Mentor)와 멘제(Menger) 모두 엄격한 게임의 법칙을 지켜야 했다. 성과를 최우선으로 하는 GE의 문화에서는 각자가 더 높은 수준의 결과물을 도출해야 하며, 그에 의해 자신의 평가를 받을 것이라는 사실을 멘토(Mentor)와 멘제(Menger)들 양쪽 모두 잘 알고 있었다.

상급자는 그를 통해 자신의 리더십을 평가받았던 것이다. 이 멘토링(Mentoring)프로그램은 제대로 효과를 나타냈다. 1999년 진급자 중 80% 이상이 멘토의 도움을 받은 것이다.

[멘토링 기술5가지]

인재개발의 성공 여부는 바로 지도자의 리더십에 달려 있다. 과연 지도자급에 있는 사람들이 현장에서 소속사원을 위하여 얼마나 애정을 가지고 접근하고 있느냐가 승패를 좌우하는 것이다. 10% 퇴출사원에게는 그렇게 냉혹한 잭 웰치가 20% 우수사원을 위해서는

"가치를 인정해 주어라.

칭찬해 주어라.

포옹해 주어라.

키스해 주어라.

보통사원의 3~5배 더 대우해 주어라. 우수사원이 퇴출한 부서장은 죄인이다"라고 따뜻한 애정을 갖고 업무의 70%를 사람관리에 매달렸다는 것이다.

사례2 - 부하들로부터 도움 받은 잭 웰치 및 CEO들의 쌍방향 멘토링

1999년 Jack Welch 회장이 최고위간부 600명이 도움 받는 멘제(연령: 30~60대)가 되고 젊은 부하직원(연령: 20~30대)이 도움 주는 멘토가 되어 인터넷, 전자상거래 등에 관하여 멘토링을 실시했다. 64세

의 Welch 회장도 37세의 Pam Wickham 부장(G. E.의 프라스틱 사업 부서에서 웹사이트 담당)을 멘토로 하여 인터넷에 관하여 배웠다.

사례3-후계자 핵심 인재개발 멘토링

GE: 현명한 조언자 멘토 CEO 잭 웰치-후계자 CEO 제프리 이멜트

잭 웰치 CEO와 후임자 CEO 제프리 이멜트와의 관계에서 우리는 후계자 멘토링을 주의 깊게 살피지 않으므로 잃는 것이 너무 많다. 위의 전임 CEO(현명한 조언자 멘토 역할)와 후임 CEO 사이에 오래 전부터 공식, 비공식적으로 끈끈한 멘토링관계가 지속되어 왔음을 기록을 통해 알 수 있다. 끈끈한 멘토링 관계란? 단순한 업무(Task)에만 국한한 것이 아니고 인간관계, 리더십, 의사소통, 경험담 등 삶 전체로 두 사람의 관계가 1년 넘게 1:1로 멘토링이 이루어졌다는 것을 알 수 있다. 그러므로 성공 확률이 높은 것이다.

[GE 멘토링 현장]-이채욱 기자: 서울경제신문 2003, 07. 06

GE 의료기기 아시아 태평양 사장으로 재직할 때 도쿄에 근무하는 직원의 '멘토'를 맡았었다. 그 일본인 사원은 각종 프레젠테이션 준비는 물론, 경력관리나 자기 상사와 의논할 수 없는 다른 회사의 스카우트 제의와 개인적인 고민까지도 내 의견을 묻곤 했다. 지금은 물류담당 중견 매니저로 일하고 있는데 장차 훌륭한 간부로 크게 성장할 재목임에 틀림없다.

멘토는 그리스의 선지자 멘토르(오디세우스가 자기 아들이 지혜롭고 현명한 왕자가 되도록 교육을 부탁했던 인물)에서 유래된 것으로 지혜와 신뢰, 존경으로 한 사람의 인생을 이끌어주는 지도자라는 의

278

미를 갖는다.

GE의 멘토링 제도(Mentoring System)도 업무 연관성이 없는 선후배끼리 일대일 관계를 맺고 후배가 차세대 리더가 되도록 선배가 앞장서 도와주는 활동이다. 멘토는 멘제의 성장 발전, 경력개발 계획 등에 대한 지원이나 조언을 해 주고, 멘티는 비즈니스에 대한 이해, 문화나 조직의 운용 등에 대해 배울 수 있다.

멘토링 제도는 멘토와 멘제 모두에게 도움이 될 뿐만 아니라 우수 인력의 양성·유지 등 회사에도 큰 도움이 될 수 있다. 그러나 이 제도가 성공적으로 정착되려면 몇 가지 요건이 필요하다.

첫째, 멘토와 멘제 모두의 적극적인 태도, 상호간 신뢰와 존경, 서로에 대한 철저한 비밀유지가 이뤄져야 한다. 둘째, 상호간 합의에 의해 기대치와 책임감 등을 잘 관리해야 한다. 셋째, 멘토 멘제 관계가 끝났을 때 서로 어떤 비방도 하지 말아야 한다.

쉬운 일이 아니지만 내 경우 멘토 역할을 장점은 상상 이상이었다. 첫째는 젊은 세대의 진솔한 이야기를 들으면서 생각을 공유할 수 있는 기회가 됐다. 둘째로 질문에 대한 답변을 하는 동안 많은 생각을 할 수 있었다. 업무상 관계에서 벗어나 있는 새 분야에 대한 정신적인 자극을 꾸준히 받을 수 있는 계기가 됐던 것이다. 셋째로 상호 토론하면서 새로운 방법을 발견했을 뿐만 아니라 내가 이해하지 못하던 부분도 알 수 있었다.

GE 코리아에서는 최근 여직원을 위한 멘토링 제도를 도입했다. 멘토링 제도는 상호 솔직한 대화로 건강한 조직을 구성하고 조직 내 젊은 세대와 기성세대와의 간극을 좁혀줄 수 있다. 어디서든 한 번쯤 과감하게 도입해 보면 좋을 성싶다.

Chapter 7

특집기사
멘토링 전성시대

-(주간조선 2000호 2008년 4월 14일)

멘토링 · 멘토 · 멘제

멘토링(mentoring)이란 뛰어난 경험과 학식을 갖춘 사람이 해당 분야의 초심자를 1대1로 전담해 지도하고 조언하며 잠재력을 개발시키는 활동을 일컫는다. 이때 조언자 역할을 하는 사람을 멘토(mentor), 멘토로부터 조언을 받는 사람을 멘제(Menger)라고 한다.

'멘토'라는 말의 기원은 그리스 신화에서 유래했다. 고대 그리스 이타카 왕국의 오디세우스 왕이 트로이 전쟁을 위해 출격하며 한 절친한 친구에게 자신의 아들 텔레마코스를 부탁했다. 그 친구는 오디세우스가 돌아올 때까지 친구이자 선생, 조언자, 아버지 역할을 하며 텔레마코스를 잘 돌봐주었다. 그의 이름이 바로 멘토. 이후 멘토는 '한 사람의 인생을 바른 길로 이끌어주는 지혜로운 사람'이라는 뜻으로 쓰이게 됐다.

1. 멘토를 권하는 사회

공부도 인생도 길잡이가 필요해!
온라인 멘토 사이트 방문객 북적
오프라인서도 멘토-멘제 모임 활발
기업·자치단체도 멘토링 열풍

"고3입니다. 작년 12월 2년간 사귄 이성친구와 헤어지고 주위를 둘러보니 정말 친한 친구 몇 명밖에 없더라고요. 너무 외로워요. 오늘 자습시간에 공부하다가 눈물이 났습니다. 아직 수능까지 많이 남았는데…… 이 외로움, 어떡하죠?"

(3월 29일 23시 25분, 아이디 '멋진')

"흠…… 주변에 신경을 많이 못쓰셨군요. 수능을 치렀던 경험자들에게 물어보고 마음의 의지가 될 수 있는 분을 찾아보세요. 힘내세요!"

(3월 30일 12시 51분, 아이디 '신념을 향해')

"혹자들은 말하더군요. 외로움이야말로 사람을 움직이는 원동력이라고요. 다 잘될 테니 너무 조급하게 생각하지 마세요."

(3월 31일 1시 1분, 아이디 '창랑곡')

▲▲ 일러스트 유재일

수험생 포털사이트 '오르비 옵티무스(일명 '오르비', www.orbi7. com)' 내 '선배에게 물어보세요' 게시판에는 이와 같은 질문과 댓글이 2만여 개나 담겨 있다. "고3 담임이 입시에 끼치는 영향이 큰가요?" "전교 회장을 하면 리더십 전형 외에도 이점이 있나요?" 같은 학교생활 관련 질문은 물론, "잠이 너무 많아 걱정이에요" "살이 쪄서 외모에 자신이 없는데 어떻게 해야 하나요?"와 같은 질문까지 수시로 올라온다. 대답이라고 해야 상식적인 수준이거나 '힘내라'는 식의 뻔한 표현이 대부분이지만 질문은 끊이지 않는다. 온라인 공간에서라도 자신의 생활을 들여다보고 조언해 줄 상대를 찾고 그로부터 위안을 얻고자 하는 수험생들의 눈물겨운 시도인 셈이다.

주로 기업의 인재개발 전략 중 하나로 애용돼오던 멘토링 <91쪽 참조> 프로그램이 전방위적으로 도입, 활용되고 있다. 온라인, 오프라인 할 것 없이 멘토를 구하고 멘제를 자처하는 이들이 넘쳐나고 있는 것. 최근엔 멘토링의 개념을 기업에 도입해 성공을 거둔 사례도 심심찮게 소개된다. 점차 그 영역을 넓혀가며 진화하는 멘토링의 현주소를 부문별로 조명했다.

/ 최혜원 기자 happyend@chosun.com

2. 전문가 기고 - 왜 열광하나

"극심한 변화 속 의지할 곳 절실 누구와 관계 맺냐가 곧 경쟁력"

바야흐로 한국 사회는 국민소득 2만 달러 시대에 접어들었다. 물질적으로는 지금만큼 풍요로웠던 적이 없다. 그러나 정신적 빈곤 역시 심각한 수준이다. 불확실한 미래가 현대인의 발목을 잡고, 사회는 점점 양극화되고 있다. 도덕성은 땅에 떨어진 지 오래다. 인터넷을 매개로 한 다원주의 문화는 다양성을 강조하지만 돌아오는 것은 저마다의 공허한 메아리뿐이다.

결국 미래사회를 좌우할 경쟁력은 '사람'이다. 어떤 이를 만나고 관계를 맺는가, 누굴 스승으로 모시고 누굴 가르치는가 하는 것이 다른 어떤 것보다 중요한 시대가 온 것이다. 앞으로는 개인을 평가하는 잣대 역시 그가 축적해온 인간관계의 면면이 될 확률이 높다. 때문에 오늘날은 그 어느 때보다 훌륭한 스승, 곧 멘토의 역할이 중요한 시점이다. 여기저기에서 새로운 멘토, 좀 더 나은 멘토링 프로그램을 요구하는 목소리가 높아지고 서점가에 '배려'니, '경청'이니, '몰입'이니 하는 제목의 책이 베스트셀러가 되는 것 역시 같은 맥락에서 이해할 수 있다.

더욱이 시간에 쫓기는 도시인에게는 바람직한 멘토링 프로그램이 시급하다. 일회적이고 표면적인 인간관계에 회의를 느끼는 사람이 늘수록 자신의 분야에서 묵묵히 역량을 닦아온 인재들이 멘토로 나서 기술적·도덕적으로 사회 구성원이 원활하게 소통할 수 있도록 지원하는 역할을 해 주어야 한다.

멘토링 프로그램을 도입한 기업은 무엇보다 인사관리 측면에서 그 효과를 톡톡히 보고 있다. 큰 그림을 그려놓고 직원을 채용했던 '돋보기형' 시스템에서 직원 개개인에 대한 세밀한 관찰과 세심한 배려를 바탕으로 하는 '현미경형' 시스템으로 전환해 보다 효율적인 인사관리가 가능해진 것이다. 석설한 멘토링 프로ㄱ램은 조직의 가치와 비전 등을 인식하게 해 조직원 간 지식 이전과 기술 전수 효과도 탁월하다. 멘토의 지식이 멘제에게 이전되고, 멘토가 의사소통의 지혜를 터득하는 과정에서 멘토와 멘제가 함께 성장할 수 있다는 것도 장점이다. 팀 단위로 구성되는 멘토링 과정에서 구성원 간의 갈등이 해소되고 업무력이 향상되는 성과가 측정되기도 한다.

멘토링 관련 사업이 21세기에 각광받는 것은 어쩌면 당연하다. 현대인은 겉으론 아무 문제없는 듯 보이지만 실제론 걷잡을 수 없는 변화의 파도에 휘말린 채 줄 끊긴 방패연처럼 정처 없이 떠돌고 있다. 주변에 사람이 넘치지만 어느 누구도 온전히 믿지 못하고 마음의 문을 꽁꽁 닫고 있다. 그러면서도 한편에선 마음 깊이 의지할 만한 스승의 존재를 절실히 원한다. 멘토링 비즈니스는 바로 이 틈을 파고든다.

멘토가 멘제에게 전수하는 것은 비단 지식이나 기술뿐만이 아니다. 앞으로는 처세술과 삶의 방식, 철학까지도 공유하게 될 것이다. 진정한 멘토는 멘제의 재능을 알아보고 그 위에 자신의 지혜를 더해 훗날 상대가 새로운 멘토로 성장할 수 있도록 이끌어줄 수 있는 사람이어야 한다. 그런 의미에서 추후 멘토링 비즈니스는 '뛰어난 소수'를 키우는 데 주력했던 인력개발 시스템의 한 단계 발전된 형태가 될 것이다.

'하루아침에 스타가 됐다'란 말이 있다. 그러나 이 말은 틀렸다. 하루아침에 스타가 된 듯 보이는 사람도 실은 자기도 모르는 새 오랜 기간 치밀한 준비를 거친 경우가 대부분이다. 멘토링 프로그램이 완벽하게 뿌리 내린 사회는 모든 이가 멘토이자 멘제고, 멘토든 멘제이든 자기 분야의 전문가가 돼 있는 사회다. 스스로의 인격과 도덕성을 끊임없이 갈고닦으며 내공을 쌓는 사람, 자신이 지닌 학식과 지혜를 아낌없이 다른 이에게 전할 수 있는 사람이 더 많아질 때까지 멘토와 멘토링 열풍은 계속돼야 한다.

/ 이철한 멘토&멘제 연구소 대표

3. '멘토 스타'들이 말하는 멘토링 예찬 ①

- 강정애 숙명여대 취업경력개발원장

"80개 팀 활동, 1명이 10명 맡아 끈끈한 팀워크가 성공의 조건"

　"사회 각 분야에서 존경받는 전문가나 지도자가 후배들에게 풍부한 지식과 경험을 전해 주며 역할 모델이 되는 멘토링 프로그램은 숙명여대의 자랑입니다." 강정애 숙명여대 취업경력개발원장(경영학부 교수)은 2003년 국내 대학으로는 처음 멘토링 프로그램을 정식 과목

으로 개설한 주인공이다.

그가 대학 멘토링 프로그램에 관심을 가진 것은 지난 2000년. "조직행동론이라는 과목을 가르치며 처음 멘토링 수업을 시작했어요. 멘토링의 개념을 알려준 후 스스로 원하는 멘토를 정해오라고 했는데 의외로 쉽게 못 찾는 학생이 많았습니다. 학생들에게 맞는 멘토를 찾아 연결해 주는 과정에서 자연스럽게 멘토링 운영에 관심을 갖게 됐죠." 강 원장은 그때부터 조금씩 멘토링 프로그램을 구체화해 오다 2002년 취업경력개발원장에 취임하며 학교 측에 건의해 정식 시스템을 구축했다.

숙명여대 멘토링 프로그램은 팀 단위로 진행된다. 1명의 멘토와 10명 전후의 멘제로 팀이 구성되면 팀 내에서 조정 과정을 거쳐 적절한 프로그램을 구성하는 방식이다. 멘토 역할은 주로 대기업 CEO나 임직원, 전문직으로 성공한 동문 등이 맡는다. 50여 명의 숙명여대 교수진 역시 멘토의 일원으로 현장 실습을 지도한다. 멘제는 서류 전형과 면접 등 두 차례의 엄격한 심사과정을 거쳐 선발된다.

멘제 선발엔 멘토가 직접 심사위원으로 참여한다. 한 학기당 꾸려지는 팀은 80개 정도. 대부분의 멘토들이 여유시간을 내기 힘든 유명 인사인 경우가 많아 팀을 무한정 늘리는 것은 불가능하다. 그나마 4 대 1이 넘는 경쟁률을 기록했던 초창기에 비하면 지금은 한결 참여하기가 수월한 편이다.

멘토링 프로그램 시행 후 가장 크게 달라진 점은 취업을 준비하는 학생들의 자세 변화다. 자신이 속한 팀의 멘토를 통해 해당 기업에 호감을 느끼고 면밀한 준비를 거쳐 취업에 성공한 경우가 많아진 것이다. "멘토링 프로그램에 지원하는 과정 자체가 학생들로서는 귀중한 경험입니다. 자기소개서와 이력서를 써보고 대기업 CEO 등 유력 인사들로부터 면접도 받을 수 있으니까요. 설령 떨어진다고 해도 그만한 체험이 없죠." 강 원장은 "멘토링 프로그램을 거친 학생들은 취업 시 더 유리한 기회를 잡을 수 있기 때문에 학교 측에서도 적극 권장하고 있다"고 했다.

강 원장이 강조하는 대학 멘토링 프로그램의 성공 요건은 멘토와 멘제, 그리고 멘토가 소속된 기업 간 조화다. 자질을 갖춘 멘토와 멘제가 선정되고, 기업이 우수 인재를 기꺼이 멘토링 프로그램을 위해 투자하는 분위기가 조성돼야 성과를 거둘 수 있다는 것이다.

"우리 학교 멘토링 프로그램의 모토는 '한 번 멘토는 영원한 멘토, 한 번 멘제는 영원한 멘제'예요. 그 덕분에 일단 팀을 이뤄 맺은 멘토와 멘제의 관계는 오래도록 끈끈하게 유지될 수 있습니다. 같은 팀에 속한 멘제는 서로가 선의의 경쟁자이기도 하지만 동시에 가족이기도 해요. 경쟁 원리로만 따지면 다른 친구가 먼저 좋은 기회를 얻거나 꿈을 향해 한 발 더 나아갔을 때 진심으로 축하해 줄 수 없겠죠. 오히려 분란만 일어날 겁니다.

멘토들도 항상 팀 내 멘제들을 조화롭게 이끄는 방법에 대해 서로 논의합니다."

숙명여대는 앞으로도 꾸준히 멘토링 프로그램을 진행할 계획이다. 강 원장은 "우리 학교의 경우 두 달에 한 번씩 정기모임을 갖고 정보를 공유하는 등 멘토들의 헌신과 노력 덕분에 여기까지 올 수 있었다"며 그간 참여해온 멘토들에게 프로그램 성공의 공을 돌렸다.

/ 글 이윤아 인턴기자·서울대 중어중문학과 4년
/ 사진 허재성 조선영상미디어 기자

4. '멘토 스타'들이 말하는 멘토링 예찬 ②

- 강성태 공신닷컴 운영자
"나를 돌아보고 인맥도 쌓고……주는 것보다 얻는 게 많아요"

멘토링이 대인관계의 새로운 수단으로 떠오르면서 관련 분야의 '스타'도 생겨났다. 남보다 조금 일찍 멘토링의 가능성을 발견하고 사회 곳곳에서 이를 실험, 성과를 입증해낸 이들이 그 주인공이다. 국내 대학 최초로 멘토링 과목을 개설해 "대학생 경력 개발의 새 장

을 열었다"는 평가를 받는 강정애 숙명여대 취업경력개발원장, '공신(공부의 신)'이라는 닉네임을 얻으며 온라인(공신닷컴)과 오프라인(MBC '공부의 제왕')에서 종횡무진 활약 중인 강성태 씨를 만나 그들의 '멘토링 예찬'에 귀를 기울였다.

지난해 11월부터 약 3개월간 방영된 MBC 프로그램 '공부의 제왕'은 중하위권 학생의 성적 향상 과정을 보여주며 효율적인 공부법을 제시해 눈길을 끌었다. 이 프로그램을 눈여겨본 시청자라면 '강성태'(27)라는 이름 석 자를 기억할 것이다. 닉네임 '공신(공부의 신)', 서울대 기계공학부 01학번, 대학생 멘토 사이트의 원조 격인 공신닷컴(www.gongsin.com) 운영자, 베스트셀러 '공부의 신'의 저자……. 방송에서 실제 중하위권 학생 출연자의 멘토 자격으로 공부 전략을 짜고 학업을 독려했던 그는 방송 출연으로 일약 유명세를 얻었다.

강 씨가 만들고 운영하는 공신닷컴의 회원은 15만여 명. 1일 접속 회원 수만 1만 명이 넘는 초대형 사이트다. 그는 이곳에서 단순 운영자 그 이상이다. 공신닷컴 회원 중에는 그를 역할 모델로 공부하는 학생이 수두룩하다. 가끔 그가 올리는 글의 조회 수는 평균 수만 건을 가볍게 웃돈다.

그가 밝힌 공신의 인기 비결은 풍부한 콘텐츠다. "공신닷컴에서는 '무엇을 공부하느냐'보다 '어떻게 공부하느냐'가 훨씬 중요하게 다뤄집니다. 교과 내용은 학교나 학원에서도 얼마든지 구할 수 있으니까요. 저희는 실제 대입과정을 겪은 공신들의 경험을 바탕으로 사례 중심 공부법을 제공하는 데 주력하고 있어 많은 분들이 즐겨 찾는 것 같아요."

그가 공신닷컴을 만들게 된 계기는 순전히 자신의 경험 때문이었다. "제가 고등학교 다닐 때만 해도 주변에 도움을 청할 만한 곳이 없었어요. 수업도 열심히 들었고 최선을 다해 공부했지만 기대만큼 점수가 나오지 않더라고요. 결국 제 문제는 잘못된 공부법에 있었던 거죠. 그렇지만 원인을 알아도 해결할 길이 없었어요. 제대로 된 공부법을 알려주는 곳이 어디 있어야죠." 그는 자신이 겪은 어려움을 후배들이 되풀이하지 않도록 노트에 그간 시행착오를 거듭하며 확보한 '나만의 공부법'을 정리하기 시작했고 그런 노력들이 모여 공신닷컴이 빛을 보게 됐다.

　　현재 공신닷컴에서 활동 중인 공신은 강 씨를 포함, 60여 명에 이른다. 1기, 1.5기, 2기, 3기 등 총 네 차례에 걸쳐 그가 직접 면접을 본 후 선발했다. "개개인의 공부 스타일이 다르기 때문에 최대한 다양한 공부법을 제시해 그중 자신에게 맞는 것을 고르게 하는 것이 가장 효과적"이라는 그의 지론에 따른 것이다. 강 씨가 생각하는 '공신이 되기 위한 가장 중요한 자격 요건'은 후배들을 위한 열정. 일단 공신에 뽑힌 후에는 대입에 성공하기까지 자신이 경험한 모든 것을 일목요연하게 정리해 공개해야 하는데 그 노력과 품이 여간 아니기 때문이다.

　　공신닷컴에 대해 사람들이 갖는 궁금증 중 하나는 '엄청난 공을 들이면서도 별로 얻는 게 없는 공신 활동을 왜 할까?' 하는 것. 그러나 강 씨는 이런 질문에 고개를 가로젓는다. "멘토로 활동하며 얻는 게 얼마나 많은데요. 강연회 등을 준비하며 많은 사람 앞에서 연설하는 연습을 하기도 하고, 후배들이 불안감을 떨치고 학업에 전념할 수 있도록 설득하는 과정을 통해 스스로를 돌아볼 수도 있죠."

강 씨가 공신닷컴을 운영하며 얻은 가장 큰 재산은 강력한 인적 네트워크다. 그의 사무실 벽면엔 '공부에 도움을 줘 고맙다'는 공신닷컴 회원들의 감사 편지가 빼곡하다. 그는 "공신닷컴이 아니었다면 대학생 신분으로 어떻게 이렇게 방대한 인맥을 구축할 수 있었겠느냐"고 반문했다. 그리고 인터뷰 말미, 멋쩍게 웃으며 덧붙였다. "다른 걸 다 떠나서 멘토 일이 너무 즐거워요. 재미있지 않았다면 아마 지금까지 오지도 못했을 거예요."

/ 글 임혜진 인턴기자·서강대 철학과 2년
/ 사진 조영회 조선영상미디어 기자

5. 기업들도 "생큐! 멘토, 웰컴! 머니"

조직 운영, 상품 개발서 멘토링 효과 톡톡히
e-러닝 사이트 엠베스트의 '1 대 1 관리' 성공 후 확산

교육 부문에서 멘토링 붐이 일면서 기업들도 앞 다투어 조직 운영과 상품 개발에 멘토링 개념을 접목하는 실험을 선보이고 있다. 요리로 치면 '교육 상품'이라는 원재료에 '멘토링'이라는 고명을 얹어서 보기도 좋고 맛도 좋은 음식을 내놓고 있는 것이다. 효과적인 멘토링 시스템 도입으로 톡톡히 덕을 보고 있는 기업과 비영리단체 등의 사례 몇 가지를 묶었다.

case1 메가스터디 엠베스트
공부량·진도 밀착관리 '담임교사제' 도입
개설 9개월 만에 초·중학 부문 1위 도약

2005년 3월, 수능 동영상 강의로 고교 이러닝(e-learning) 시장을 평정한 메가스터디가 초·중학부 교육 사이트 '메가스터디 엠베스트 (www.mbest.co.kr)'를 오픈했다. 업계에서는 "메가스터디의 브랜드 파워를 업고 단기간에 성장할 것"이라는 낙관론과 "고교 시장과 초·중학 시장은 엄연히 그 성격이 다르므로 섣부른 접근은 위험하다"라는 비관론이 동시에 대두됐다. 그러나 엠베스트는 개설된 지 9개월 만에 보란 듯이 초·중학 부문 1위를 꿰찼다. 비결은 '엠베스트 담임교사 제도'였다.

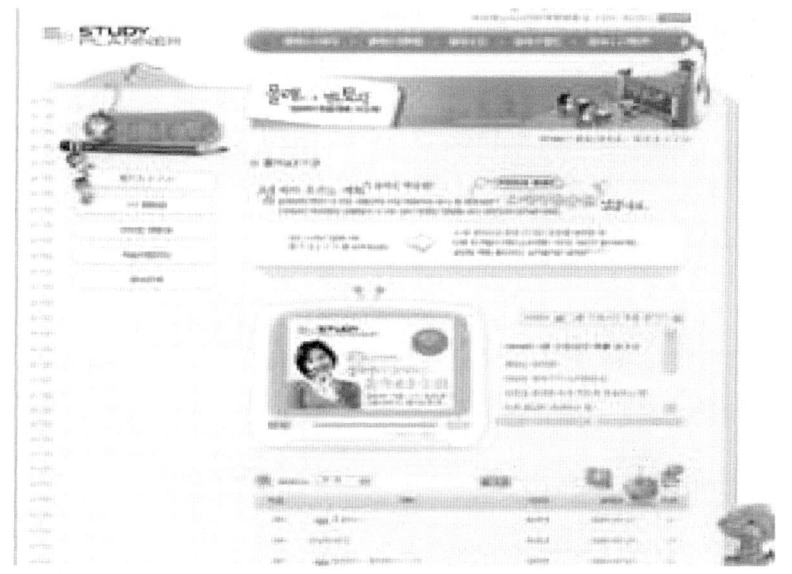

▲▲ 스터디플래너 홈페이지 내 멘토링 게시판.

자기 의지에 따른 자습이 가능한 고교생과 달리 초등생이나 중학생은 집중력이 떨어지는 편이어서 인터넷을 통한 학습이 쉽지 않다는 취약점이 있었다. 엠베스트는 이 점에 착안, 단순히 좋은 품질의 강의 콘텐츠를 탑재하는 데 그치지 않고 공부를 잘할 수 있도록 다방면으로 도움을 주는 조력자(담임교사)를 두기로 했다.

기간별 학습량 조절은 물론, 출결과 진도 관리, 성적 향상 방향 제시, 취약 부문 진단과 관리, 학습 독려 등 오프라인에서나 가능했던 시스템을 온라인에 전격 도입한 것. 사실상 멘토링 시스템을 사이트 운영에 접목한 셈이었다. 중3 회원에게는 고교 진학에 대한 진로 상담을 해 줬고 방학 때면 각계 명사들의 성공담을 소개하는 '롤모델 리더십 프로그램'과 봉사 체험 활동 '큰사람 실천 캠페인' 등과 같은 이벤트를 열기도 했다.

결과는 대성공. 학습자를 1대1로 전담해 집중 관리하는 엠베스트 방식이 효과를 거두며 회원 수는 기하급수적으로 늘었다. 2008년 3월 현재 엠베스트에서 담임교사의 지도를 받는 종합반 동시수강 회원은 1만 6000명. 교원자격증, 교재 집필 경험자, 이러닝 자격증 소지자 등으로 구성된 담임교사 전담 인력만 80여 명에 달한다. 종합반 서비스가 꽤 고가(12개월 기준 128만 원)인 것을 감안하면 놀라운 규모다.

case2 케이스포넷
학습 다이어리 사면 대학생들이 공부법 지도
1 대 1 멘토 서비스 병행…… 3년간 25만 명 이용

수험생을 위한 학습 다이어리 상품인 '스터디 플래너'를 제작·판매하는 케이스포넷은 멘토 개념을 가장 적극적으로 활용하고 있는 교육기업 중 하나다. 플래너 자체가 학습 콘텐츠를 담은 여느 교재와 달리 스스로 공부 계획을 채워 넣는 일기에 가깝기 때문에 효과적인 플래너 활용을 위한 부가 서비스는 필수. 케이스포넷은 이를 위해 멘토링 프로그램을 통째로 가져와 서비스 곳곳에 도입했다.

▲▲ JA코리아의 고교창업지원 교육프로그램. 전문교육을 받은 대학생들이 멘토로 나서 학생들을 가르친다. / photo JA코리아

스터디 플래너의 멘토링 서비스는 온라인과 오프라인 크게 두 가지로 나뉜다. 오프라인 서비스로 대표적인 것은 플래너에 탑재된 다양한 학습법 콘텐츠들. 서울대와 연세대, 고려대 등 3개 대학 재학생이 직접 정리한 내신과 수능 대비법, 공부 계획 가이드, 공부 습관 형성법, 과목별 학습 전략, 월간·주간·일간 계획 수립 노하우 등이 항목별로 다양한 그래픽 자료와 함께 수록돼 있다. 수록 콘텐

츠가 총 플래너 분량(120쪽)의 약 70%에 달할 만큼 방대하다. 또 다른 오프라인 서비스는 일명 '모바일 멘토링' 학교에 머무는 시간이 많아 인터넷 이용이 원활하지 않은 수험생을 위해 휴대폰(#3721) 컬러메일로 대학생 멘토에게 질문을 던지고 24시간 내 답변을 받을 수 있도록 한 프로그램이다.

전용 홈페이지(www.studyplanner.co.kr)에서 제공되는 온라인 멘토링 서비스도 다양하다. 플래너에 제공된 월별 학습 팁을 모아 동영상 강좌로 제공하는 '플래닝 가이드 & 3.7.21' 프로그램은 특히 인기가 높은 콘텐츠. 서울대 영어교육과 재학생 설보연 씨의 강좌로 진행되며 수강생이 질문을 올리고 답변을 받을 수 있는 게시판도 함께 운영된다.

"학습계획은 물론 진로 상담과 생활 고민 등 정서적 부분에 대한 상담도 이뤄져 학생들의 반응이 특히 좋다"는 게 케이스포넷 마케팅팀 최윤희 씨의 설명이다. 보다 구체적 사안에 대한 질문은 '1 : 1 멘토링' 게시판을 이용하면 된다. 국어·영어·수학·과학·사회·학습계획 등 총 6개 분야의 멘토가 상시 배치돼 학생들의 온라인 상담을 받는다. 게시판은 중학생, 고1, 고2, 고3 등 학년별로 마련돼 있어 비슷한 유형의 고민을 검색하기 쉽도록 구성돼 있다.

2008년 3월 현재 스터디 플래너의 누적 판매량은 약 25만 권. 상품이 출시된 게 2005년이었으니 매년 약 8만 권이 팔린 셈이다. 스터디 플래너의 멘토링 서비스는 플래너 뒷부분에 있는 인증번호를 입력하고 홈페이지에 로그인해 활용하도록 돼 있다. 모바일 멘토링은 누구나 이용 가능하다. 최윤희 씨는 "대학생 멘토는 플래너 이용자와 나이 차가 적어 친숙하게 다가갈 수 있고 어른에겐 할

수 없는 속 이야기 등도 털어놓을 수 있어 더욱 호응이 크다"고
설명했다.

6. 온라인 멘토들

공부 노하우는 물론 진로선택과 고민상담까지
과외사이트들도 멘토-멘제 연결 창구로 진화

　요즘 중고생은 인터넷 클릭 몇 번이면 유명 대학에 합격한 선배를 손쉽게 '공부 멘토'로 삼을 수 있다. 온라인 교육 사이트에 개설된 학습비법 전수 게시판이나 대학생이 직접 운영하는 각종 사이트가 활발하게 운영되고 있어 선배들의 학습 노하우를 엿볼 수 있는 것은 물론, 원하는 선배와의 일대일 상담도 가능하기 때문이다.

▲▲ 대표적인 멘토링 사이트들. (왼쪽부터) 수만휘, 피플투,
스터디앳.

포털 내 대표적 학습지원 커뮤니티…… 스터디앳·수연모
명문대생 9명이 만든 '1호 사이트'…… 공신닷컴

　대입에 성공한 선배의 경험담이 가감 없이 공개되는 온라인 공간으로는 대형 포털사이트 내에 개설된 학습 커뮤니티가 대표적이다. 이곳에서 활동하는 대학생들은 공부법과 관련, 성공 사례뿐 아니라 실패 사례까지 구체적이고 생동감 있게 전해 준다. 멘토를 자처해 후배들이 올린 고민에 일일이 답변을 달아주기도 한다. 스터디앳(cafe.naver.com / studyat)은 대학생 멘토들이 해 주는 실시간 학습과외로 유명한 곳. 진로 선택에 관한 고민 상담도 이뤄진다. 수연모('수능연구모임'의 줄임말, cafe.daum.net / sunnungOK)에서는 내신과 수능, 논술 등 전형 요소별로 효과적인 공부법을 상담받을 수 있다.

　명문대생이 직접 운영하는 사이트도 인기다. 공신닷컴(www.gong-sin.com)은 대학생 9명이 학습 노하우 전수를 목적으로 개설한 곳으로 '대학생 멘토 사이트'의 원조 격이라고 할 수 있다. 학습생활부터 진로, 직업에 관한 모든 궁금증을 문의할 수 있는 상담실의 인기가 특히 높다. 좋은 질문과 답변을 따로 모아 정리한 점도 돋보인다. 일주일에 두 번 정도 공신닷컴에 접속한다는 고교 2년생 선우현정(17) 양은 "수험생인데도 잠이 많은 편이어서 잠 줄이는 법에 대한 정보를 주로 얻는다"며 "선배들이 먼저 경험해 효과를 본 다양한 방법을 알 수 있어 좋다"고 말했다. 공신닷컴이 중고생 사이에서 인기를 끌면서 한때 대학생이 자체적으로 만든 멘토 사이트가 유행하기도 했다. 하지만 오래가지 못하고 산발적으로 운영되다 현재는 대부분 문을 닫은 상태다.

수십만 회원 가진 초대형 사이트······ 수만휘·e백인닷컴
'학습+αα' 내세운 멘토링 전용 공간······ 피플투

48만 명의 회원 수를 자랑하는 수만휘('수능날 만점 시험지를 휘날리자'의 줄임말, cafe.naver.com / suhui) 역시 멘토들의 활약으로 유명세를 탄 사이트다. 수만휘 소속 멘토들은 각자 개별 게시판을 갖고 칼럼을 쓰거나 고민을 상담하는 후배들을 돕는다. 정식 멘토는 아니지만 곳곳에서 후배들을 독려하는 대학생 회원도 많다. 수만휘는 2004년 2월 당시 군대를 갓 제대한 윤민웅 씨가 '취미생활로' 개설한 사이트다. "과외 아르바이트를 하면서 제대로 된 공부 관련 정보를 구하지 못해 답답해하는 수험생이 많다는 걸 알게 됐어요. 선배들이 가진 정보를 공유할 수 있다면 도움이 되지 않을까 하는 생각으로 커뮤니티를 만들게 됐습니다." 윤 씨는 "수만휘는 힘든 수험생활을 견디며 공부하는 이유를 찾고 스스로를 위로할 수 있도록 도움을 주는 공간"이라며 "멘토와 상담하고 친구와 고민을 나누는 과정에서 비정상적으로 공부에 매달려야 하는 상황을 긍정하고 최선을 다할 수 있게 된다면 더 바랄 것이 없겠다"고 말했다.

15명의 공동 운영자가 서울대 선후배 100인에게 물어 만든 대학수학능력시험 비밀장부로 구성된 e백인닷컴(www.e100in. com)도 요즘 한창 뜨고 있는 사이트다. 운영자 조흠래(26) 씨는 "대학입시를 준비하는 후배들이 공부 방법이나 진로에 대해 고민하는 것을 보고 같은 상황을 먼저 겪은 선배로서 비전을 보여줄 수 있는 사이트를 만들고 싶었다"고 말했다.

멘토링에만 초점을 맞춰 개설된 피플투(people2, www.people2.

co.kr)와 같은 사이트도 있다. 이곳에서의 멘토링은 비단 학습 부문에 한정되지 않는다. 대학 생활과 적성, 진로 등 전반적인 정보 공유를 포괄한다. 멘토와 멘제가 수직 관계가 아닌'(서로 도움을 주고 받을 수 있는) 수평 관계'라는 점도 특징. 아직 개설 초기지만 벌써 회원 수가 7만 2000여 명에 이를 정도로 인기다. '인하대 항공운항과' 등 검색창에 원하는 키워드를 입력하면 해당 키워드와 연관된 멘토를 검색할 수 있으며 마음에 드는 사람에게 쪽지를 보내 상대방이 수락하면 멘토와 멘제 관계를 맺고 활동할 수 있다.

공부를 넘어 진로 길잡이로…… 과외코리아 · 과외마스터
시간 제약 안 받고 앉아서 고수익…… 대학생 온라인 멘토들

온라인 멘토링이 인기를 끌면서 일명 '과외 사이트' 역시 진화하고 있다. 과외 사이트란 아르바이트 자리를 구하는 대학생과 과외교사를 찾는 중고생을 연결시켜주는 사이트다. 대학생이 소속 학교와 학년, 과외가능 지역, 가르칠 수 있는 과목 등 상세한 프로필을 작성해 올려놓으면 중고생이 이를 보고 원하는 교사를 골라 연락하는 방식으로 운영된다. 과외코리아(www.study4you.co.kr)나 과외마스터 (www.gawe master.com) 등이 유명하다.

영어나 수학 등 특정 과목별 과외 알선에 그쳤던 이들 사이트엔 요즘 부쩍 멘토 연결을 원하는 학부모와 학생이 늘었다. 멘토는 일정 기간 학생과 만나 평소 공부량을 확인해 주고 학습 계획을 세우는 데 도움을 주는 사람을 말한다. 방식은 과외교사와 비슷하지만 보다 더 포괄적 의미에서 공부 길잡이 역할을 한다고 보면 된다. 스

스로 공부할 수 있도록 동기를 부여하는 것도 멘토의 중요한 역할 중 하나. 과외 사이트를 통해 멘토 아르바이트를 하고 있는 이새별 (가명·23) 씨는 "성적을 올리려면 무엇보다 공부하는 이유와 방법을 스스로 깨달아야 하고 그것을 돕는 게 곧 멘토의 역할"이라며 "요즘은 학부모도 자녀의 공부 습관을 바꿔주고 생활 패턴을 관리해 주는 선생님을 선호한다"고 말했다.

온라인상에서 멘토링 프로그램이 활성화되면서 대학생 사이에선 온라인 멘토 활동이 '각광받는 수입원'으로 통한다. 대학생들이 자신의 학습 경험을 살리면서도 과외에 비해 시간을 덜 뺏기는 온라인 멘토 활동을 선호하기 때문이다. 온라인 멘토링 서비스는 대학에 갓 진학한 선배가 수험생에게 진학상담을 해 주는 프로그램. 수험생이 게시판에 질문을 올리면 그날 중으로 댓글을 달거나 이메일로 답장을 보내면 된다. 인터넷 사용이 가능한 곳이라면 어디든 활동할 수 있어 자유로울 뿐 아니라 일정 소득까지 보장돼 인기가 높다. 대부분 '기본급 30만원＋성과급' 체제로 운영되며 본인의 역량에 따라서는 월 100만 원의 고소득을 올릴 수도 있다.

"익명으로 거저 주는 정보들 다 믿을 수 있나"
"학벌 팔아 너무 쉽게 돈 버는 것 아니냐" 우려도

한편 일부에서는 온라인상에서 멘토로부터 도움을 받는 것에 대해 "꼭 좋지만은 않다"고 말한다. 한 사이트에서 온라인 멘토를 통해 학습 관련 정보를 얻었다는 이민영(16) 양은 "내가 쓴 고민 글에 공감해 주고 해결책을 제시해 주는 것은 좋지만 온라인에서 이루어지는 멘토링의 특성상 상담은 익명으로 이뤄질 수밖에 없다"며 "해결책을 제시한 사람이 정말 명문대에 다니는 선배인지 의아할 때가 종종 있다"고 털어놨다.

멘토를 아르바이트 수단으로 이용하는 일부 대학생에 대해서는 "학벌 팔아 돈 번다"는 비난의 목소리도 있다. 고교생 자녀를 둔 학부모 오미혜(가명·45) 씨는 "명문대생들이 자신의 '간판'을 이용해 손쉽게 돈을 번다는 생각이 든다"며 "그들이 이야기하는 공부법과 고민 상담 내용이 실제 수험생에게 도움이 되는지도 의문스럽다"고 말했다. ▪▪▪

/ 이윤아 인턴기자·서울대 중어중문학과 4년

7. 오프라인 멘토들

대학마다 각계 리더 초청하고 선후배 연결해 취업 지도
교육부는 활동비 지원…… 자치단체도 청소년 교육에 활용

연세대 법학과에 재학 중인 백 모 씨는 지난 학기 선배들의 튜터 (tutor · 개별 지도교사)로 활동했다. 전액 장학금을 받을 만큼 성적이 우수했던 그는 특히 자신 있었던 형법 과목과 관련해 선후배에게 도움을 주려고 학부 내에 개설된 '튜터링(tutoring)'에 참여했다. 튜터링 이란 특정 과목의 이수 학점이 우수한 학생이 튜터가 돼 해당 과목 학습에 도움을 받고자 하는 학생(튜티)과 팀을 이뤄 공부하는 일종 의 커뮤니티. 백 씨는 "튜티가 적극적이지 않을 때는 힘들기도 했지 만 나 역시 얻는 게 많았고, 함께 공부한 선배들과 친해져 사석에서 도 좋은 관계를 유지할 수 있어 보람된 시간이었다"고 말했다. 이 대학에는 백 씨처럼 튜터 혹은 튜티로 활동하는 학생이 많다. 나이 나 학년에 구애받지 않고 도움을 주고받는 것은 물론, 정신적으로 친밀한 유대를 맺으며 관계를 발전시키고 있는 것이다.

▲▲ 부산대 '대학생 멘토링' 오리엔테이션 현장.

대학: 2003년 숙명여대가 시작…… 5년 만에 급속 전파
취업 멘토링 특히 활발…… 교수들도 멘토로 나서

국내 대학 중 가장 먼저 멘토링 프로그램을 도입한 곳은 숙명여대
다. 2003년부터 시작된 숙명여대 멘토링 프로그램은 각계각층의 리더
들을 초빙, 특강을 진행하는 방식으로 운영되고 있다. 학생들은 단순
히 강의를 듣는 데서 벗어나 자신이 희망하는 분야의 리더를 직접 만
나 조언을 들을 수 있는 기회도 얻는다.

현재 대학에서 이뤄지는 멘토링 프로그램은 크게 두 유형으로 나
뉜다. 대학생이 직접 멘토로 활동하며 선후배나 중고생을 돌보는 경
우가 하나, 학과 교수나 사회로 진출한 선배 등을 멘토로 삼아 대학
생활과 취업 준비에 관련한 도움을 받는 경우가 또 다른 하나다. 연

세대의 튜터링 시스템이 전자의 전형적 사례라면 숙명여대의 멘토링 프로그램은 후자를 대표하는 사례라고 할 수 있다.

이들 외에도 많은 대학이 다양한 방식의 멘토링 프로그램을 활용하고 있다. 서강대는 '서강 커리어 멘토링'이라는 프로그램을 운영 중이다. 증권사·언론사·법조계·공기업 등 인기 직종에 종사하는 선배들이 재학생 후배의 멘토가 돼 오프라인 미팅이나 실적 평가 등을 통해 책임지고 취업을 돕는다. 연세대 역시 취업 멘토링 시스템을 갖추고 있다. 입사 2년차 미만 직장인 선배와 재학생 후배를 1대1로 연결해 주고 각 분야에서 성공한 선배를 초청해 특강도 연다. 멘토로 활동 중인 이 학교 동문 권형석 씨(광고대행사 '엑스파일' 대표)는 "취업과 학점에 기계적으로 반응하는 후배들에게 사회 활동의 진정한 의미를 알려주고 싶어 참여하게 됐다"고 밝혔다. 취업 멘토링 프로그램에 참여한 김가은 씨(연세대 영문학과 2년)는 "관심 있는 분야에 대한 선배의 경험과 노하우, 고충을 들을 수 있어 좋았다"며 "나도 사회에 진출하면 멘토가 돼 후배들을 만나고 싶다"고 말했다.

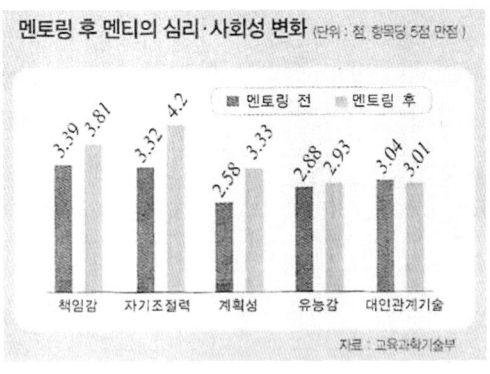

멘토링 후 멘티의 심리·사회성 변화 (단위: 점, 항목당 5점 만점)

자료: 교육과학기술부

대학생이 중고생 후배를 위한 멘토로 활약하는 대학 중 눈에 띄는 곳은 부산대다. 부산대는 지난 3월 7일 부산시교육청과 손잡고 국내 최대 규모의 '방과후학교 대학생 멘토링 프로그램' 오리엔테이션을 가졌다. '관내 저소득층 청소년에게 다양한 교육 기회를 제공한다'는 목적 아래 시행되는 이 프로그램에는 서류전형과 필기시험, 오리엔테이션 등을 거쳐 선발된 150명의 부산대생이 멘토로, 교육청 산하 64개교 신청자 534명 중 최종 선발된 중고생 491명이 멘제로 각각 나섰다. 멘토링 범위가 넓다는 것도 이 프로그램의 특징. 국어·영어·수학 등 기초 학습뿐 아니라 체육, 음악, 미술 등 특기 적성 지도까지 아우른다.

교수들이 멘토로 나선 대학도 있다. 세종대는 2005년부터 '마이 스폰서'라는 교수·학생 간 멘토링 프로그램을 운영하고 있다. 고려대 역시 지난 3월 "대학 교육의 내실을 다지기 위해 이번 학기부터 '전공지도 학점제'를 도입한다"고 발표했다. 전공지도 학점제란 교수와 재학생을 1대1로 연결해 학과 공부와 대학 생활 전반에 관한 상담을 받을 수 있도록 한 제도. 이를 위해 고려대는 교수 전원을 투입해 재학생의 멘토로 활동할 수 있도록 지원할 계획이다.

교육부와 자치단체
교육부, 대학생에 경비 지원하고 봉사학점 인정
송파구는 '멘토를 위한 멘토'인 펠로우제 운영

멘토링 프로그램은 대학뿐 아니라 정부와 지자체에서도 활발하게 운영되고 있다. 2007년 대학생 멘토링 사업을 시작한 교육과학기술부는 올해 명칭을 '방과후학교 운영 계획'으로 바꿔 관련 사업을 계속하고 있다. 멘토 연수 등 소정의 절차를 거쳐 멘토로 선정된 대학생이 인근 지역 초·중·고교생을 대상으로 강의나 상담 등을 진행하는 프로그램이다. 멘토링 일지 작성 등을 통해 체계적 관리가 가능하다는 것이 장점. 교육부는 한 달에 20만 원가량의 활동비를 지급하고 교대나 사범대 재학생의 경우 봉사학점을 인정하는 등 다방면으로 대학생 멘토를 지원하고 있다.

반응도 좋은 편이다. 교육부가 2006년 멘토링 사업성과를 자체 조사한 결과, 멘제로 참여한 학생 중 약 60%의 성적이 향상됐다. 특히 초등생의 43%와 중학생의 39%는 20점 이상의 높은 성적 상승폭을 보였다. 인성 발달이나 학교생활 적응도 부문에서도 멘토링은 효과적인 것으로 나타났다. 조사대상의 70% 이상이 심리사회성 발달검사와 학교생활 변화에 대한 평가에서 멘토링 결과에 만족감을 나타냈다.

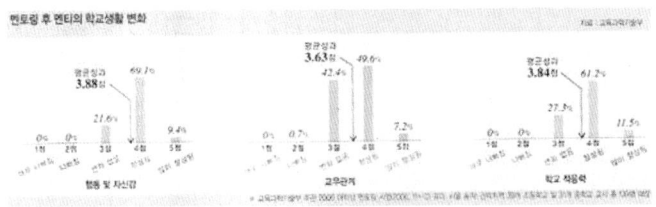

최근엔 시도교육청과 지방자치단체들도 멘토링 프로그램에 뛰어들었다. 이 경우 자체 기준에 따라 멘제와 멘토를 선발, 멘토링 프로그램을 진행하는 게 일반적이다. 부산대와 연계해 멘토링 프로그램

을 출범시킨 부산시교육청이 대표적 예. 창원시도 지난 4월 1일 저소득층 중·고생을 대상으로 하는 학습지원 프로그램 '대학생 멘토링 사업'을 시작했다. 창원시의 경우 멘토가 학습 지도와 상담을 맡는 것은 물론, 월 1회 가량 멘제와 함께 전시회나 공연 등 문화생활을 함께하며 '문화 도우미' 역할까지 맡는다. 이 프로그램은 올해 말까지 계속될 예정이다.

서울 송파구청이 운영하는 대학생 멘토링 봉사단에서는 '펠로우(fellow)' 제도가 눈에 띈다. 펠로우란 멘토에 대한 상담과 조언을 맡는 사람을 일컫는 말. 주로 전문직 종사자나 퇴직자인 이들은 멘토가 제 몫을 다할 수 있도록 지원하는 역할을 담당한다. 말하자면 '멘토의 멘토'인 셈이다.

문제는 없나
받아들일 준비 안 된 경우엔 성과 의문
"재정 기반 너무 취약…… 기본적 지원은 해 줘야"

그러나 모든 멘토링 프로그램이 좋은 성과를 거두는 것은 아니다. 멘토 자격으로 참여한 사람들이 공통적으로 지적하는 문제는 멘토링 프로그램에 참여하는 멘제의 자세. "좋은 취지에 공감해 무료 봉사하는 경우가 대부분이지만 멘제들이 이를 악용하는 경우가 없지 않다"는 것이 이들의 지적이다. 연세대에서 취업 멘토로 활동했던 권형석 씨는 "멘토링 도중 말도 없이 하차하는 멘제가 있는가 하면 기본 예절조차 지키지 않아 멘토의 기분을 상하게 하는 멘제도 많다"고 지적했다. 그는 "멘토링을 준비하기 위해 멘토가 소정의 교육을 받는 것처럼 멘제에게도 오리엔테이션이 필요하다"고 강조했다.

재정적 지원에 대한 아쉬움을 토로하는 목소리도 있다. 대학생 멘토로 활동했던 김세라 씨는 "자원봉사 개념으로 시작했지만 막상 멘토 활동을 하며 종종 금전적 어려움에 부딪혔다"며 "멘토링 프로그램이 보다 활성화되려면 개별 프로그램별로 충분한 재정이 확보돼야 한다"고 말했다.

/ 임혜진 인턴기자·서강대 철학과 2년

멘토링 경영 리더십 Mentoring Readership

- 초판 인쇄　　2008년 7월 20일
- 초판 발행　　2008년 7월 20일

- 지 은 이　　류재석
- 펴 낸 이　　채종준
- 펴 낸 곳　　한국학술정보㈜
　　　　　　경기도 파주시 교하읍 문발리 513-5
　　　　　　파주출판문화정보산업단지
　　　　　　전화　031) 908-3181(대표) · 팩스　031) 908-3189
　　　　　　홈페이지　http://www.kstudy.com
　　　　　　e-mail(출판사업부)　publish@kstudy.com
- 등 　 록　　제일산-115호(2000. 6. 19)
- 가 　 격　　31,000원

ISBN　978-89-534-9726-9 93320 (Paper Book)
　　　　978-89-534-9727-6 98320 (e-Book)